时间形态论
欧洲城市的历史沿革

The Morphology of the Times:

European Cities and their Historical Growth

[德] 托恩·汉斯　著

高　喆　陈泳全　曾忠忠　李　达　译

中国建筑工业出版社

著作权合同登记图字：01-2021-3283 号

图书在版编目（CIP）数据

时间形态论：欧洲城市的历史沿革 /（德）托恩·
汉斯著；高喆等译 .—北京：中国建筑工业出版社，
2021.3

书名原文：The Morphology of the Times：
European Cities and their Historical Growth

ISBN 978-7-112-25797-3

Ⅰ.①时… Ⅱ.①托…②高… Ⅲ.①城市史—研究—
欧洲 Ⅳ.① K950.5

中国版本图书馆 CIP 数据核字（2020）第 267571 号

责任编辑：段　宁　姚丹宁
责任校对：赵　菲

时间形态论　　欧洲城市的历史沿革

The Morphology of the Times: European Cities and their Historical Growth

[德]托恩·汉斯　著

高　喆　陈泳全　曾忠忠　李　达　译

＊

中国建筑工业出版社出版、发行（北京海淀三里河路 9 号）

各地新华书店、建筑书店经销

北京点击世代文化传媒有限公司制版

深圳市泰和精品印刷厂印刷

＊

开本：889 毫米 ×1194 毫米　1/20　印张：14⅘　字数：433 千字

2021 年 8 月第一版　2021 年 8 月第一次印刷

定价：**148.00** 元

ISBN 978-7-112-25797-3

（37057）

Atlantic Ocean
大西洋

North Sea
北海

● Stockholm
斯德哥尔摩

● Moscow
莫斯科

Copenhagen ●
哥本哈根

Baltic Sea
波罗的海

London ●
伦敦

8 **Utrecht**
乌特勒支

● Berlin 柏林

● Warsaw
华沙

7 **Dresden**
德累斯顿

● Paris
巴黎

● Prague
布拉格

● Vienna
维也纳

Odessa ●
敖德萨

6 **Pessac**
佩萨克

3 **Turin**
都灵

Black Sea
黑海

2 **Lisbon**
里斯本

● Madrid
马德里

5 **Barcelona**
巴塞罗那

4 **Rome**
罗马

Istanbul ●
伊斯坦布尔

1 **Seville**
塞维利亚

● Tanger
丹吉尔

● Algiers
阿尔及尔

Damascus ●
大马士革

Mediterranean Sea
地中海

Jerusalem ●
耶路撒冷

● Alexandria
亚历山德里亚

目　录

导　论

时间形态论

本书主要介绍欧洲大陆八座城市的发展转型历程。欧洲的城市化起点源自古希腊和罗马帝国殖民时期的城镇。本书各章节都将着眼于特定社会转型及其对城市空间的影响。在任何情况下，宗教、政治、政府、军事或文化层面的变化，都会对城市规划思想产生影响，也会为特定城市的社会发展打下深刻的烙印。

从 20 世纪开始，欧洲失去了引领世界的主导地位，演变为当今多极世界的重要部分，但其独特的城市遗产却成为欧洲大陆多样性发展的见证。

在欧洲，不同城市类型的复杂组织形式根植于不同的社会制度和城市空间。独特的城市发展历程反映了过去两千年欧洲的历史脉络，每一座城市的探索之旅均基于对特定时间和空间的研究与推演。在每一个案例中，社会的动态发展都以一种可追溯的方式引导着城市转型，从而有可能以我们今天的认知推断出书中所描述的欧洲当时的城市状况。

书中所有案例都经过了长时间的研究，从而对于特定时间和文化背景下城市发展的总体特征，以及城市转型的基础条件有了更加全面的认识。

这些不同的时间和空间使我们能够触及欧洲历史发展和相关城市演变的脉络。当我们探索这些城市时，会发现一些有趣的变化。每座城市都讲述了一个独特的、根本性的转变，从早期的聚居地转变为后期更为制度化的城市结构。在这些进程中，城市公共领域的发展，是欧洲从等级制度向民主制度过渡的决定性因素，最终形成了当今自由开放的社会氛围。

在古罗马时代，欧洲、北非以及中东很大一部分地区均处于罗马帝国的统治下，为防止帝国内部战争而确立的政治制度，在两千年后被重新引入欧洲，成为创建欧盟的重要目标。

随着罗马帝国的衰落，欧洲出现了许多政治军事派系，每个派系都在争夺对其邻国的控制权。罗马帝国覆灭后，不同的国王统治着各自的区域，天主教会试图通过分而治之的政策来平衡各种势力。在一系列复杂的政治博弈和宗教斗争之后，新的欧洲政治版图在随后几个世纪逐渐形成。与此同时，摩尔人和奥斯曼人则成为该版图重要的外部参与力量。新的政治力量平衡应运而生。在相当长的一段时间，位于罗马帝国前政治中心罗马城的天主教会，在混乱的欧洲政局中扮演了政治交易经纪人和调解人的角色。

宗教改革运动奠定了新教发展的基石，同时也压缩了天主教会的势力范围。彼时欧洲大陆帝国的专制本质，意味着当时整个国家及相关城市发展的规则是由少数君主制定的。

这些影响力不断变化的领域是本书探讨城市转型的主要驱动力。从公元 711 年起，摩尔人的哈里发吞

欧洲扩张和收缩的势力范围

大西洋

罗马帝国的
最大扩张范围

瑞典

圣彼得堡

斯德哥尔摩

莫斯科

俄罗斯

北海

哥本哈根

波罗的海

普鲁士

科尼斯堡

英国

伦敦

马得勒支

非官方联姻

柏林

华沙

德累斯顿

德涅斯特河

布拉格

巴黎

法国

莱茵河

维也纳

佩斯

布达

敖德萨人

克里米亚

波尔多

都灵

贝尔格莱德

多瑙河

黑海

1761年签署波
旁家族条约

罗马

君士坦丁堡
（伊斯坦布尔）

里斯本

马德里

西班牙哈
布斯堡

塞维利亚

从1717年
开始萨伏
伊家族统
治撒丁岛

奥斯曼帝国

丹吉尔

摩尔帝国的扩张

雅典

梅利利亚

阿尔及尔

迦太基
（突尼斯）

1812年的拿破仑帝
国，包括附属国

大马士革

摩尔帝国

地中海

奥斯曼帝国的扩张

耶路撒冷

奥斯曼帝国
摩尔帝国
罗马帝国
拿破仑帝国

亚历山大港

并了伊比利亚半岛的大片土地，并一直占据至 1492 年才从欧洲撤离。他们在南欧的长期统治对伊比利亚文化产生了深刻影响。时至今日，这种影响仍然体现在塞维利亚和西班牙南部其他城镇的城市布局中。相同的情况也出现在里斯本，也可以看到摩尔人的风格，尽管表现的形式不尽相同。

1299 年，奥斯曼帝国（今土耳其）建立。不久，其军队便开始入侵欧洲，对欧洲东南部地区造成了巨大的压力。奥斯曼人从 1529 年开始威胁哈布斯堡帝国的核心区域，1683 年几乎攻克哈布斯堡王朝首都维也纳。直到第一次世界大战战败，1922 年奥斯曼帝国解体，被现在的土耳其所取代，奥斯曼人给欧洲造成了巨大的恐慌才宣告结束。

从 13 世纪开始，贸易公司在国际事务中扮演了重要角色。1602 年，世界上第一家跨国公司 V.O.C.（荷兰东印度公司）成立。荷兰东印度公司与 W.I.C.（荷兰西印度公司）携手打破了多年来西班牙和葡萄牙对西方贸易权的垄断地位。这些国际贸易公司不是纯粹的商业组织，而是一种新型的私人组织集团。在荷兰人的支持下，这种全新的组织自诞生之日，开始用商品和资金在全球范围内传播重商主义，就像执行预定战术动作一样，以自己的方式展开猛烈攻击。于是，全球力量平衡发生了变化，特许贸易遍地开花，一直延伸至日本长崎。

后来，荷兰王子和普鲁士公主的政治联姻形成了对哈布斯堡王朝的非官方联盟。同时，荷兰外交官与奥斯曼帝国统治者之间的联系进一步破坏了平衡，损害了哈布斯堡帝国的霸权地位。这反过来也影响了乌得勒支主教区在荷兰的发展，从而在 16 世纪成为神圣罗马帝国的封邑之一。主教区地位的终结，促使该市政府和城市组织形态发生了翻天覆地的变化。

欧洲地缘政治平衡因瑞典帝国的南向扩张政策变得更加复杂。持续的冲突导致和平成为泡影。1618 年

爆发的三十年战争，敌对双方的军事行动都集中在今德国境内。这场冲突的破坏性如此之大，以至于参战各方的财力、物力、军备等方面都达到了无法承受的境地，旷日持久的战争导致物资、给养与兵员短缺，精疲力尽的敌对双方于 1648 年签署《威斯特伐利亚和约》，标志着半民主的荷兰从哈布斯堡王朝统治中解放出来。

这一切也导致位于都灵的萨伏伊家族，利用其在阿尔卑斯山脉西部的统治地位，成为一股崛起的新势力。萨伏伊家族充分利用哈布斯堡王朝与普鲁士帝国和法兰西帝国之间的纷争，最终摆脱外国势力的控制，成功实现意大利统一，同时增强了意大利在欧洲的话语权，也使罗马重新成为欧洲的主要城市。

最终，随着英国取代荷兰的地位，作为世界强国崛起，结束了欧洲大陆的纷争，宣告这个时代的终结。此时的德国，由于多年持续战争威胁，在德累斯顿市对有关城市作为防御堡垒的现状和发展进行了持续讨论。数百年来，该市防御系统不断得到提升和现代化改造。

但在 1945 年，德累斯顿市被盟军的空袭彻底摧毁。在法国，1789 年到 1799 年爆发的法国大革命彻底摧毁专制王权制度，见证了公民社会的艰难确立，但随之而来的拿破仑战争使欧洲大片地区落入了法国革命者的统治之下。从西班牙到莫斯科，欧洲大陆饱受战争之苦。本书提及的大多数城市都被拿破仑军队占领，出现了激进的社会变革，打破了旧秩序和旧制度，为资本主义的发展创造了前提。拿破仑倒台后，复辟势力试图在实现民主启蒙的城市恢复旧的社会制度，但这一切在历史潮流中都是徒劳的。在都灵，由于拿破仑军队占领期间积累的民怨，导致法国撤军后引发的小规模革命，重新将拿破仑式的现代政治制度恢复为僵化的君主制度。

但日益高涨的公民政治参与意识，逐渐削弱了帝国统治基础，推动了民族国家的建立，以及民主

化进程的发展。由此产生的社会平等的议题，在 20 世纪成为现代城市规划的一个重要因素，这可以从勒·柯布西耶在佩萨克（波尔多）的实践活动中得到充分体现。

本书选取了从中世纪到现代不同时期的不同案例，从历史发展视角勾勒出欧洲城市多样性发展的整体脉络。通过对特定区域文化研究以及对欧洲大陆地理和历史的梳理，研究范围涵盖从地中海到北海的广大地区，时间周期从衰败的罗马晚期到崛起的欧洲北部现代文明。大多数案例都根植于欧洲本土文化，但有一个案例源自西地中海摩尔文化。这些不同的案例代表了八个不同的历史时期和社会阶段：分裂的中世纪、扩张的文艺复兴、辉煌的巴洛克、近代国家建设、19 世纪公共领域演变、现代规划思潮兴起、个人主义的 20 世纪以及怀旧的 21 世纪。通过选择城市案例，展现了持续不断的社会变革力量在城市转型中的作用，以及社会因素与城市发展之间的密切关系。民众心理结构的深刻变化与由此产生的城市重塑之间的关系，一直是形成城市特色的决定性因素。

在本书的编排中，我试图保证文字和图示之间的严格平衡，从而使两者相辅相成。这些图的表现力毫不逊色于书中的文字部分。所有的章节都按照类似的思路进行编排。首先从历史视角引出该章节主题，然后展开对该研究区域的描绘。该研究采用形态学、类型学和建筑学三位一体的跨学科整合模式，在此基础上最终展现出相互之间独特的关联性。针对这些案例的介绍以不同的方式展开，依据搜集到的不同资料以及我认为的重要的摄影作品。

在经历了几个世纪的欧洲霸权和短暂的美国强权统治之后，世界再次走向多极化格局。这一历史进程似乎正在恢复数千年前的状态，彼时中国、日本、印度、波斯、埃及、罗马（欧洲）和美索不达米亚帝国以及奥斯曼和摩尔（阿拉伯）文化之间出现了原始的力量平衡。这种回归的步伐，促使我们对涉及范围内的原始价值观进行思考。这是一种重新植根于我们精神世界的渴望，可能与儒教、佛教和道教、印度教、锡克教和耆那教、莱教和犹太教、伊斯兰教、基督教有关，甚至可能融合了美国资本主义发展的影响。从某种意义上来说，欧洲的历史很可能已经成为多极化格局、并迅速发展为一个多元化社会的典范。

希腊和罗马的城市化发展

殖民地城镇规划作为帝国建设的发展战略

欧洲古典城市规划

大约 2500 年前，人们见证了"欧洲项目"的启动。这个文化项目旨在团结不同的部落和派系。这是由希腊人发起的"项目"，但是被内部的纷争和相互掣肘所困扰，统一的目标并没有真正实现。尽管他们内部处于长期分裂状态，但却设法在爱琴海周边的几个国家启动了欧洲的城市化进程，使得他们的城市规划思想朝着不同的方向传播，东至今天的叙利亚，西至今西班牙地区。

欧洲从来没有固定的领土：几个世纪以来，欧洲的疆界在各个方向上不断扩展。在古代，主要是地中海周围的国家，后来在罗马帝国时代，重心向西北方向移动，通过不断扩张，改变欧洲版图，为疆域内人民带来和平。罗马帝国衰落后，摩尔人和奥斯曼人从东、西两侧改变欧洲势力范围，入侵了今天被称为欧盟的地区。

通过建立一系列文化交流中心，城市化被用来传播希腊、罗马的文明。城市化模式源于欧洲的范例，那里的城市化始于几千年前。罗马人延续了希腊式的城市化模式，以便实现更为精简的帝国建设战略。他们在地中海沿岸建立了殖民城镇网络，随后向北一直延伸到不列颠群岛。他们重新利用现有的希腊城镇作为城市扩张的中心，并在其领土上建立了许多新的城镇。这些城镇的面积超过了 800 万平方公里（包括地中海），略小于今中国的国土面积。

甚至在帝国的最边远地区，罗马人同样开展了规模宏大的基础设施建设。在城市网络的支持下，实现了罗马帝国疆域内部系统的平稳运转。这是第一个欧洲组织化体系，不仅用于运输和贸易，同时也实现了对遥远边疆区域的远程控制。当在帝国偏远地区发生叛乱时，一系列的消息可以通过骑在马背上的信使及连续驿站系统在 10 天之内传递到帝国首都。反之亦然，罗马军队沿着罗马公路前进，可在五十天内行进到偏远的省份，重新实施帝国的统治。

希腊人以其结合地形地貌的城镇规划而著称，但罗马人在城市化发展中，以其卓越的技术能力让人叹服。他们拥有当时非常先进的设备和系统，如中央供暖、污水处理、供水工程及相关基础设施。

罗马人是泰勒主义（Taylorist）的城市规划者。他们设想了一种标准的城镇规划模式：矩形单元与双对称棋盘式路网。然而，这个精确的理想模型很少能以完美的形式呈现出来。在罗马城镇规划的相关文献中，反复出现固定模数的"预制化"规划思路。在本章研究过程中，很明显，从正交化体系与四边形的角度来看，大多数规划在总体布局和实际建造过程中，与理想模型出现了较大的偏差。

本章以相同的比例绘制了 11 个古典城镇规划案例，展示了希腊和罗马城镇规划的丰富遗产，体现了城市形态和规模的多样性特点。许多罗马城镇成为当今欧洲城市的雏形，本书的其他章节将展开详细描述。

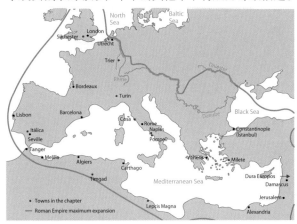

希腊和罗马城镇

麦特，土耳其

希腊小镇，在罗马时代的地图；
希腊小镇在公元前 500 年左右建立

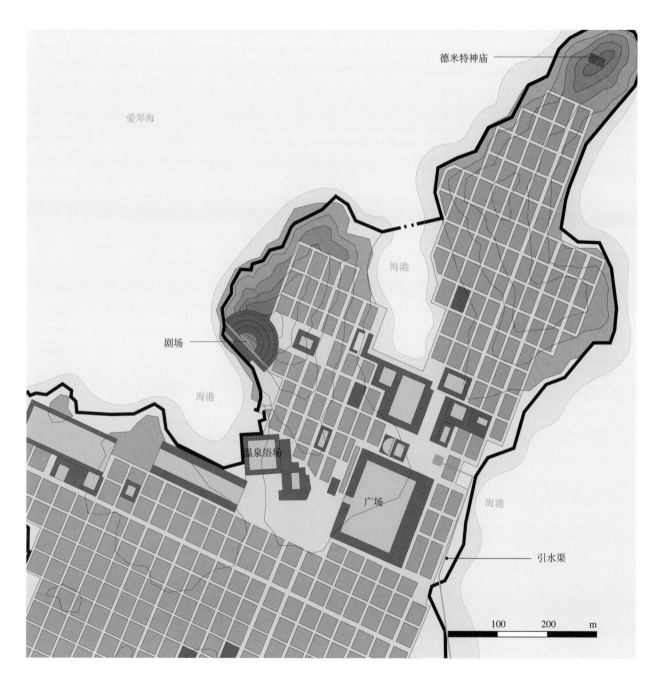

德米特神庙

爱琴海

海港

剧场

海港

温泉浴场

广场

海港

引水渠

100   200   m

2000 年来仅存的一些建筑遗迹，入海口被淤泥填塞，逐渐成为肥沃的土地，但却湮灭了城镇

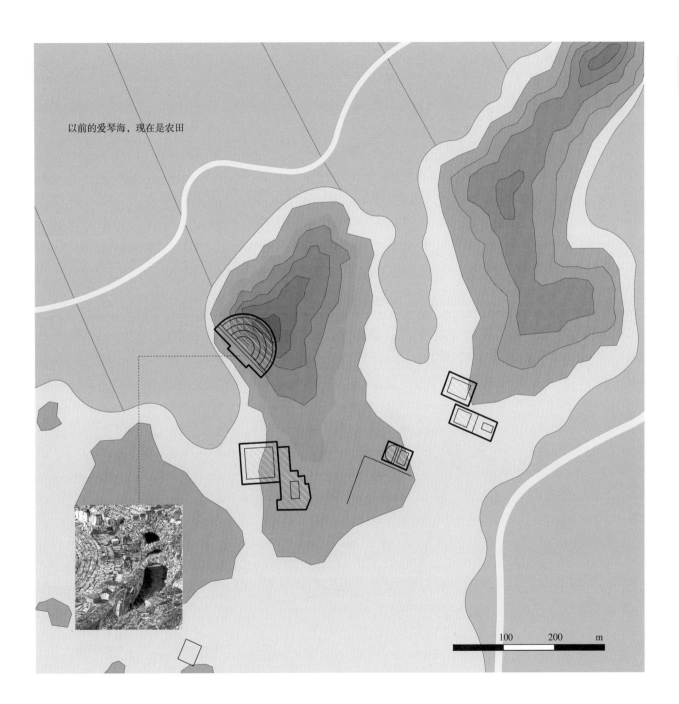

以前的爱琴海，现在是农田

100   200   m

杜拉欧罗普斯，叙利亚

公元前 303 年古希腊时期的城市布局，以及现存的几处建筑遗迹

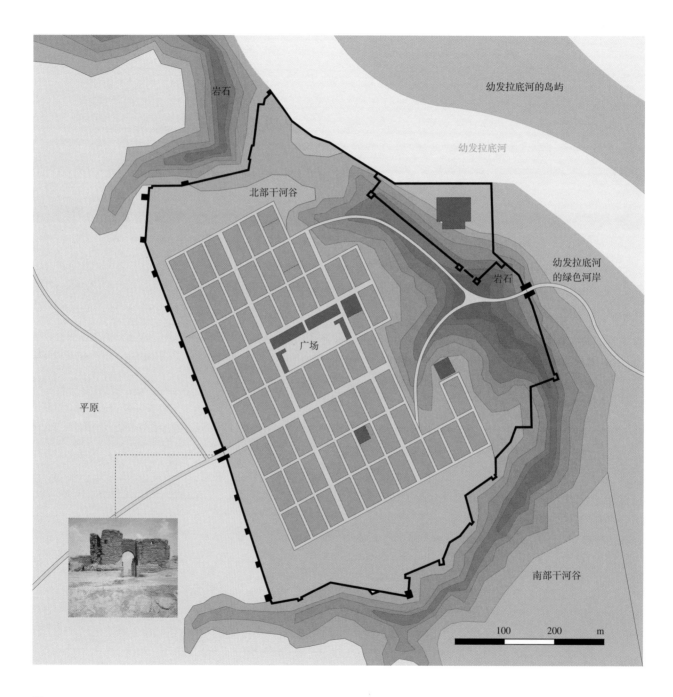

幼发拉底河的岛屿

幼发拉底河

岩石

北部干河谷

幼发拉底河的绿色河岸

岩石

广场

平原

南部干河谷

100　　200　　m

岩石

北部干河谷

市中心

广场

住宅区

平原

岩石

幼发拉底河

幼发拉底河
的绿色河岸

南部干河谷

100　200　m

大莱普提斯特，利比亚

迦太基 - 罗马港口始建于公元前 6 世纪，是罗马帝国的自治城市，城
中遍布辉煌的建筑遗迹

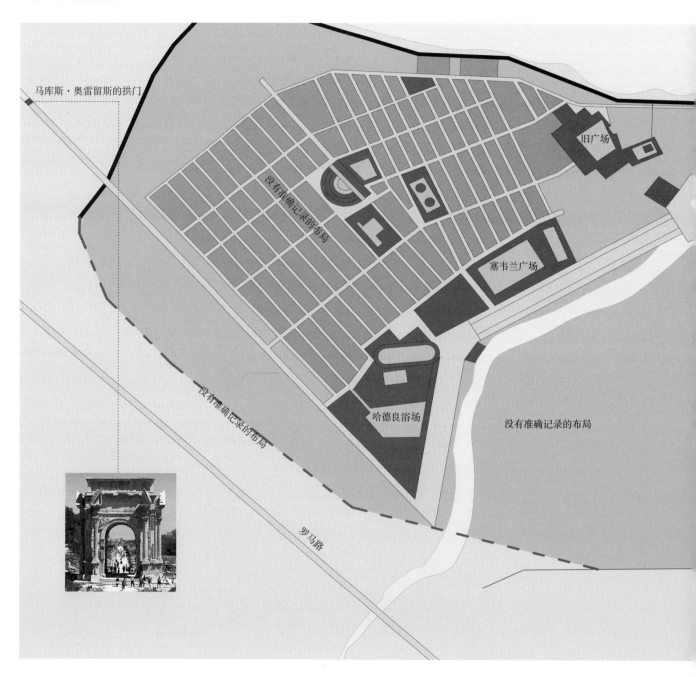

马库斯·奥雷留斯的拱门

旧广场

没有准确记录的布局

塞韦兰广场

没有准确记录的布局

哈德良浴场

没有准确记录的布局

罗马路

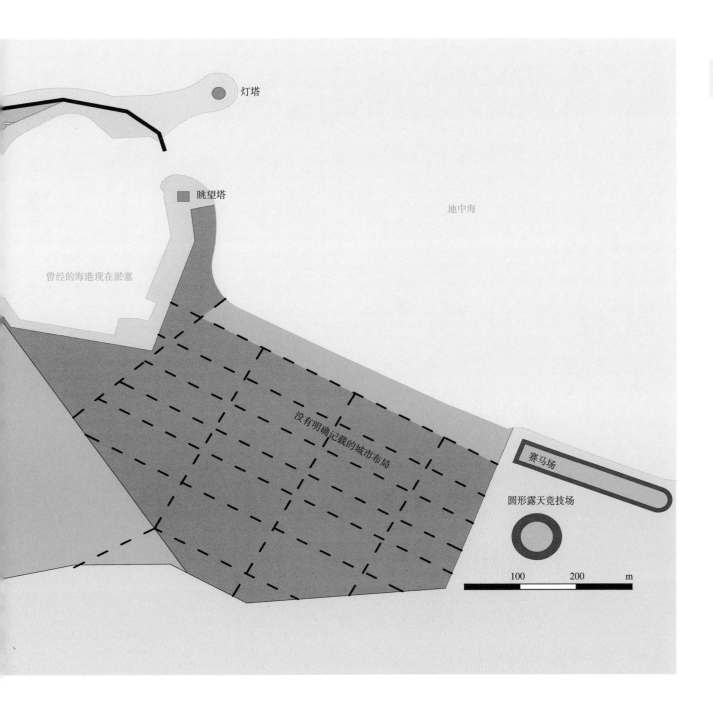

灯塔

眺望塔

地中海

曾经的海港现在淤塞

没有明确记载的城市布局

赛马场

圆形露天竞技场

100   200   m

那不勒斯，意大利（从城市现状解读历史城市结构）

公元前 600 年左右，希腊人在这里创建了城镇，公元前 327 年被罗马人
征服，但始终保留希腊城镇结构，几个世纪以来官方语言一直是希腊语

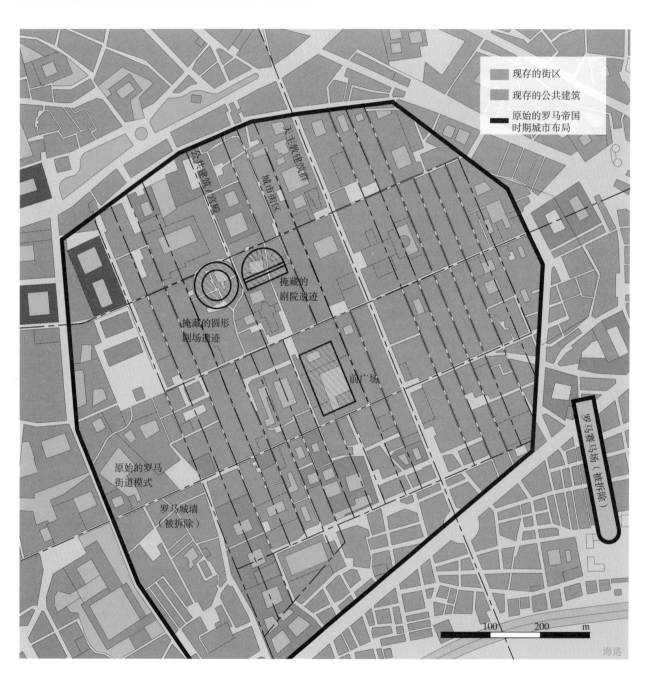

现存的街区

现存的公共建筑

原始的罗马帝国
时期城市布局

公共建筑/宫殿

天主教建筑群

城市前区

掩藏的
剧院遗迹

掩藏的圆形
剧场遗迹

前广场

罗马赛马场（被拆除）

原始的罗马
街道模式

罗马城墙
（被拆除）

100   200   m

海港

科萨，意大利

公元前 273 年，罗马人在山顶建造城市；目前只有城墙和国会大厦的
遗迹仍然可见

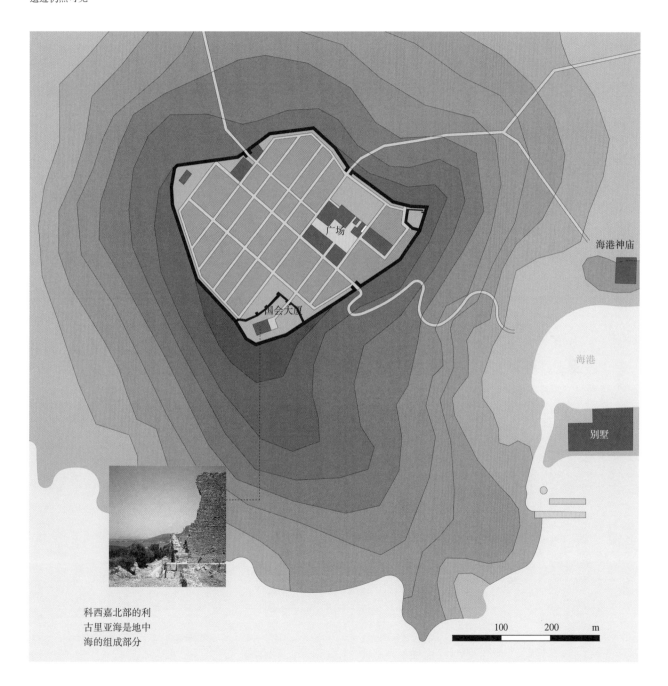

广场

国会大厦

海港神庙

海港

别墅

科西嘉北部的利
古里亚海是地中
海的组成部分

100   200   m

伊塔里奇亚，西班牙

公元前 206 年，罗马人建造了两座毗邻的城镇

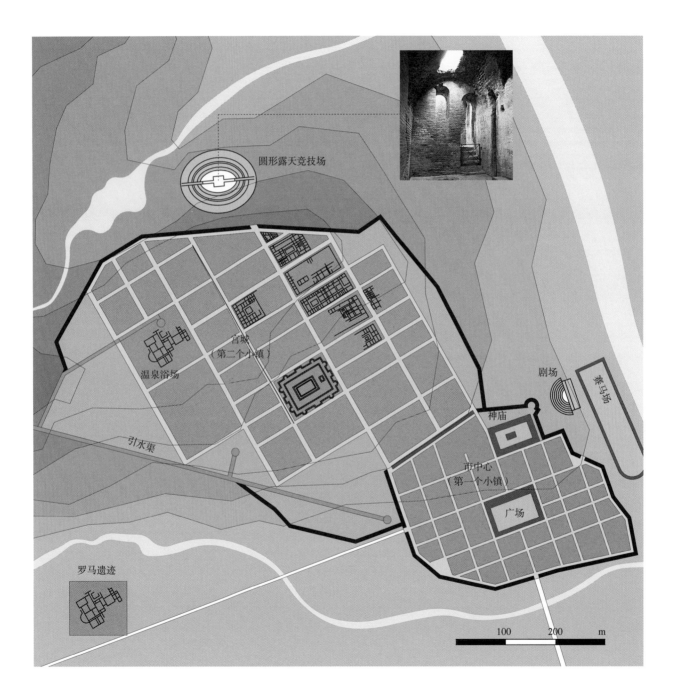

圆形露天竞技场

温泉浴场

宫城
（第二个小镇）

引水渠

罗马遗迹

神庙

剧场

赛马场

市中心
（第一个小镇）

广场

100　　　　200　　　m

都灵，意大利

罗马帝国时期皮埃蒙特区首府的城市布局，投射到 2005 年的城市结构
上，街区的形状大致保留，但部分街区的排布发生变化。城墙不复存
在，但两座大门仍然保留。这座罗马帝国的城镇建立于公元前 27 年

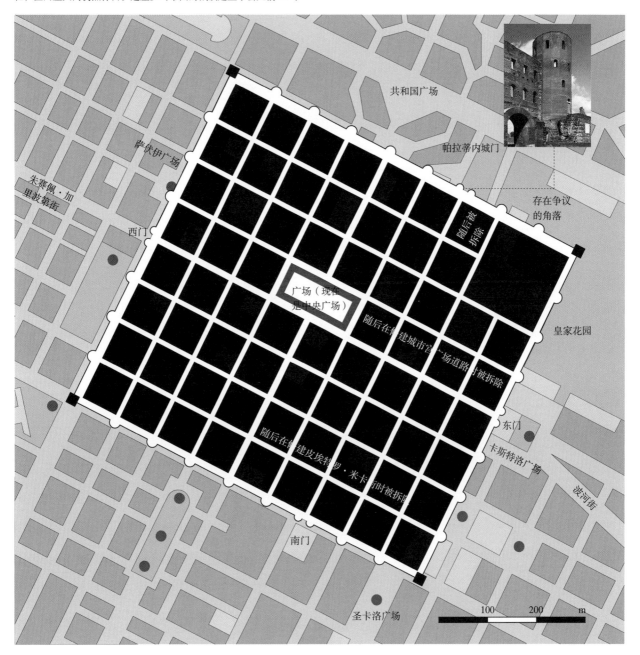

共和国广场

帕拉蒂内城门

存在争议
的角落

萨伏伊广场

朱赛佩·加
里波第街

西门

随后被拆除

广场（现在
是中央广场）

皇家花园

随后在修建城市宫广场道路时被拆除

东门

卡斯特洛广场

随后在修建皮埃特罗·米卡街时被拆除

波河街

南门

圣卡洛广场

100   200   m

庞贝，意大利

该城曾是著名的度假胜地。公元前6世纪在农业耕作区出现了最早的定居点，公元前80年成为罗马帝国的属地。许多辉煌的罗马帝国时期建筑遗迹被保留下来，现藏于那不勒斯的国家博物馆

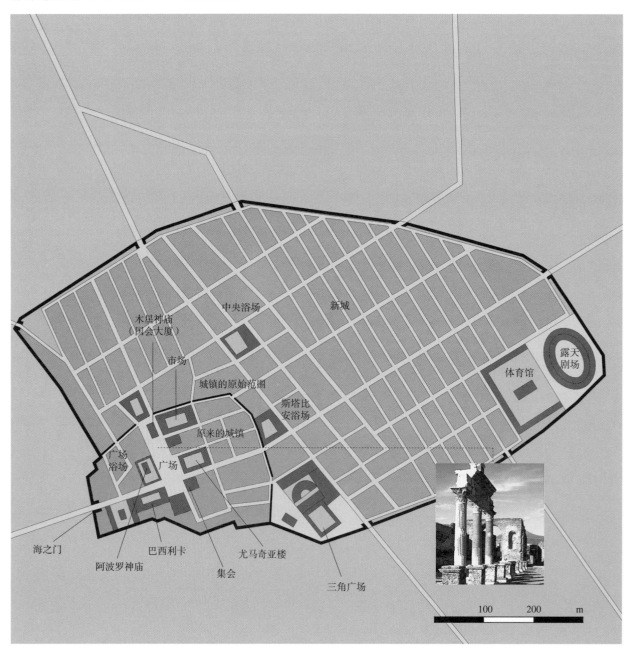

木星神庙
（国会大厦）

中央浴场

新城

市场

城镇的原始范围

斯塔比安浴场

体育馆

露天剧场

原来的城镇

广场浴场

广场

海之门

阿波罗神庙

巴西利卡

集会

尤马奇亚楼

三角广场

100   200   m

特里尔，德国

特里尔是摩泽河畔的古罗马河镇，摩泽河向东北方向流淌约 100 公里，
注入莱茵河。特里尔源自拉丁语，始建于公元 1 世纪，现存遗迹很少

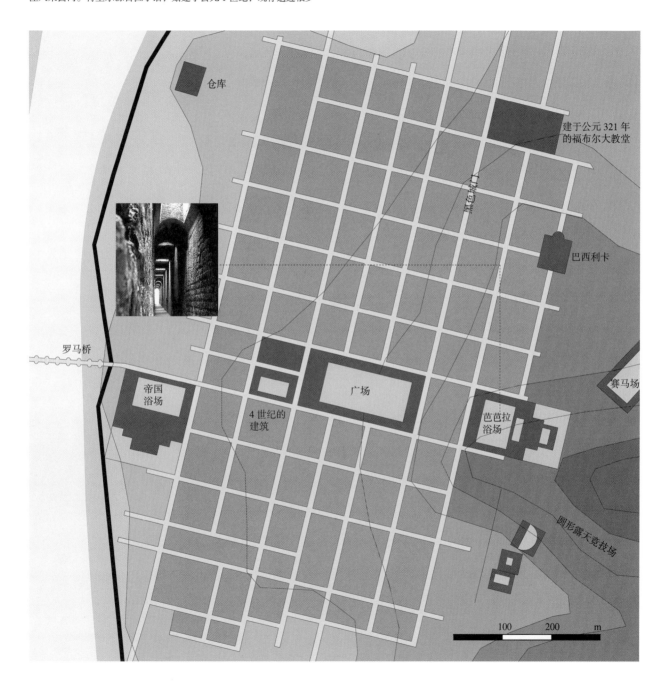

仓库

建于公元 321 年
的福布尔大教堂

黑色城门

巴西利卡

罗马桥

帝国
浴场

4 世纪的
建筑

广场

芭芭拉
浴场

赛马场

圆形露天竞技场

100   200   m

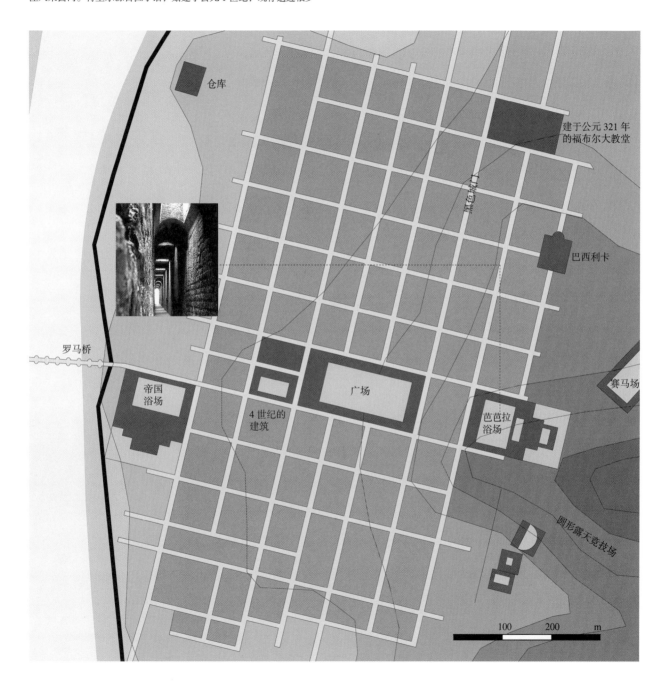

提姆加德，阿尔及利亚

建于公元 100 年的标准罗马帝国时期城镇，目前保存完好

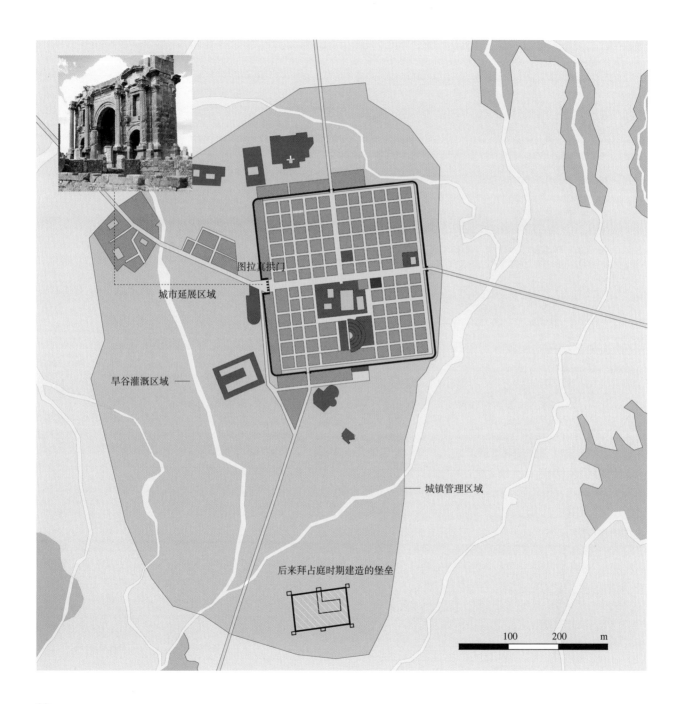

图拉真拱门

城市延展区域

旱谷灌溉区域

城镇管理区域

后来拜占庭时期建造的堡垒

100   200   m

西尔切斯特，不列颠尼亚

西尔切斯特建于公元 80 年前后，是一座没有罗马神庙的破败城镇。在该区域内目前仅存一座当地的宗教建筑，当年圆形剧场和城墙的遗迹仍然清晰可见，许多罗马帝国时期建筑基础被发掘出来

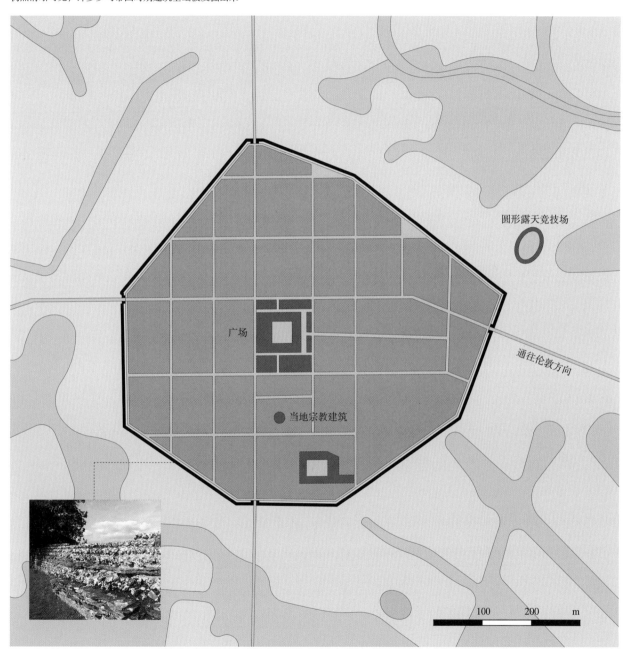

圆形露天竞技场

广场

通往伦敦方向

当地宗教建筑

100 200 m

1 圣克鲁斯，塞维利亚

不断延展的迷宫
——中世纪晚期摩尔人的城市部落

城市部落

公元 712 年，摩尔人从天主教和西哥特统治者的手中征服了塞维利亚，他们尽可能地在残存的罗马城市系统的基础上延续这片新领土的统治。随着政权的更迭，这座城市开始打上摩尔人的印记，摩尔人将这个组织有序的罗马废墟改造成以氏族部落为基础的有机布局。这种形态转变在西班牙南部古老的摩尔人聚居区最为明显，但这与其他早期罗马地区由于皈依基督教产生的转变有相似之处。

在摩尔人的文化中，氏族部落自治在塑造城市结构的过程中起了决定性作用。独特且有竞争力的城市氏族部落促进了城市的有机发展，从领土核心区域开始扩张，直至相邻氏族部落的领地，这是一个相对缺乏管控制度的过程。

而接下来的没有等级划分的聚居模式导致了高密度的聚落产生，且具有强烈的自给自足特征。这些聚落之间的开放空间被压缩到了最低限度。而整体布局是由不规则的自然生长所形成的。"城市迷宫"（urban labyrinth）是描述这种形态的最好概念。

遭受重创的罗马城镇——塞维利亚被摩尔人重新塑造的过程，提供了伊比利亚半岛南部摩尔人城市转型的最佳范例。从 8 世纪初到 1248 年摩尔人被驱逐，这座曾经的罗马城镇被完全重新布局，改造成以氏族部落为基础的城市。时至今日在圣克鲁斯四分之一的城区，宛如迷宫般曲折蜿蜒的小巷纵横交错，紧凑的街区肌理被无数极具北非庭院风格的天井打破，摩尔人城镇的特点在这里展现得淋漓尽致。

14 世纪摩尔人国王

历史：城市发展的五个阶段

起源

注释1》 塞维利亚城市核心位于瓜达尔基维尔河左岸，在一块辽阔肥沃的平原上，此处距大西洋约 80 公里。塞维利亚港是塞维利亚的重要组成部分，在过去的几个世纪，人们可以乘坐沿河顺流而下的小型船只抵达这里。在古代，这里是内河航运通往科尔多瓦的中转枢纽，随后这里成为印第安人财富流向伊比利亚半岛腹地的终点站。

相传塞维利亚由大力神——赫拉克勒斯（Heracles）建造，但有史可考的首座有城墙的城镇更像是迦太基人的聚居地。在公元前 49 年，这座被城墙包围的城区面积大约 10 公顷。中央广场位于现如今的班贝格街（Calle Bamberg）和阿尔格特·德莫利纳街（Argote de molina）的交汇处，距离后期建造的塞维利亚王宫（Alcázar）的北侧约 500 米。

罗马时期

注释2》 罗马人击败迦太基人夺取塞维利亚之后，开创了这座城市发展史上的一个重要时期。尤利乌斯·凯撒（Julius Caesar）于公元前 49 年征服了这里，在这块罗马人的殖民地上推行罗马帝国的司法体系，并将其改造为罗马风格的城镇。

在原来小镇的东北角，罗马人选择直角交叉轴（罗马空间坐标体系）的交汇点建造了一个罗马广场，并扩展为新的城镇。罗马人在新旧城镇的外围竖起了更厚城墙，将城市面积扩大了四到五倍。

罗马殖民城镇总是遵循基本的规划建造原则进行布局，但在制定最终实施方案的时候则需要兼顾当地的条件和环境因素，例如将现存的城市和其他地理环境综合考虑。

在塞维利亚，我们可以推断出当时罗马时期城镇的大小，还有罗马空间坐标体系的大概方位。曾经流淌在城外的河流虽已干涸，但在今天的塞维利亚依然明晰可辨。原有的街区布局已无法明确追溯，但是根据罗马殖民城市的一般建造规则，可以勾勒出示意性的街道网络。此外，城市中心罗马街区的考古发掘也为该示意图提供了足够的支撑。

摩尔时期

注释2》 公元 712 年，塞维利亚被摩尔人占领。在摩尔人统治塞维利亚的五个多世纪中，罗马时期城镇的布局和外观经历了缓慢而深刻的转变。他们将严格按照规划建造原则约束的、有开放空间和直线型布局的罗马城镇，转变成基于氏族部落和内向型的摩尔式结构。

罗马帝国时期的塞维利亚

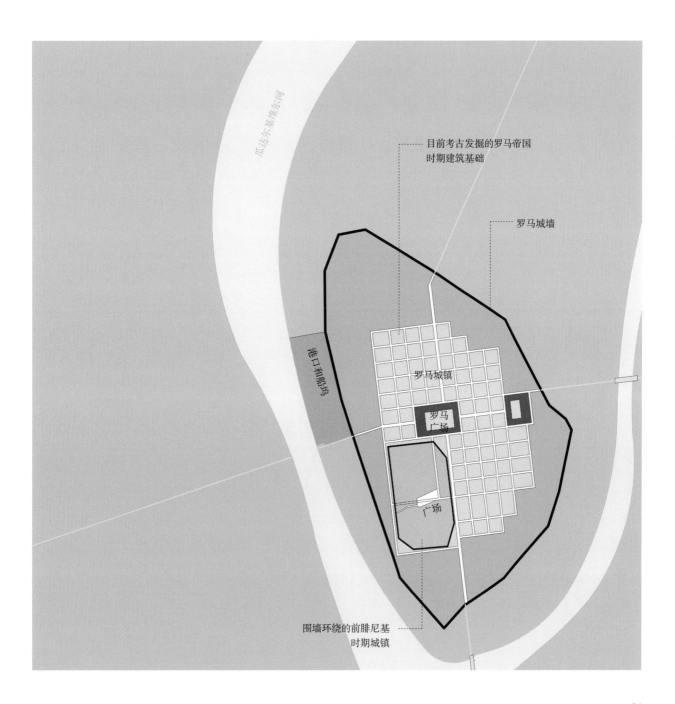

瓜达尔基维尔河

港口和船坞

目前考古发掘的罗马帝国
时期建筑基础

罗马城墙

罗马城镇

罗马
广场

广场

围墙环绕的前腓尼基
时期城镇

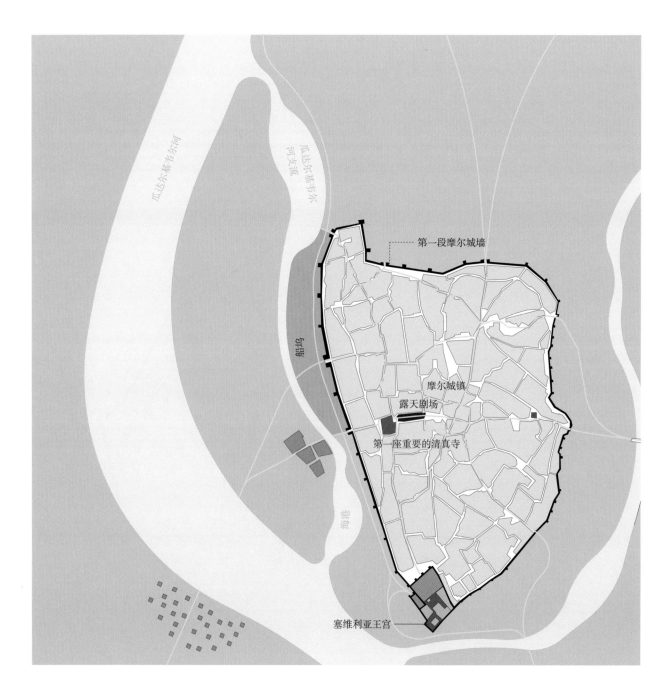

瓜达尔基维尔河

瓜达尔基维尔河支流

码头

海港

第一段摩尔城墙

摩尔城镇

露天剧场

第一座重要的清真寺

塞维利亚王宫

16 世纪的塞维利亚

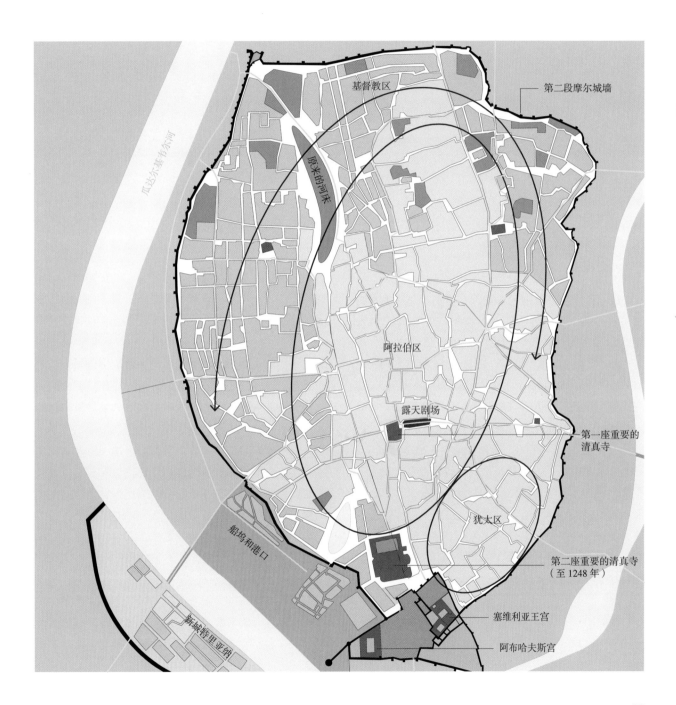

基督教区

第二段摩尔城墙

圣克鲁斯，塞维利亚

瓜达尔基韦尔河

原来的河床

阿拉伯区

露天剧场

第一座重要的清真寺

犹太区

第二座重要的清真寺（至 1248 年）

塞维利亚王宫

阿布哈夫斯宫

船坞和港口

新城特里亚纳

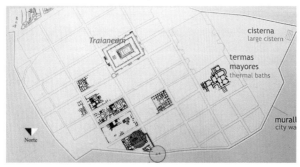

伊塔利卡（Itá lica）：罗马时期城镇遗址，距离塞维利亚 20 公里，建于公元前 206 年。

沿着罗马城墙废墟向北延伸，摩尔人在塞维利亚的第一个重要建设项目，是 9 世纪中叶在前罗马大教堂和随后的西哥特大教堂的基地上建造的梅斯基塔·阿尔贾玛·德·伊本·阿达巴斯（the Mezquita Aljama de Ibn Adabbas，第一清真寺）。公元 913 年，清真寺完工后，在其西南端建造了一座新的总督官邸（Alcázar，也就是现在的塞维利亚王宫）。

12 世纪，一座新的大清真寺矗立在总督官邸旁。13 世纪初摩尔人第二次修筑城墙，将城市面积扩大到原来的三倍。由于城区的过度拓展，导致东北方的大部分土地被长期被荒废。19 世纪，虽然塞维利亚大部分城墙被夷为平地，但仍然有两段摩尔人的城墙残垣屹立着，一段位于马卡雷纳（Macarena），另一段位于塞维利亚王宫的圣克鲁斯。

基督教时期

注释2 ▷ 1248 年塞维利亚被基督教徒重新征服之后，这座城市进入新的发展阶段。虽然政府类型和宗教信仰发生了根本改变，但保留了长期以来形成的城市空间结构。这是由于持续 15 个月的围城争夺战给这座城市带来了毁灭性的破坏和打击，整座城市几乎荒废，失去了以前的重要性，而随后统治家族围绕城市控制权的内讧，也让恢复重建无法开展。多年后，大航海时代美洲新大陆的发现，为塞维利亚的发展带来新的契机，使这座城市一跃成为连接富饶新大陆的贸易中心，以及美洲财富回流欧洲的大门。这一时期的大型城市建设主要集中在扩建港口、建造重要建筑以及城市空间转型上。在较小的建筑改造层面，建筑的基本结构保留了下来，但建筑的立面和功能都发生了较大变化。例如，天主教修道院被置入其中，清真寺变成了教堂，犹太教堂转变成了圣克鲁斯教堂。

现代

为重点介绍圣克鲁斯旧城区，城墙外区域的后续发展并未包括在本文中。综上所述，圣克鲁斯基本的城市结构已经确立。

转型：从罗马城镇到摩尔人城市

城市街区组织

现今圣克鲁斯的城市结构是以公元712年城市转型为基础。自此罗马城镇完全转变成了摩尔人的城市，使其与以氏族部落为基础的摩尔人社会相匹配。这座城市展示了罗马城镇转型为摩尔城市的普遍原则。如今的城市布局仍然保留了摩尔人城市的特征：狭窄蜿蜒的街巷和低矮封闭的街区、氏族内部的通道与露台，以及围合而成的公共与私人区域。罗马帝国时期统治者制定了一系列的严苛法律法规，在其统治下的城镇强制实施，这些法律法规是帝国居民安全的保证。安全意味着人们可以在以家庭为独立单元的环境中居住，这些单元遵循一定的排布规律沿着街道分布，并与周边的街道直接连接。在城市里人们没有必要集中居住在建有围墙的封闭街区里。法律的力量使居民的人身和社会安全得到充分保障。

摩尔人的社会发展在法律和政治层面，与罗马的民主制度相去甚远，法律法规的欠缺导致居民安全感的缺失。因此，氏族部落成为居民和社会之间的缓冲地带，生活在宗族大家庭中弥补了这方面的差距。根据阿拉伯人或柏柏尔人的血缘关系，相同的部落或族裔群体聚居在一起。现存的罗马城镇由直线型的块状街区组合而成，遵循固定且严格的秩序，可变动范围较小。该系统内部城市结构十分紧密，没有大量调整的空间。因此，摩尔人通过兼并临近街区、外部构筑围墙和内部自由连接的方式建造住宅区，以适应氏族部落群居生活的需要。随着时间的流逝，复杂的摩尔氏族部落街区完全淹没了圣克鲁斯的罗马城市肌理。

中世纪晚期，在地中海周边的其他国家也可以看到氏族部落街区的影子，位于意大利托斯卡纳的小镇圣吉米尼亚诺就是很好的案例，在这里可以看到造型奇特、高度不一的氏族塔楼。

按照部落模式聚居的氏族部落化城市，对城市空间结构产生了巨大的影响。每个氏族部落都需要与之相匹配的超级街区，这意味着紧密有序的罗马棋盘状街区结构被有机增长的迷宫街区所替代。整体规划无从谈起，最终演变为街区之间的适应性调整。氏族部落内部到任意周边街区之间的此消彼长，最终取决于其他氏族的扩张与收缩。氏族部落之间的空间被压缩成为只有几米宽的极为狭窄的通道，有时甚至只有1米。

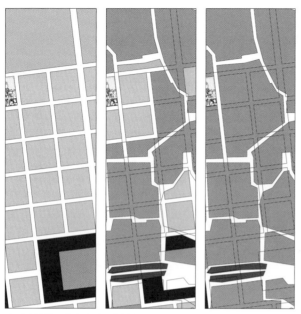

从罗马城镇到摩尔人城市的转变

位于都市阳伞广场（Plaza de la Encarnación）的罗马时期建筑遗迹

城市层面的组织

    在城市层面，这种有机增长模式形成了完全不同的路网体系。罗马时期的街道消失了，新的通道应运而生，沿着曲折蜿蜒的线路到达新的终点。新线路的轨迹和方向围绕着有机生长的氏族部落街区，一部分路线受到了城区扩建部分和城门的限制。此外，形成这些路线本身就有很大的偶然性和随机性。在城市的西南部，新大清真寺和总督官邸所在位置，形成新的城市中心，路网在这里汇集。沿着海滨，或多或少保留着一些罗马人开辟的街道，因为这里是通往港口必经之路。城市重组是一个漫长且缓慢的过程，在第一阶段，旧城市结构的某些肌理被保留下来，随后展开对整座城市的改造，以适应氏族部落有机增长模式。目前城市内部的主要定位点是清真寺以及南侧相邻的总督官邸。

罗马人和摩尔人的城墙

　　截至 1863 年，只有百分之十的摩尔人城墙和塔楼保留下来，其中包括城市北侧第二次修建的城墙约 500米、城市南侧总督官邸的大部分以及加建部分。摩尔人第二次修建的城墙长 7 公里，其中包括了 166 座塔楼以及 13 个出入口。第一次修建的城墙已经被整合到第二次修建的城墙中。随着摩尔人第二次修建城墙，城市面积扩展了三倍。这是一次规模宏大的城市扩张计划，以至于新城区的建设耗费了数百年的时间，甚至整座城市被天主教徒重新夺回后，还延续了很长一段时间。城墙与塔楼顶部大部分用砖砌筑，基础部分使用方石。大部分方石用作压顶石，这种做法很可能

摩洛哥菲斯市 1930 年的城墙

第二段位于马卡雷纳（北区）的摩尔人墙 　　依托城墙建造的住宅 　　该塔原本是一座尖塔，是在原罗马城墙残留的塔基上建造的

源自罗马人的城墙，特别是在总督官邸附近。摩尔人修建的大多数墙壁和塔楼都有锯齿状的墙垛，每个墙垛上都有压顶石。

在总督官邸周围，相当多的城墙已经改建为房屋立面。有些墙体已经被改造得完全无法辨认，甚至已经被沿着城墙走向、完全新建的建筑所替代。其他的城墙已经湮没在建筑群中，或者成为建筑群的一部分。

此外，一座清真寺宣礼塔在罗马时期塔楼的基础上进行了改建，这座塔楼属于罗马人修建城墙的一部分。这座清真寺后来被改造成圣卡塔丽娜教堂（the Iglesia de Santa Catalina），并保留了典型的摩尔圆顶。

摩尔人建造的城墙与摩洛哥菲斯市（Fez）现存的摩尔城墙非常相似，在这座城市的城墙全长超过10公里，几乎所有城墙都保存下来，其中包括极具摩尔人艺术特色的城门。

菲斯市是一座"翻版"城市，这座城市的原型是公元9世纪摩尔人在安达卢西亚（Andalucia）建造的定居点。摩尔人将建筑知识传播到了马格里布地区（Maghreb）。可以说马格里布建筑是安达卢西亚摩尔建筑艺术的分支。事实上，摩尔人的建筑风格是在摩尔帝国的北部出现的，那里聚集了众多的哲学家、科学家和数学家，基督徒、犹太人与摩尔人混杂其中。

曾经的白银塔改建成住宅

第一段摩尔城墙

建造塞维利亚王宫的方石，很可能就地取材，源
自罗马帝国时期城墙和建筑

人行道

塞维利亚大教堂
（原清真寺）

塞尔维亚王宫

区位

街区

区位图

左：圣克鲁斯
右：塞维利亚大教堂（原清真寺），1922 年

注释 3 ▶　圣克鲁斯（Santa Cruz）位于塞维利亚内城的东南部，在这里摩尔人的中世纪建筑保存完好，曲折蜿蜒的街巷穿梭在建筑物之间。小巷两侧是密集的城市街区，院子里随处可见种满了花草绿植的露台。各色鲜花从露台和玻璃窗垂下，空气中弥漫着令人难以抗拒的橙子、茉莉、玫瑰味的清香。整个季节里都弥漫着芬芳的气息。

　　大部分的街道由花岗石铺成，墙壁都被粉刷过，整个地区营造出高雅的生活氛围。在圣克鲁斯的西边，雄伟的建筑矗立在胜利广场周围：塞维利亚王宫（前总督官邸）、塞维利亚大教堂（原清真寺）、西印度群岛综合档案馆和天主教塞维利亚总教区。周边开放的城市空间凸显出这些建筑体量，也和圣克鲁斯精致的小型住宅形成了鲜明的对比。

　　在相互毗邻的圣克鲁斯和塞维利亚王宫横亘着高耸的城墙，将不同的世界分割在两侧。这堵墙象征着统治者与平民之间难以逾越的鸿沟，也象征着基于安全考虑，但又需要相互依存的群体之间所必须保留的空间距离。这两个紧密相连的部分，在开放空间的处理上手法各异。无论是塞维利亚王宫内部随处可见的露台，还是圣克鲁斯住宅区众多绿树成荫的小广场，这两种开放空间都和周边城市环境融为一体。当然，它们采用的手法各不相同，塞维利亚王宫的开放空间有较多的人工雕琢的痕迹，而圣克鲁斯的开放空间则更为有机和自然。

　　在圣克鲁斯和塞维利亚王宫的南侧是阿尔卡萨皇家花园（Jardines del Alcázar）和穆里略花园（the Jardines de Murillo）。塞维利亚王宫毗邻的公园被围墙环绕，而紧邻圣克鲁斯的公园向公众开放，公园的另一侧是梅尼迪兹大街（Menéndez），这里曾经是摩尔人修筑城墙的遗址，现在成为老城区环路的一部分。这条环路是现代世界自由开放和快速变化的象征，也是对老城区保守封闭和缓慢城市化进程的平衡。

　　在梅尼迪兹大街和公园之间是哥伦布纪念碑和庄严肃穆的花园长廊（Paseo de Catalina de Ribera），也是西侧 1929 年伊比利亚—美洲塞维利亚展厅的入口长廊。

形态学

城市形态包含三种空间特征：

❯ 大型公共建筑群；

❯ 圣克鲁斯住宅区；

❯ 阿尔卡萨皇家花园和穆里略花园。

穆里略花园是这座历史名城中的重要公园，与圣克鲁斯的紧凑型内部空间结构形成了鲜明对比。阿尔卡萨皇家花园属于塞维利亚王宫的一部分，平时不向公众开放。

塞维利亚王宫同其他三座公共建筑组成了相对独立的建筑群，周边环绕着流动性的自由空间。

圣克鲁斯的建筑形态不规则，紧凑的街区和蜿蜒曲折的街巷犬牙交错。街区内建筑密度较大，每个复合街区建筑基底面积约为百分之六十，通常 2 层或 3 层的建筑总高度为 6 米到 10 米。大多数街巷的宽度为 1 米到 3 米，某些区域较宽，最宽处可达 8 米。"密集"和"狭窄"这两个因素在此叠加，导致该区域的建筑容积率约为 2。曲折幽深的街巷在遮挡视线的同时也限制了视角，视线通廊的距离往往仅为 50 米。

尽管街巷多变，曲折幽深妨碍了人们在小巷中驻足远眺，但在左折右弯不断变换方向时，眼前不断浮现不同的画面。这种"连续感"使人们期待下一处转折映入眼帘的城市空间。这种期待源于意料之外但情理之中的空间感受。小巷漫步的空间体验不仅充满变化而且给人幽深无尽之感。在街巷交叉处，街巷的宽度增加便于行人变换方向自由行走。但汽车无法驶入街巷，使这里获得难得的宁静，充满了生活气息。

靠近塞维利亚王宫围墙周边街区的建筑较小，许多房屋依墙而建。建筑尺度的改变，展现了城市内部空间的变化。穿过塞维利亚王宫的通道，抵达王宫建筑群内的旗帜庭院广场（Plaza Patio de Banderas）。这里有着不同于王宫的风景，同时也与狭窄而曲折的街巷形成对比。在圣克鲁斯绿荫葱葱的映衬下，广场绿植景致得到了周边街区环境的加持。王宫内广场与露台的开放空间，与王宫外紧凑型街区形成了令人印象深刻的空间反差。

朦胧迷宫中的坚固建筑

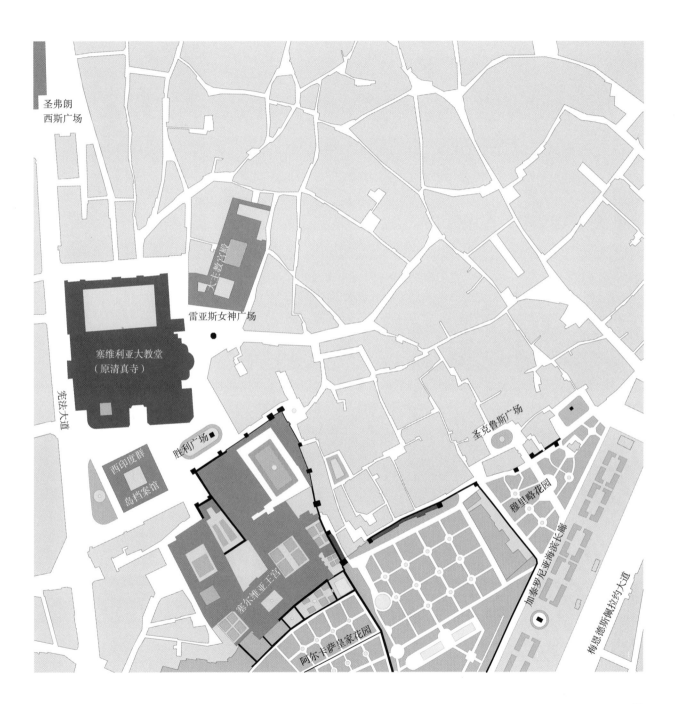

圣弗朗
西斯广场

天主教宫殿

雷亚斯女神广场

塞维利亚大教堂
（原清真寺）

宪法大道

胜利广场

西印度群
岛档案馆

圣克鲁斯广场

穆里略花园

塞尔维亚王宫

加泰罗尼亚海滨长廊

阿尔卡萨皇家花园

梅恩德斯佩拉约大道

空间类型：内向型的城市

安达卢西亚的天井，1922 年

　　划分严格的公共空间和内向复杂的氏族区域的显著区别，造就了该地区鲜明的城市特性。在摩尔人统治时期，氏族部落封闭的高墙割裂了街区内部与外部公共空间的联系。

　　街区立面的露台，是光线和空气进入密集街区内部的通道。如今，街区外侧敞开的露台窗户和铁门在视觉上与公共空间相连接，人们可以驻足欣赏街区内部的景致。摩尔人统治时期，这里与公共空间完全隔离，狭窄的街巷是氏族街区不受限制扩张的结果。街巷的宽度也妨碍了街区之间的快速移动。动作电影《谍影重重 3》的场景展示了相邻街区狭窄的间距，使得男主角可以轻易地从一个街区跳到另一个街区，从而提高了奔跑速度。这部电影拍摄于摩洛哥的丹吉尔（Tangiers），那里有类似的城市结构。

　　当我们近距离观察时，可以发现介于公共空间和私人露台之间的"过渡空间"。最初摩尔部落内部的集散场地作为"过渡空间"的载体，贯穿各个街区，作为城市公共空间和家庭私密空间的衔接纽带。这些集散场地如今已经具有半公共的特点，但仍与外部公共空间相分隔。每个街区都有一个氏族部落内部通道。在摩尔人时代，只能通过这个"过渡空间"进入周围的房屋。如今，虽然可以从周边街巷直接进入街区外侧的房屋，但街区内部的房屋仍然只能通过内部通道进入。

　　圣克鲁斯的公共广场绿树成荫，塞维利亚王宫的大露台将公共广场在垂直方向进行延伸。郁郁葱葱的街巷以及种满鲜花的街区内部露台一起构成了圣克鲁斯城市内部独特的绿色空间。圣克鲁斯扭曲变形的街区与狭窄的街区肌理形成鲜明对比，刻画出了一幅完整的内向型城市空间的画卷。通过图片我们可以强烈感受到这种奇妙场景。

吉拉达橘树庭院的入口

庭院：法比奥拉，圣克鲁斯

塞维利亚王宫的旗帜庭院

塞维利亚王宫：国王的宫殿（14 世纪）

扭曲的圣克鲁斯小巷

狭窄的圣克鲁斯小巷

一条沿着教堂的圣克鲁斯小巷

弯曲的圣克鲁斯小巷

氏族街道

带有典型露台和阳台的街角建筑

穆里略花园的橘子树

采摘自穆里略花园的橘子

马特奥斯·加尔街

阿尔塔米拉堡

圣克鲁斯教堂

圣约瑟夫修道院

塞维利亚神父医院

雷丁纳多广场

圣克鲁斯广场

穆里略花园

旗帜庭院广场

多娜艾尔维拉广场

塞尔维亚王宫

阿尔卡萨皇家花园

	有铺地的公共空间
	氏族街道
	私人庭院
	住宅区
	有庭院的公共建筑

氏族街区

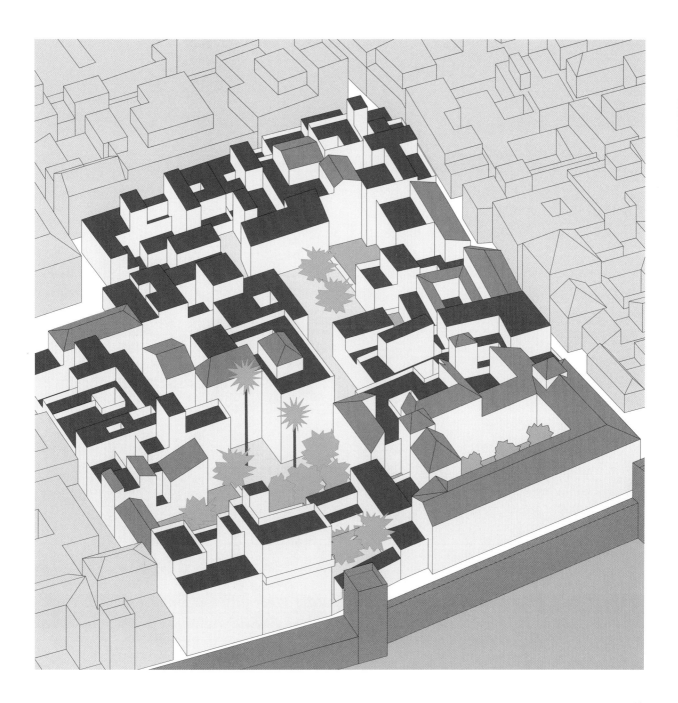

街区

在摩尔人时代，氏族部落街区有外墙的保护，遮挡了周边街道行人的视线，人们只能通过街区公共出入口与外界交流。现在街区外侧墙面上出现了门窗和露台，通向街区内部的大门也保持敞开，人们可以欣赏街区内部空间。这里的露台视野开阔，镶嵌的绿色马赛克营造出特殊的公共空间氛围。传统街区的内部通道实际上是内部空间与庭院的结合，不属于公共空间，因此处于半公开状态。

真正的公共空间实际仅限于周边的街巷，宽度通常不超过 2 米。街区的内部通道要宽阔得多，周边种植着树木，内部通道的支路可以延伸到街区的所有角落。有时支路的入口在两座紧邻房屋的凸起部位，这使得街区内部变得更像迷宫。摩尔人的街区有三个层次的社会组织：氏族部落、大家族和家庭。它们都有各自的典型空间特征。每个街区的氏族部落都有共享的内部通道，大家族可以有单独的露台，每个家庭也可以有私人露台。

内部空间的大小与社会团体的人数相匹配。从城市到家庭，不同的空间层级以递进的方式串联在一起，形成了从城市广场到家庭住宅的连续变化。

氏族部落街区场景

摩尔人和穆达伽风格建筑

虽然摩尔人的建筑风格主导圣克鲁斯仅几个世纪，但摩尔人塑造的城市在这里很好地保留了下来。1248年摩尔人统治结束后，新建筑虽然不再沿用摩尔人传统风格，但并不影响政权更替后的居民对前几个世纪建筑遗产的欣赏和认同。直到最近，摩尔建筑风格再度出现，成为根植于当地的传统建筑类型，并与摩尔建造者精湛的技术联系在一起。

1248年后的摩尔建筑风格被称为穆达伽风格。14世纪，彼得一世国王在塞维利亚王宫内修建的宫殿，是穆达伽风格的建筑瑰宝。在13世纪收复失地运动期间，除格拉纳达王国外，伊比利亚半岛的大多数领土都被天主教国王夺回，而格拉纳达王国则一直控制在摩尔人手中。1492年伊比利亚半岛上的天主教贵族和国王之间的冲突，促使塞维利亚与近邻格拉纳达王国结盟。位于格拉纳达的阿罕布拉宫是穆达伽风格建筑的典范。1364年，塞维利亚国王彼得一世召集来自格拉纳达最优秀的艺术家，在塞维利亚建造了与阿罕布拉宫同样富丽堂皇的宫殿。美洲新大陆发现后，塞维利亚一跃成为从新大陆商品集散中心。经由这里西班牙风格的建筑传到了海外许多城市。例如，古巴的帕拉西奥宫（Palacio de Valle）的穆达伽风格，与塞维利亚王宫有很多相似之处。

古巴，帕拉西奥宫，1913年

摩洛哥，菲斯的莫克里宫殿，建于 1905 年

摩洛哥，菲斯的格劳伊宫殿，建于 1905 年

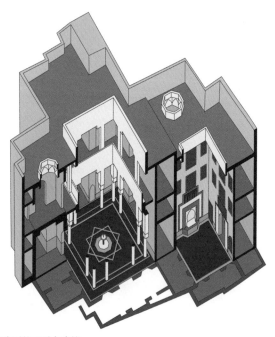

摩洛哥的双露台建筑

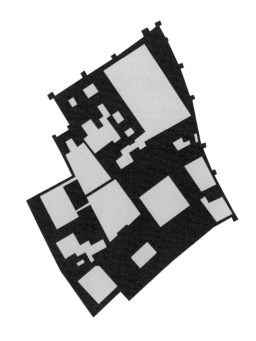

塞维利亚王宫的天井

摩尔民居

注释4》 圣克鲁斯传统摩尔民居的主要朝向是内侧天
井和内部通道。天井在民居中处于绝对核心地位，这
与周围房间的对称排布相关。开放的天井塑造了摩尔
民居的空间特色，围绕该核心形成的内向型的纽带将
周边房间串联起来，主要房间的门窗、露台也都朝向
天井。天井环绕的庭院通常会设置向上喷水的喷泉和
水池，喷泉位于建筑群的垂直轴线上。

摩尔民居的辅助房间布置在外围。天井和周边主
要房间以简单的几何形状布局，对称排列在大部分不
规则的建筑基地上。辅助功房间填补了几何形状布局
和不规则地形之间的空隙，成为城市外部形态和建筑

内部空间的缓冲地带。

注释5》 从象征意义上讲，庭院的布局对称且秩序井
然，形成了摩尔民居内部的整体平衡，而外部辅助空
间则是面对外部环境和周边条件的应对策略。

穆斯林房屋内部的蜂巢状布局，反映了将较大的
家族拆分为几个较小的、独立的家庭单位的必要性。
实际上，"诱饵"（bait）一词经常指代这种"自我分裂"
形成的房间，也特指某些多用途空间，从语言学角度
"屋中屋"（houses within the house）的概念可能表达最
贴切。因为在穆斯林的家庭生活中，一个房间可以有
多种功能，无法准确界定为起居室、卧室或厨房。这

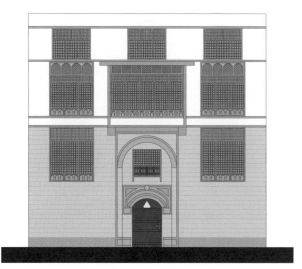

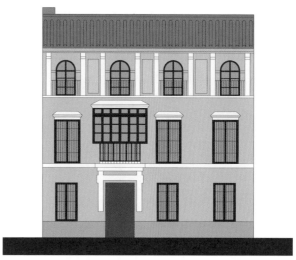

开罗阿拉伯建筑，首层封闭，较高楼层凸起的飘窗上覆盖木雕格栅

圣克鲁斯摩尔建筑风格的外立面转变为天主教风格。位于圣克鲁斯希门尼斯·德·圣西索街（Ximenez de Enciso）12 号的首层开放，所有窗户、窗台和阳台均使用锻铁

种拆分推动了房间的多用途化。

　　穆斯林住宅房间的多功能性使人联想起游牧民族的特征，以最少家具满足各种需要。壁橱和橱柜大多整合到壁柜中。床垫可以折叠起来存放，也可以放在低矮的长凳上，既可以坐着，又可以睡觉。桌子通常设计成便于携带和移动的浅口铜质托盘，或者用铺在地板上的衬布代替。

　　对页左上角的图片，显示了摩洛哥菲斯的一栋典型的豪华双露台建筑。菲斯的传统民居源于古代阿拉伯（摩尔）建筑文化。在圣克鲁斯，虽然带有露台住宅的内部结构为了适应西方的生活方式而被重新调整，

但仍然保留了结构布局，如中央天井和内向型的特征。门窗、阳台和凸窗现在采用传统的南欧风格，并配有精致的锻铁隔板，甚至凸窗和阳台上也多被优雅的黑色铁艺装饰所覆盖。

　　天井通常被摩尔或穆达伽风格的拱廊所环绕。地面铺设精美的瓷砖，有时还铺有鹅卵石。通常情况下，墙壁的底部也贴有瓷砖，顶部粉刷成白色、桃红色、土黄色或黄色等。通过这种统一的建筑语言实现了圣克鲁斯整体风格的协调。近年来的新建筑都是对传统民居建筑风格的补充和完善。

阿方索三世酒店，1929 年

塞维利亚宪法大道街景

摩尔宫殿

　　塞维利亚王宫最早为泰法王国（taifas）时期在此建造的一处摩尔人堡垒。该建筑群保存了各个时期的建筑遗迹，其中包括科尔多瓦哈里发王国时期（the Caliphate of Cordoba）以及很多近代历史建筑。就像摩尔民居一样，塞维利亚王宫也有内向型的空间特点，没有任何窗户的厚实外墙包裹着整个建筑群。整座王宫就像一块巨大的扁平石块，内部的天井就像镂空浮雕镶嵌其中。除墙壁外，粉饰灰泥的露台保留了原始的摩尔建筑风格。其他部分可以追溯到较晚时期，大多采用穆达伽风格、哥特式风格和巴洛克风格，喷泉和水池散布在王宫各处。塞维利亚王宫的很多设计手法被其他宫殿和修道院借鉴，例如彼拉多官邸（Palacio Pilatos）。

神庙和天主教堂

萨尔瓦多教堂（Iglesia del Salvador）

塞维利亚萨尔瓦多教堂下有三座建筑遗址：罗马大教堂、西哥特大教堂和摩尔清真寺。摩尔清真寺的天井已被部分整合到萨尔瓦多教堂的建筑群中，原建筑的尖塔底部与教堂融为一体，但顶部已经进行了天主教化改造。萨尔瓦多教堂对原清真寺的地基进行了调整，使得教堂主轴线由原清真寺的主朝向旋转了四分之一的角度。这种变化并不是为了对应各自的宗教圣地，将主入口朝向从麦加调整到耶路撒冷那么简单。这是由于目前的建筑朝向还受到地基深处罗马巴西里卡教堂遗迹的制约。原清真寺的主入口在北侧天井处，那里是穆斯林教徒洗礼的地方，他们可通过面向米哈拉布（Mihrab，指清真寺正殿纵深处墙正中间指示麦加方向的小拱门。——译者注）敞开的入口进入清真寺内部。萨尔瓦多教堂则是通过祭坛对面萨尔瓦多广场的入口直接到达。

原清真寺是一座拱形柱廊环绕的低矮建筑，朴素简约，与科尔多瓦（Cordoba）的大清真寺，或菲斯的安达卢斯（Al-Andalous）大清真寺截然不同。

巴洛克风格的萨尔瓦多教堂始建于 1670 年，整座建筑于 1712 年完工。教堂正立面给人留下深刻的印象，教堂内部高耸的穹顶，彰显建筑空间巨大的情绪感染力，营造出浓厚的宗教氛围。教堂祭坛装饰非常华丽，极其艺术性的装饰在传播天主教信仰的同时，也在潜移默化中说服人们相信天主教比新教优越。这是典型反宗教改革的巴洛克式教堂风格，而不是原始天主教建筑采用的朴素罗马式风格。这种罗马式风格更类似于早期摩尔人建筑。从本质上讲，巴洛克式建筑是天主教集权专制体系的产物。该体系旨在通过教堂建筑建立更具说服力的天主教宣传网络，以对抗宗教改革运动。巴洛克式建筑空间的基础是系统性动态变化，显示以梵蒂冈为信仰根源无限延伸。

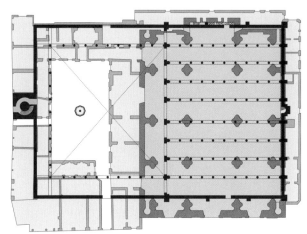

历史的迭代进程，伊本·阿达巴斯清真寺的萨尔瓦多教堂
■ 萨尔瓦多教堂　　　■ 伊本·阿达巴斯清真寺

萨尔瓦多教堂内部

摩洛哥，菲斯的安达卢西亚清真寺的庭院

萨尔瓦多教堂建筑群中留存的摩尔人庭院。
这是以前清真寺的庭院，但现在的地面比原来的地坪高 2 米。

圣克鲁斯与摩洛哥文化比较

阿布伊南神学院（Medersa Bou Inania）的摩尔人手工艺作品，摩洛哥梅克内斯市

圣克鲁斯：文化融合之城

　　长久以来，塞维利亚被视为一座"过渡"城市。在两千年间，这座城市分别由迦太基人、罗马人、西哥特人、摩尔人和天主教徒管理。

　　在摩尔人的统治下，犹太人和天主教徒可以和平共处。在天主教徒重新掌权后，犹太人被转移到圣克鲁斯南部，而如果摩尔人皈依天主教，他们将被允许留在城市。随着许多工匠改变信仰，摩尔人的手工艺在城市中得以保留。1492 年犹太人遭到驱逐，圣克鲁斯南部成为天主教徒的社区，犹太教堂改建为圣克鲁斯教堂。

　　如今，居住在圣克鲁斯的现代欧洲人与世界各地的文化交流融合。同许多欧洲城市一样，富裕的城市居民营造了极具吸引力的城市氛围，他们对传统的联排别墅进行翻新，以达到高水准的现代生活。圣克鲁斯成为广大游客的首选之地，房屋租赁行业开始修缮住宅，为全世界的游客提供有吸引力的度假公寓。尤其是塞维利亚王宫，始终是最受游客青睐的国际博物馆之一。

摩洛哥菲斯市的摩尔人

注释6》 "当他的朋友们试图说服堂吉诃德（Don Quixote）放弃纠正强盗和小偷造成的不公正时，他们催促他与他们一同前往塞维利亚，那里是适合冒险的地方，因为还有更多的类似现象在每条街道和每一个角落出现，比任何其他地方都容易见到。"

塞万提斯的这段话描述了塞维利亚迷宫般街巷的探险感。现在这里拥有成熟的商业氛围和丰富的旅游资源，但在不可预知的未来，这里似乎为堂吉诃德那些狂野和冒险的朋友们提供了一个舞台。

摩尔人的手工艺品

摩尔人的城市形态在塞维利亚保存最为完好的区域是圣克鲁斯，这里是摩尔人的早期定居点。然而，随着时间的流逝，摩尔人的原始手工艺品从居住区消失了。在文化和艺术领域，摩尔人与西方世界有很大不同。当代西方文化充斥着描述人类快速向前发展的形象。但在穆斯林文化中，此类题材被认为是傲慢自大的行为，因为它会被认为试图与天上的造物者进行竞争。在穆斯林世界中，艺术表现主要针对抽象艺术和几何图案。这种表达秩序意识的态度深刻地影响了他们的艺术作品，是真正的摩尔人艺术和建筑的基础。

在摩洛哥，仍然可以发现传统的摩尔人的社会网络、城市布局、艺术和建筑的融合。在那里，你可以见到精美的摩尔人艺术形式，这些图案和装饰曾经构成了圣克鲁斯建筑的一部分。

圣克鲁斯带屋顶花园的短租度假公寓

大主教宫殿

从塞维利亚大教堂俯视圣克鲁斯

塞维利亚神父医院

1

雷亚斯女神广场

2 伯坦尼克，里斯本

17 世纪贵族逃离人口拥挤又肮脏的城市

逃离城市

16 世纪的里斯市

欧洲

从 16 世纪末开始，欧洲贵族和富裕商人尝试离开拥挤和肮脏的城市，探索郊外乡村生活的乐趣。随着时间的流逝，城市周边的广大区域成为精英阶层追求高品质生活的家园。这种人口的流动要归功于城墙外居住品质与安全的提升。比如在威尼斯附近的威尼托地区就可以看到这种现象。在那里，帕拉第奥式别墅是从 16 世纪中叶开始建造的。在阿姆斯特丹周边地区，从 17 世纪开始，这里兴建了大量的乡村庄园，大多数庄园拥有一流的休闲花园，常被用作避暑别墅。

里斯本

在 17 世纪里斯本的精英阶层逐渐抛弃了位于圣乔治城堡（São Jorge）周边山坡上衰败的前摩尔人城镇，转而选择坐拥泰霍河景（Tejo）、临水而居的另外一座山上。新的园林式乡村别墅成为他们的永久居所。在

衰败的旧城里的老住宅被渔民和水手占据。这些别墅沿着乡村道路向前延伸，将成片的土地串联起来，形成有规则的几何形状，与旧城里迷宫般的城市形态对比鲜明。新开发的区域占地面积较大，街道宽阔，其或疏或密的直线状排布方式为后来发展成为花园城市打下了基础。开放和绿色的空间结构与蒙特·杜·卡斯特洛（Monte do Castelo）山上的旧城堡形成鲜明对比，在旧城堡遍布着狭窄曲折的街巷，宛如一座黑暗迷宫。在接下来的几个世纪里，新区域的建设逐步推进，同时旧城区结构的基础并未损坏。

下面的案例将围绕一条穿过山脊，途经王储花园（Praça do Príncipe Real）和植物园，最终抵达泰霍河的路线逐步展开。17 世纪欧洲很多地区兴起了开发中世纪城市以外乡村的热潮，这些区域成为人们改善生活品质的场所，但像伯坦尼克（Botânico）这样的园林城市却很少见。

拉托区

庞巴尔
下城侧翼

格蕾丝区

莫拉里亚区

城堡

埃斯特拉区

城堡区

阿尔法玛区

伯坦尼克场地

上城区

玛德拉戈亚区

希亚多城区

拉帕区

泰霍河

庞巴尔下城

里斯本 1832 年

历史：全球发现与衰落

注释 1 ▶ 泰霍河口凭借得天独厚的地理条件成为优良的避风港，这里是连接大洋和内陆的绝佳地点。自史前文明以来，这个地区就一直有人居住。腓尼基人和后来的迦太基人很可能早把这里当作贸易港口。

在罗马人统治的六个世纪里（从公元前 205 年到公元 407 年），在泰霍河边的岩石山上建造了乌利西波纳城（Ulyssipona，后来的里斯本），周边拱卫着一座城堡和几个孤零零的瞭望塔。自公元 407 年开始，亚兰人（Alans）、汪达尔人（Vandals）和苏维人（Suevi）分别入侵了这里，直到公元 419 年西哥特人最终占领里斯本，很可能是他们建造了大教堂并在城市周边筑起围墙。这些被后人称为摩尔城墙（Cerca Moura）的防御工事奠定了圣乔治城堡的基础。

从公元 714 年到 1147 年间，摩尔人占领期间保留了这些防御工事。在基督教徒再次征服这里以后，特别是 1173—1175 年进行了大规模的防御工事修建，被称为费南迪纳城墙（CercaFernandina）。15 世纪和 16 世纪的航海大发现以及海外殖民，使葡萄牙达到了权力、声望和财富的巅峰。里斯本作为葡萄牙王国的首都，也迎来了最辉煌的时代。随着城市规模不断扩大，在费南迪纳城墙北侧和西侧开始了一系列建设。居民数量持续增长，1600 年里斯本的人口规模达到将近 10 万。

此时出现了贵族逃离旧城的早期征兆，彼时曼努埃尔一世（Manuel I）把他的官邸从最初位于蒙特杜城堡的摩尔人建造的阿尔卡萨尔迁至现在的商业广场附近（Praça do Commércio）。即使在葡萄牙大肆扩张殖民地的黄金发展期，也无法阻挡整个帝国和里斯本趋向衰落的景象。海外掠夺的财富助长了人们的骄奢淫逸之风，丧失了勤奋进取的斗志。从 1580 年到 1640 年持续和西班牙人的冲突，使英国人、荷兰人和其他国家看到了千载难逢的好机会，他们可以趁机劫掠葡萄牙一些有价值的殖民地。

为挽救颓势采取的种种努力和复兴计划，因 1755 年灾难性的大地震而突然中断。里斯本的大部分地区变成废墟，尤其是在地势较低、不稳定的冲积土层和中新世沙土层上建造的庞巴尔（Baixa）下城损失惨重。其他地区建在坚固的砂岩层上，同时被厚厚的沙土层分隔开，因此受到的破坏较小。这座城市的重建工作在庞巴尔侯爵（Marquês de Pombal）积极推动下迅速开展。在庞巴尔下城不仅清除了废墟上的瓦砾，同时也推倒了地震过后矗立的危房。全新的规划方案被制定出来，整个街区呈规整的网格状，纵向排布朝向河流。建筑风格趋于统一，建筑立面处理强调连续性。棋盘状的街区在商业广场面向滨河区域开放，那里环绕着不间断拱廊、凯旋门以及面向河流的国王雕塑。原来的滨水空间延伸到现在的海岸线。17 世纪新城镇伯坦尼克（Botânico）的扩建工作在缓慢但紧张地进行着，虽然 1811 年这座欧洲边缘城市的建设进度被拿破仑军队的大规模进攻所打乱，但英国指挥官惠灵顿击败拿破仑军队后城市随即重新恢复。

贝洛·多·卡斯特洛，位于卡斯特洛山上的老城，对面是伯坦尼克山

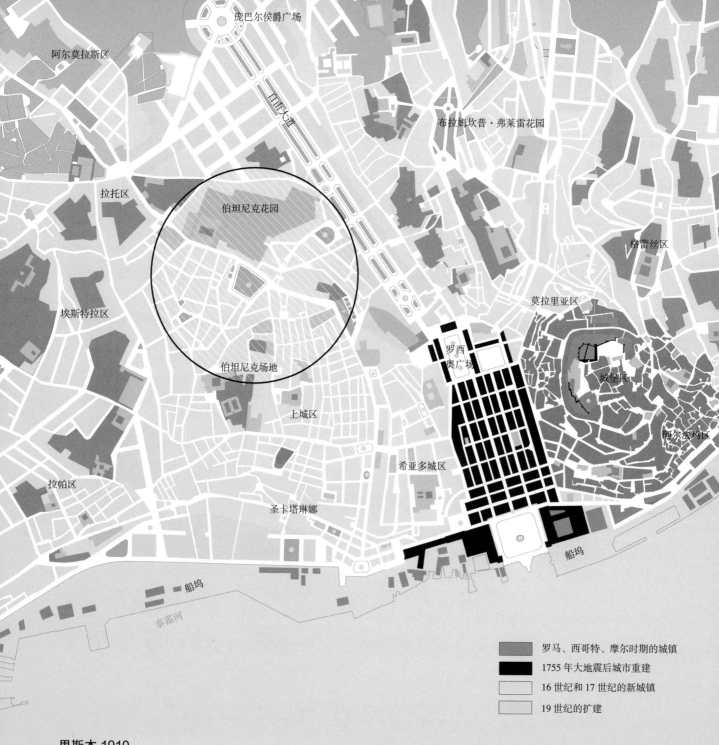

阿尔莫拉斯区

庞巴尔侯爵广场

布拉姆坎普·弗莱雷花园

拉托区

伯坦尼克花园

格雷丝区

埃斯特拉区

莫拉里亚区

伯坦尼克场地

罗西奥广场

城堡区

上城区

希亚多城区

阿尔法玛区

拉帕区

圣卡塔琳娜

船坞

船坞

泰霍河

船坞

罗马、西哥特、摩尔时期的城镇

1755 年大地震后城市重建

16 世纪和 17 世纪的新城镇

19 世纪的扩建

里斯本 1910

城市形态

通向河流的区域

从住宅区到河滨的区域，里斯本自由大道（Avenida da Liberdade）将伯坦尼克和毗邻的庞巴尔下城连接起来。这片通向河流的坡地被两侧陡峭的卡斯特罗（Castelo）山和伯坦尼克山所环绕。自由大道的起点是庞巴尔侯爵广场（Praçamarquês de Pombal），在广场交通环岛的后方是具有重要纪念意义的爱德华七世（Eduardo VII）公园。自由大道向下延伸的终点是位于河滨的商业广场。

庞巴尔下城东侧的小山是从前摩尔人的定居点，现在是阿尔法玛老城区和贝洛·多·卡斯特洛（Alfama and Bairro do Castelo），海拔最高的地方是圣乔治堡。古老而密集的城市结构以螺旋状环绕在陡峭的山坡。坡度较大的街道与登山石梯在通往城堡的方向交叉。这里可以充分领略城市有机生长的魅力，在由低及高层层递进中展现着不同的城市风貌。老城区有很多曲折蜿蜒的小巷，保留了摩尔式布局，但建筑功能已经随着时间推移改变了。正对着庞巴尔下城依山而建的希亚多城区（Chiado），与庞巴尔下城一样，在1755年地震后进行了彻底重建。坐落在坡地上的里斯本上城区（Bairro Alto）通过希亚多广场（Largo do Chiado）连接希亚多城区，这个热闹的城市广场将两个城区融为一体。向北侧，里斯本上城区毗邻拉托区（Rato），靠近自由大道。这就是伯坦尼克的所在地，位于西侧山丘的最高处。"伯坦尼克"（Botânico）这个名称在正式的地图上并不存在，本章研究探讨的"伯坦尼克"由分属于不同社区的四部分组成。为便于解释，"伯坦尼克"这个名字被引入，加深与隐形植物园的联系，并强调了该区域绿树成荫、枝繁叶茂的特色。如今在里斯本诸多山丘的顶部，命名为 Príncipe Real（Crown Prince）的社区越来越多，在城市和街区指示方面容易引起混乱。因此在这里没有采用这个名字，因为"Botânico"所指代的区域比"Príncipe Real"更加广阔。

通往河边的老路

伯坦尼克的不同区域通过相互交织的主干道连接起来，从上坡处的爱茉莉拉广场（Praca das Amoreiras）出发，路过邻近的拉哥街（Largo do Rato），到下坡处泰霍河畔的杜克·德·泰塞拉广场（PraçaDuque de Teceira）形成一条完整的线路。随着时间的推移，这条老线路已经演变为连接西侧山脊各区域的城市干道，与位于山间的自由大道，以及山谷中的庞巴尔下城大致平行。沿着山坡行驶，这条路线不同路段有六个不同的名字。为方便起见，将整条道路称为"通往泰霍河的线路"（Lane to the Tejo）。在伯坦尼克的中心、普林西比皇家广场（Praça do Príncipe Real）的尽头，是这条线路的海拔最高点。在这里可以欣赏到泰霍河和古老的摩尔人城镇壮丽的景色。沿着陡峭的山坡向下延伸的街道，与通往泰霍河的道路形成直角，这是里斯本西部城市空间的基本特征。

伯坦尼克有四部分组成，包括希亚多区（Chiado）、里斯本上城区（Bairro Alto）、普林西比雷亚尔区（Príncipe Real）和拉托区（Rato）。贵族和富商放弃了另一侧山坡上摩尔人遗留的坚固城堡，在城外新居所的规划设计中，按照他们的起居习惯确定了基本布局，并将该模式推广到了更大的范围。最早建造的宫殿及其花园占地面积较大，最为宽敞，从19世纪开始，新庄园规模缩减到仅有小型宫殿以及附属房间。希亚多区从建造初期在土地用途、建筑形式和建筑高度方面就有明显的城市特征。里斯本上城区最初布局与城市特征相去甚远，更像乡间别墅区，建筑密度比现在低很多，但随着时间的推移，建筑数量逐步增加。在绿地边界确定后，对原来大面积未开发的土地进行细分，建立了城市住宅区。

伯坦尼克宽敞与豪华的特色，在很大程度上得到延续。通过保留普林西比皇家广场和爱茉莉拉广场大块绿地以及广阔的植物园，保证了该区域始终绿树成荫、枝繁叶茂。

城市：商业广场

城市：路易斯·德卡梅斯广场

城市：阿尔法玛区

城市：4 月 25 日大桥

城市：自由大道

城市：阿瓜里弗渡槽

空间类型学

空间类型学也来源于场地的系统组织，剧烈的地形起伏变化将导致场地空间布局出现中断。此外，散布各处的宫殿和修道院拥有广阔土地，也决定了场地的空间范围。通常这些地块平面布局都遵循一定的场地组织原则，但在地形突变、高差较大时，将会打破正交排布的规律。从梅德阿瓜街区（Ruadamae de Agua）到普林西比皇家广场，坡度的急剧倾斜变化，可以看到场地对地形起伏的适应性调整，该地显著地貌特征在这里得到了最极端的体现。在山顶的另一侧，长长的街道顺着山坡一直延伸到河边，陡峭斜坡上的房屋也随着地形变化呈阶梯状下降态势，直到消失在街道的拐角处。驻足远眺，远处的河流及更远处的壮丽景色尽收眼底。分散各处的大型宫殿和修道院与城市街区块状体融为一体，但在一些地方，大的花园和庭院从一条街道延伸到另一条街道。例如，沿着世纪街（Rua do Século）两侧，带有围墙的葡萄牙宪法法院前后花园，彰显了花园的庞大体量。再往下的小型公共广场，周边围墙内的花园与广场的大树营造出郁郁葱葱的景象。大小不等、随处可见的绿地和花园，强化了该区域"乡间别墅"的特质。伯坦尼克顶端的

坡度急剧倾斜变化的街道（迦太基）

普林西比皇家广场街区是最精彩的部分。在阿尔坎塔拉圣伯多禄花园（São Pedro de Alcântara）拥有最佳的观景点，从这里极目远眺，远处的庞巴尔下城以及阿尔法玛区的迷人景致尽收眼底。

通往泰霍河的道路是将爱茉莉拉广场与河边邻近街区联系的纽带。位于街道两边依次排列的七个相邻的广场是这条街道的标志，其中普林西比皇家广场和阿尔坎塔拉圣伯多禄花园的观景台是最引人注目的公共广场。花园式的皇家广场的比较内敛含蓄，而观景楼则是外向大气，登高望远，整个山谷及远山的风格一览无余。广阔的伯坦尼克是隐蔽的花园，隐匿在巨大的街区集群中，在周围的街道上几乎完全看不到。这是一个美丽又宁静、广阔却封闭的世界，弥漫着典型的19世纪学院派氛围。再向下，与之相邻的自由大道则是另一番景象，这里是行人如织、熙熙攘攘的城市主干道。在伯坦尼克的另一侧，葡萄牙宪法法庭和里斯本科学院（Academia das Ciêncas de Lisboa）以及相应的庭院和花园，是政府公共建筑群的组成部分。

北部的拉哥街是重要的交通枢纽。通往泰霍河的道路穿越拉哥街，向另一侧继续延伸，但两侧的联系已经被交通节点的繁忙和嘈杂所削弱。道路的另一侧通往爱茉莉拉广场，这座美丽的公园有大量18世纪的沟渠遗迹。在这里，伯坦尼克的特点也得以完好保留。

从道路的中点，阿尔坎塔拉圣伯多禄花园观景台出发，这条路线一直向下延伸到泰霍河。在这里，网格状城市布局清晰可见。从紧邻圣洛克教堂（Church of São Roque）的特林达德·科埃略广场登上经典的升降云梯，可以直接到达市中心罗西乌广场（Rossio）。道路继续向下延伸是希亚多广场（Largo do Chiado）和贾梅士广场（Praca Luis de Camoes），还有两个街角教堂，位于加勒特街（Rua Garrett）的十字路口。这里是庞巴尔下城前往里斯本上城的必经之路。这条通往泰霍河的道路尽头是海滨的特塞拉公爵广场（PraçaDuque de Terceira）。码头是重要的城市节点，汇集了火车站和河运中转站，以及海滨高速公路。

1910 年左右通往泰霍河的道路

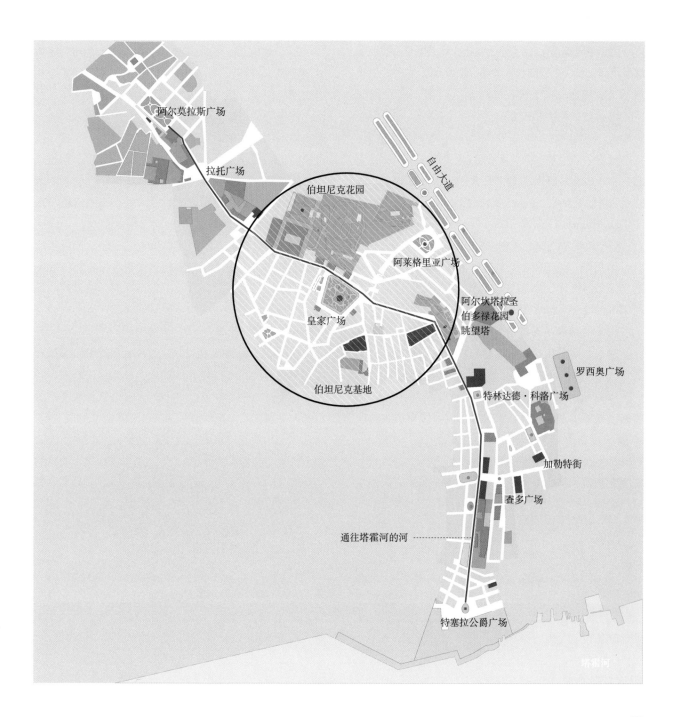

阿尔莫拉斯广场

拉托广场

伯坦尼克花园

自由大道

阿莱格里亚广场

阿尔坎塔拉圣
伯多禄花园
眺望塔

皇家广场

罗西奥广场

特林达德·科洛广场

伯坦尼克基地

加勒特街

查多广场

通往塔霍河的河 ------

特塞拉公爵广场

塔霍河

伯坦尼克的核心

伯坦尼克保留了 17 世纪的城市布局，但最初建造的部分乡间别墅、修道院，教堂和庭院式宫殿，被 18 世纪和 19 世纪建造的小型宫殿、私人住宅及联排别墅所替代。

18 世纪，在拉哥街拐角处竖立了一座让人印象深刻的喷泉。从那时起，在通往泰霍河的道路上逐步建造了一系列著名的建筑：卢米亚雷斯宫（Palácio Lumiares）、塞亚宫（Palácio Seia）、丝绸厂（Fabricadas Sedas）、克鲁兹 - 阿拉戈阿宫（Palácio Cruz-Alagoa）、帕尔梅拉宫（Palácio Palmela）、国家印刷厂（national printing-press）、圣马梅德教堂（Church of São Mamede）。

19 世纪，伯坦尼克空旷宽敞的街区内是大片的绿地。毗邻的贵族学院（Collegio dos Nobres）目前成为国家自然历史博物馆的所在地。同样在 19 世纪，阿尔坎塔拉圣伯多禄花园观景台被重新设计，这座像大露台一样的公园保留至今。从绿树成荫的观景台可以欣赏到圣乔治城堡和远处山丘的壮丽景色。

1860 年，由财政部大楼的旧址改造的普林西比皇家广场成为这片区域的中央公园。公园周边有四座 19 世纪建造的宫殿。里贝罗·达库尼亚宫（Palacete Ribeiro da Cunha）是座新摩尔风格的宫殿，也是对老城摩尔建筑风格的复原，贵族们曾离开那里前往伯坦尼克定居。

20 世纪前 25 年竖立起来了三座雕像，两座位于普林西比皇家广场，另一座位于阿尔坎塔拉圣伯多禄花园观景台。

该地区东北部至地势较低区域在 19 世纪被彻底改变，在两山之间的斜坡上建造了壮观的自由大道，这里曾经是 13 世纪重新利用的泰霍河的小水湾。曾经这些占地面积巨大的乡间别墅，在经历四个世纪不断的重复规划与建设后，形成了现今大大小小的宫殿与普通住宅有机结合的局面。

陡峭地形造就了曲折蜿蜒的街道变化，形成了清晰的空间布局与突然不规则转折的奇特组合。该地块本质上具有传统的封闭性，一旦结合颇具整体感的远景，随即会在封闭空间和开放空间之间产生动态的画面感和强烈的对比。

在下面的截面图中，可以清晰地看到不同海拔高度的地点合并后形成的整体效果。普林西比皇家广场位于伯坦尼克的最顶端，许多街道从这里沿着陡峭的山坡向下延伸。向南（右）斜坡虽然陡峭但却很平坦。向北（左）斜坡的高差被坡道和楼梯取代。从高因佩纳尔瓦街（Alto do Penalva）开始呈锯齿状蜿蜒曲折的楼梯通往阿谷阿基街（Ruadomae de Agua）。从那里开始，道路趋向平坦，直通宽敞的自由大道。

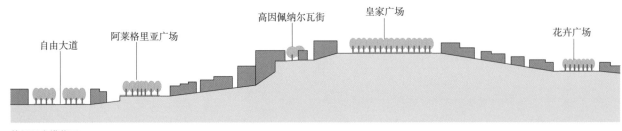

伯坦尼克横截面

伯坦尼克，1910 年左右

圣马梅德教堂
1783，1861，1924

伯坦尼克花园

科学院
1850—1878

圣马梅德广场

阿莱格里亚广场

塞亚宫 1760

理工学院街

税务所 1882

天使宫 1875

国家印刷厂
1768,1904—1907

里贝罗·达库尼亚宫
1877

伯坦尼克横截面

苏萨维泰博
纪念碑 1911

佩纳尔瓦·德
阿尔瓦宫 1917

皇家广场

法国博尔赫斯
纪念碑 1924

法里亚司令宫 1870

唐·佩德罗五世街

花卉广场

阿尔玖塔拉圣
伯多禄花园

阿拉碧达修道院 1680

苏尔河畔康万特修道院

卢多维斯故居 1747

宪法法院

卢米亚雷斯宫 18 世纪

托马尔宫 19 世纪

莫格利诺斯修道院

里斯本科学院

耶稣教会

阿谷阿基街的之字形楼梯壮观的高度变化

伯坦尼克：圣本图街

伯坦尼克：高因隆贡街的视角

伯坦尼克：通往塔泰河的视角

伯坦尼克：从餐厅窗户看到电车

伯坦尼克：皇家广场的视角

伯坦尼克：比卡·杜阿尔特·贝洛街的视角

唐·佩德罗五世街

皇家广场

世纪街

花卉广场

圣马可街

茉莉花街

帕尔梅拉街

苏尔河畔康万特修道院

爱德华多·科埃略街

宪法法院

科学院街

里斯本科学院

城市街区

伯坦尼克的街区结构在普林西比皇家广场南侧出现了显著变化。拉托区与里斯本上城属于伯坦尼克的部分街区，在这里融为一体。里斯本上城狭长低矮的街区（参考右边的图）朝向泰霍河，并与世纪街道路平行。从拉托区到里斯本上城，这条街道记录了城市形态的改变。拉托区的街区较宽，建筑排布变化较大，而里斯本上城的街区面朝泰霍河，呈长方形纵向排列。

街道

该区域的布局是从周边原有道路发展起来的，原有道路与新建道路共同交织出新的道路体系。新建道路从四面八方汇聚而来，在区域的中部呈星形放射状图案。本质上，星形图案源自原有道路的不规则形状。在随后的发展中，城市结构被从山顶到泰霍河的分叉街道，以及早期乡间别墅的分散性排布模式进一步塑造。不同方向街道交汇处产生了大大小小的交通节点。在区域中心部位，六条街道交汇于此。左侧两条街道的交汇处出现了另外两个星形图案，紧临交通节点的三角形街区支撑着这个典型的复杂结构。整个道路体系宛如迷人的马赛克拼图，同时伴随着戏剧性的高差变化与地形起伏。

街区

这些街区采用地块周边建筑围合的封闭型街区模式，但由于地块的不规则导致其扭曲变形，因此有时只有街区单侧空间可以使用。遍布花园墙壁的绿色藤蔓植物营造出优美宁静的街区氛围。宪法法庭建筑群和街道之间的空隙也被绿色植物填充。在这里，悬垂在花园墙壁的绿树和点缀其间的鲜花烘托出安静肃穆的气氛。位于世纪街另一端的小广场，像从街区中切割出来的一样，这是一个很好的袖珍公园案例，街道水平面和 10 米高的山脊处绿树成荫。

尺度与方向

这些街区的占地规模大小不等。里斯本科学院周围的街区，以一种超大尺度街区模式确定了伯坦尼克的边界。相邻的街区保留了原来乡间别墅和修道院的空间尺度，这些建筑如今作为政府公共建筑使用。在普林西比皇家广场方向上，有很多较小尺度的住宅建筑。这些建筑造型各异，狭长的外立面、较短的地块进深，塑造了多样化的城市景观。普林西比皇家广场周边街区是宫殿和联排别墅的混合区域。不同尺度混杂的街区，最复杂莫过于辨别街道方向。由于地形导致街道方向的反转，混淆了行人前进的方向，这种困惑源自内部空间缺乏层次感，以及内部结构的逻辑性缺陷，再加上颇为相似的路口，更加剧了这种混乱。但是，该地区地形的陡峭下降，有助于通过上下坡的差异来定位。斜坡要么通向泰霍河，要么通往另一侧的自由大道。

街道

建筑

该区域的建筑是拉丁风格，带有典型的葡萄牙民族特色。普通的联排别墅、宫殿和修道院相互融合，互为补充。建筑总体规模虽不大，但所有的建筑视觉上精致细腻，建筑空间渗透出温和的生命力。几乎所有的建筑都是对称的，但缺乏集中式的古典主义建筑那种强烈的纪念性特点。显著的地形高差变化，造就了错落有致的建筑屋脊线，在丰富城市天际线的同时，活跃了该地区建筑形态。该区域的城市功能是居住区，主要以贵族、富商和中产阶级的住宅为主，没有太多的其他城市功能。虽然后期增建了商店、餐馆、学院和法庭等其他建筑类型，但都已成功融入这片区域，并对这里的原有建筑给予了充分的尊重。

建筑的色彩是葡萄牙特有的。每栋建筑都有独特的色彩，尽管色彩选择范围很广，但对比色调的应用却令人赞叹不已。大部分色彩属于柔和的光谱范围，有沙色、黄色、赭色、桃色甚至还有粉红色，但也有亮绿色、蓝色和黄色等大胆的色调，这些对比强烈的色彩被仔细地混合，以至于从整体上感受不到突兀的色彩差异。灰泥是建筑外立面常用的材料，窗户遵循着一定的竖向比例，窗框采用天然石材，红瓦覆盖的坡屋顶，在建筑物顶端收尾处通常有飞檐。

原来的建筑在很大程度上得到保留。但这并不意味着所有建筑都是在同一时期完成建造，因为随着这块区域的不断发展，意味着建造活动在不断进行。这些建筑的建造时间跨度从 17 世纪一直延续到 19 世纪末。仅有几座现代建筑穿插其间。沿着阿谷阿索姆街（Rua da Mãe de Aguasome）有部分现代建筑，一座造型奇特的公寓楼突兀地横向排列在世纪街一侧。

令人好奇的是，迷人的 19 世纪新摩尔风格的里贝罗·达库尼亚宫（Palacete Ribeiro da Cunha）正对着普林西比皇家广场。在这个中心位置，这种对半摩尔元素的模仿将唤起对里斯本摩尔人根源的诙谐回忆。

泰霍河畔街景

阿谷阿基街

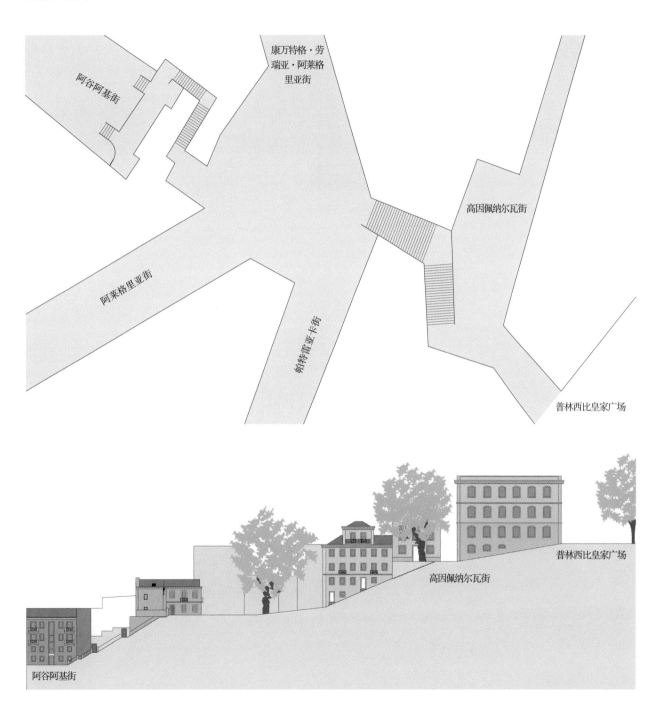

康万特格·劳瑞亚·阿莱格里亚街

阿谷阿基街

高因佩纳尔瓦街

阿莱格里亚街

帕特雷亚卡街

普林西比皇家广场

普林西比皇家广场

高因佩纳尔瓦街

阿谷阿基街

皇家广场（北立面图）

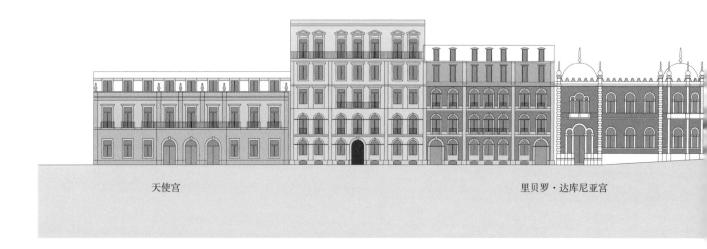

天使宫   里贝罗·达库尼亚宫

世纪街（西立面图）

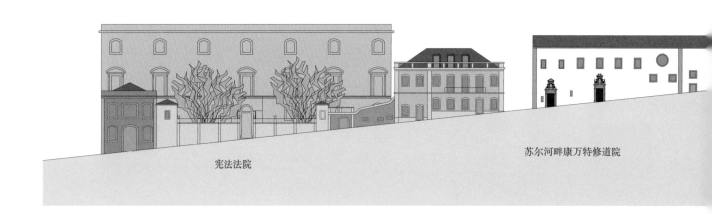

宪法法院   苏尔河畔康万特修道院

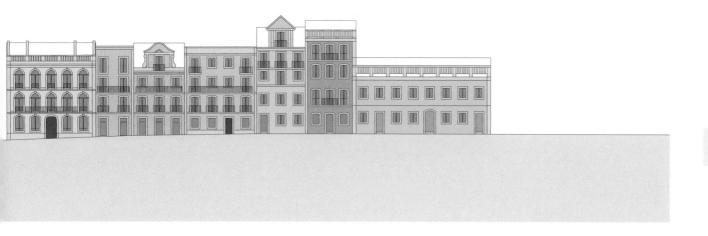

普林西比皇家广场

佩索阿与《怅然若失》

《平托·达席尔瓦女士》
（*M. A. Pinto da Silva*），1890
年，画家博尔达洛·皮涅罗（C.
Bordalo Pinheiro）

《抚琴弹唱的女子》
（*Distracções*），1884年，画家
安东尼奥·拉马略（António
Ramalho）

佩索阿

注释2 》 佩索阿（Pessoa）意味着"角色"。1935年去世的费尔南多·佩索阿（Fernando Pessoa），是里斯本人的缩影，一个洞悉这座城市文化精髓的普通人。这个穿着西装、戴着帽子的男人有很高的辨识度，几乎成为这座城市灵魂的象征符号。如同街道的路牌一样，到处都是这些照片，佩索阿和他的72个其他笔名，每个笔名代表着不同性格。佩索阿6岁前往南非德班，过着说英语的生活，然后17岁时又回到里斯本，直到去世。通过这些不同的笔名，他把自己活成了不同的角色。佩索阿塑造的这些鲜活、独特的人特形象，展现了葡萄牙社会人生图景，提升了葡萄牙语言文学的境界和意象。他以自己的名字写了很多自己的见解，但却没有向读者袒露他最内心的世界。每个笔名的角色在这座城市的不同地方都有自己的家，都有自己的语言和说话风格，在相应的场景做着完全符合每个角色的事情。对佩索阿自己来说，属于他本人的地方就是拉哥圣卡洛斯（Largo de São Carlos），这是他出生的地方，在希亚多歌剧院对面。拐角处的巴西人咖啡馆（Brasileira），他在这里度过了一生的大部分时光，写作、喝酒、抽烟，直到死于肝硬化。他所处的社会时期到处充斥着无政府主义的放荡不羁。为了与他的众多角色保持一致，他住在里斯本的24个不同的地址。他用各种不同的笔名，描述着这座城市万花筒般的生活、各色人物的生活状况、社会氛围等。在这方面，与当代作家詹姆斯·乔伊斯（James Joyce）在其描写都柏林的小说《尤利西斯》中所做的事情有异曲同工之妙。

《怅然若失》

注释3 》 里斯本是一座"怅然若失"（Saudade）的城市，代表着一种柔和的怀旧之情，远离了愤怒的回忆。"怅然若失"浓缩了对过去的怀念，表达了时光永远无法倒流的离愁别绪。里斯本的"怅然若失"特别之处在于，它在本质上并非纯粹的回归，而是对于某种无法实现的某种事物的一种不可磨灭的感觉，或者为可能发生的事感到悲伤。这是一个特别的葡萄牙语词汇，在其他文化中没有与之对应的词，因为它是一种感觉、一种态度、一种融入葡萄牙文化内核的状态。在日常对话中，它也被用于其他艺术形式，尤其是音乐。"怅然若失"是法多（fado）的核心，或者更确切地说，它是这种音乐的灵魂。这可能就是为什么外国人经常把法多比作蓝调。法多的意思是命运，它定下了基调：它

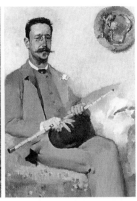

《黑衣女士》（*Senhora de Preto*），1884 年，画家安东尼奥·拉马略

《约阿基姆·卢伦索·洛佩斯》（*Joaquim Lourenço Lopes*），1883 年，画家博尔达洛·皮涅罗

《莫塔·席尔瓦》（*D.E.E. Da Monta Silva*），1900 年，画家博尔达洛·皮涅罗

《亨利·卡萨诺瓦》（*Henrique Casanova*），1897 年，画家博尔达洛·皮涅罗

总是产生悲伤的歌曲。虽然法多经常被视作葡萄牙的传统音乐，但事实并非如此。和其他国家一样，葡萄牙有很多民间音乐。法多被认为是源自里斯本当地的一种民间音乐形式，它有许多不同的演奏形式，仅在葡萄牙的科英布拉（Coimbra）就有很多法多的变体。

"怅然若失"可能与 15 世纪英雄辈出的时代有关，当时的葡萄牙人开创了大航海时代，这是一个逝去的黄金时代，给人一种未来永远无法超越的感觉。大航海推动了葡萄牙的崛起，同时创造了曾经属于葡萄牙人的世界历史，里斯本见证了昔日辉煌的时代。在某种程度上，"怅然若失"是这种感觉的反面。

注释4 》 基督教团的领袖维苏公爵改变了世界版图。他被称作航海家亨利王子。他在阿尔加维创办了一所航海学校，聚集了天文学家、制图师和其他科学家，帮助水手们掌握世界航海拓展之旅中所必备的技能。在接下来的 40 年里，他组织了一系列的探索地平线的航海活动，足迹遍布马德拉群岛、亚速尔群岛，以及非洲西海岸。从某种意义上说，这要归功于西班牙对葡萄牙的封锁，因此只有从海上冒险，越过欧洲的边缘。1487 年，巴托洛缪·迪亚斯（Bartolomeu Dias）绕过

了非洲南端好望角，却没有看到陆地。克里斯朵夫·哥伦布在早期的非洲海岸探险中与航海家亨利在一起，他要求葡萄牙国王批准他向西航行，并找到一条通往印度群岛的路线。遭到拒绝后，他转向西班牙，1492 年打着西班牙的旗号航行去"发现"美洲。此时的西班牙已经成为发现并殖民世界的参与者。西班牙与葡萄牙谈判，在美洲划分势力范围，并进行进一步的探索。随着 1494 年《托德西里亚斯条约》的签署，美洲被瓜分。1497 年瓦斯科·达·伽马开辟了通往印度的航路。他在哥伦布曾走错的方向，发现了通往香料和丝绸出产地的海洋之路。

费尔南多·佩索阿

圣维森特·德·福拉修道院

从阿尔马达区眺望里斯本城市天际线

主教堂

商业广场

国家万神殿

2

3 首都，都灵

17 世纪和 18 世纪的公爵宫殿和
基于网络结构的巴洛克式城市布局

萨伏伊王朝

萨伏伊阿梅迪奥六世纪念碑，展现他在 1366 年十字军东征期间的战斗场景

1200 年左右，都灵这座早期的罗马城镇，在经历严酷中世纪洗礼后，逐步演变成典型的意大利自治城市，封建领主和教会地位至上。然而，在当时欧洲一系列军事和政治事件的进程中，这座城市选择了与其他意大利北部城市不同的道路。当其他地区选择城市自治和公民自由时，都灵却在 1280 年被托马斯三世征服后，接受了萨伏伊人统治。从那时起，源自法国的萨伏伊家族牢牢控制了这座城市及周边不断扩展的领地，并延续将近七个世纪的统治。像所有专制体制一样，萨伏伊家族选择令人印象深刻的城镇建设作为统治手段。层次分明且无限延展的巴洛克式建筑，成为一种有效的宣传工具，使民众认同萨伏伊家族的优越性。1563 年，都灵被确立为萨伏伊家族所属领地的首都之后，萨伏伊家族以无处不在的巴洛克式风格重塑了这座城市。在接下来的两个世纪，他们将原

来的罗马城镇扩建为一座光彩夺目的城市，成为屹立在阿尔卑斯山脉东部两侧、法国和意大利政治势力范围之间的基石。对从罗马帝国到高卢人领地必经之路的控制，使这座城市的政治和经济影响力远远超过其人口规模、经济体量及自然资源所产生的集聚效应。横跨阿尔卑斯山脉两侧的战略定位，对法国和意大利传统城市的发展和进步产生推动力，巴黎和罗马都从这里汲取了灵感。

建筑成为统治者完善其宣传机器的物质基础。世俗权力和宗教力量的长期战略合作，推动了萨伏伊家族和天主教会共同塑造巴洛克式城市的进程，二元体系产生的力量激发了城市潜力。在 19 世纪意大利统一运动（Risorgimento）末期，都灵被确定为意大利重新统一后的首都，使其在短时间内一跃成为首屈一指的城市，虽然这一地位很快被罗马所替代。

历史：城市塑造

景观与交界处

波河（Po）及其支流贯穿都灵及附近区域。这个城市被周边的山脉和丘陵环绕：西面是阿尔卑斯山，南面横亘着利古里亚亚平宁山脉，蒙费拉托丘陵位于东部。

注释1▶ 该城坐落于山脉和丘陵之间，向下倾斜至波河的坡地之上。从城市的最高点到最低点，也就是谷底河流的中间水位，高差约为65米。地形地貌对工业发展产生了深远影响，因为从多拉河（Dora）和斯图拉迪兰佐河（Stura）到波河，多条运河为这里提供了丰沛的水力资源。在提供大量城市生活用水的同时，也为都灵的纺织厂、布料厂和冶金车间的机械设备以及碾磨谷物的磨坊提供了源源不断的动力。在工业时代来临之前，为获取便利的水力资源，在城市北侧建立了工业区。最终在20世纪，这里体量庞大的菲亚特汽车厂成为这座城市不断扩张发展的工业驱动力。

注释2▶ 甚至在罗马时代之前，都灵都处于极具战略意义和商业价值的地理位置。在随后很长一段历史中，这座城市成为征服者和侵略者反复争夺的地方。据史料记载，商人、朝圣者和军队在伦巴第和阿尔卑斯山之间通行，越过这里的河流，因此该地成为连接法国南部和意大利北部交通要道的补给站。这里是穿越阿尔卑斯西侧山脉，以及跨越波河上游，连接东西向交通为数不多的便捷通行点之一。公元前218年，汉尼拔率领他的军队和战象途经这里进军罗马，公元773年查理曼大帝和他的骑士们沿着相同的路线征服了意大利。在波河奔涌东流穿越伦巴第大平原，汇入亚得里亚海之前，这里是波河上游沿岸重要的水陆交通枢纽。这里的自然景观决定了其区位的重要性以及蕴含的政治意义。

居住地的起源

注释3▶ 公元前400年，两个利古里亚（Ligurian）部落，陶里尼（Taurini）和因伯雷斯（Insubres）在皮埃蒙特（Piedmont）地区定居，这里成为都灵的城市源头。罗马人在波河河畔建造城镇后，以拉丁文将此地命名为奥古斯塔·陶里诺鲁姆（Augusta Taurinorum）。这个名字可能源于陶里尼（Taurini）部落。该部落名称在词源上与他们的图腾动物公牛（Taurus）相关。时至今日，奔放的公牛仍然是都灵的象征。"Taurus"可能源自拉丁语中的"Taurinus"，这个词可以与"Montanus/Mounteneer"互换。在公元前58至公元前53年高卢战争时期，凯撒大帝（Julius Caesar）和他的军队曾于冬季在此驻防，当时他们的冬季居住地可能成为后来罗马城镇的核心。在罗马帝国统治时期，该地区（即现在的皮埃蒙特）的居民于公元前49年被授予罗马公民身份。七年后被合并为罗马帝国的一个行省。这里是穿越阿尔卑斯山的必经之路，对于罗马人有很高的战略价值。凯撒对高卢（Gaul）的征战，使其彻底控制了陶里尼部落的土地。正如罗马人在整个帝国所做的那样，他们建造城镇，作为军事据点和政府中心。城镇选址位于波河沿岸容易渡河的地点，此处靠近其支流多拉·力帕里亚（Dora Riparia）。罗马人最初将这座城市命名为朱莉亚·奥古斯塔·陶里诺鲁姆（Julia Augusta Taurinorum），后来命名为奥古斯塔·陶里诺曼，最终更名为都灵。

奥古斯塔·陶里诺鲁姆

注释4 》陶里尼人很早就在此地定居，罗马人占领后将其发展成为罗马帝国的军事殖民地。殖民地的确立发生在公元前 25 年左右。陶里尼人原始定居点的所有踪迹都被罗马人抹去。依照罗马人的标准做法，罗马工程师和建筑师将这块新殖民地，布置成为四面环墙的矩形网格结构。罗马城镇的遗迹位于当今都灵的市中心，但原有的建筑已不见踪迹。在建城之初，所有的街区均按照正交网格状规划，因此某些地方的街道走向甚至被改变。

罗马城墙每一侧长约 300 米，目前仍有两个大门可以被辨认出。帕拉蒂内城门（Porta Palatina）仍然矗立在北侧，比勒陀利亚门（Porta Pretoria）成为 15 世纪修建的城堡的一部分，在当今夫人宫（Palazzo Madama）的位置。城墙内的区域被卡多（cardo）街和德库马努斯（decumanus）街，这两条主要街道以及次级街道，将整座城市划分成大约 37 米 × 37 米的矩形街区。网格的中央点是广场，也就是今天市政厅所在地。当时，总督府位于矩形城墙内的东北角。现今皇宫（Palazzo Reale）或多或少位于同一地点。此外，这座新城镇拥有罗马其他城市一样的公共基础设施：提供常规供水的引水渠，公共浴场，寺庙和剧院。今天，在皇宫附近仍然可以当时的建筑遗迹。这座罗马城镇的重要性不言而喻，这里奠定了随后城市发展的根基。罗马工程师测绘的直线型平面布局，成为都灵城市扩展的基础，也是这座城市今日发展的起点。

都灵在很长一段时间都没有扩展到罗马城墙之外，但是随着 17 和 18 世纪城市扩张，位于城市中心的正交网格结构，为城市扩展提供了模板。从网格延伸到新城区的街道更宽，但巴洛克时期的建筑师深谙直线型平面布局的精髓，将都灵塑造成了城市规划的经典案例。

斯杜皮尼吉的道路轴线

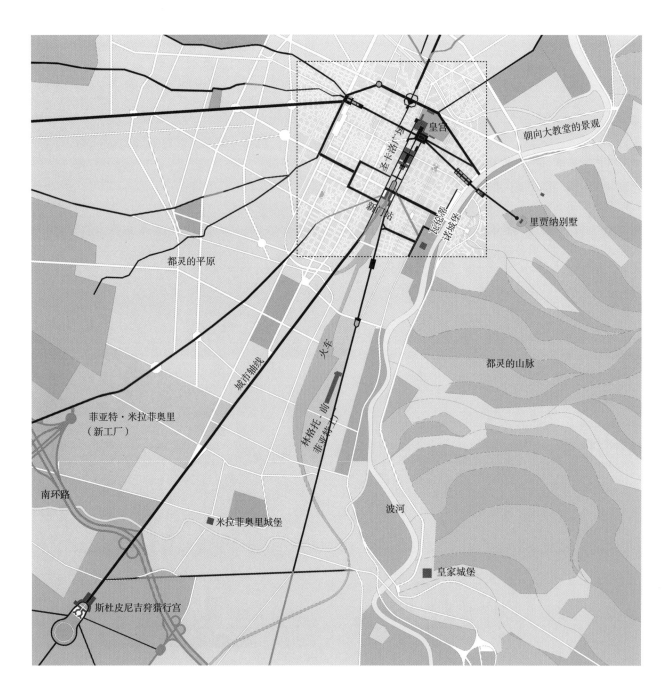

朝向大教堂的景观

皇宫

圣卡洛广场

里贾纳别墅

新门站

瓦伦蒂诺城堡

都灵的平原

都灵的山脉

城市轴线

火车

菲亚特·米拉菲奥里
（新工厂）

林格托·前
菲亚特工厂

波河

南环路

米拉菲奥里城堡

皇家城堡

斯杜皮尼吉狩猎行宫

罗马时期的都灵城市布局叠加到当代都灵地图（2005 年）

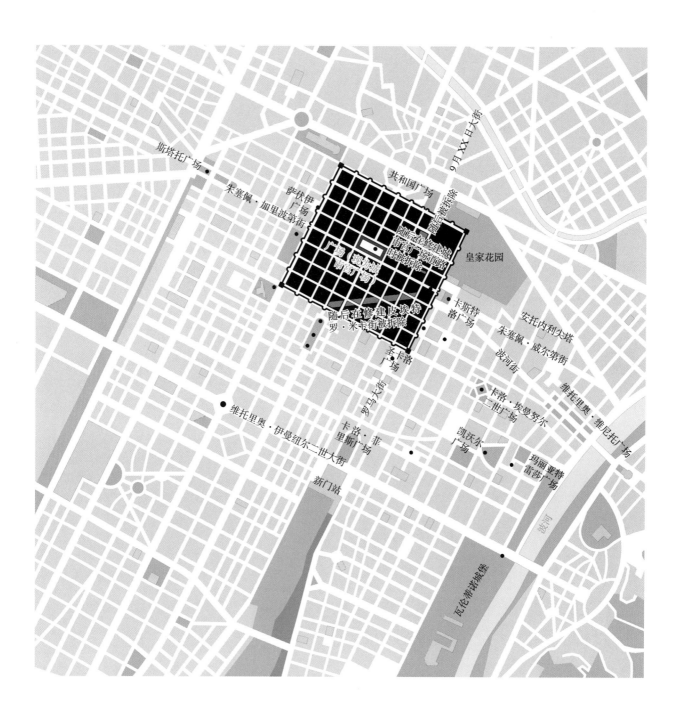

罗马帕拉蒂内城城门

奥托一世皇帝在罗马加冕为神圣罗马帝国皇帝，整个意大利成为其庞大帝国的组成部分。11世纪，在欧洲政教冲突中，随着教会权力超越世俗王权，在天主教会巨大的影响力作用下，自治城邦成为许多城市的选择。12世纪，都灵市民开始组建自治机构，希望将这座城市变成自治城邦。虽然在13世纪初期，都灵的自治体系初具规模，但由于这座城市从来没有捍卫其独立性的实力，1280年，这座城市最终被萨沃伊家族的托马斯三世彻底征服。

萨沃伊家族对这座城市的统治延续到了20世纪，期间只被一些短暂的"插曲"打断过。

萨沃伊家族

注释6 》 中世纪对于阿尔卑斯山交通要道的控制，成为萨沃伊王朝兴起的一个重要原因。在都灵建立政权之后，萨沃伊伯爵开启了这座城市历史上重要的规划建设的新阶段。他们之所以选择都灵，是因为这里是征服皮埃蒙特地区，以及向西延伸到意大利北部地区的跳板。就这样，萨沃伊家族成了意大利的看门人。横跨阿尔卑斯山通道的战略位置，赋予萨沃伊家族政治和军事的重要性，远远超出了从该地区微不足道的经济和人口规模中所能获取的利益。

注释7 》 直到16世纪，都灵依然是一座小城镇，基本保留了罗马城镇的方形轮廓。1563年，都灵被萨沃伊王朝确定为首都，新都城的扩张，从根本上改变了城市发展。与此同时，皮埃蒙特地区作为南下北上的咽喉地带，受到了反对宗教改革思潮的影响，唤起了天主教体系内部展现全新天主教面貌的自我意识，而这种意识得到了辉煌"城市作品"的加持。萨沃伊王朝与天主教会的合作，将城市扩张中展现了令人印象深刻的力量。他们形成了单一的综合体，涵盖了神圣和世俗因素。两者都促使都灵发展成为一个全面的巴洛克式城市。

注释8 》 都灵宏伟的街道和广阔的公共空间，被规划成一座巨大的露天剧院。在这里，君主们可以面对顶

中世纪

注释5 》 奥古斯塔·陶里诺鲁姆从未被完全摧毁，但这些建筑变为废墟后的千年间被其他建筑所取代。

在4世纪后期，罗马帝国在蛮族入侵和内部冲突的双重打击下土崩瓦解，亚平宁半岛落入一系列蛮族人手中，导致其经济和社会的发生根本性变化。7世纪，都灵的伦巴第公爵（Lombard）试图重振这座罗马城镇，并在前罗马总督府的遗址上，城镇东北角建造了公爵宫殿。但7世纪末查理曼大帝取代了伦巴第公爵的统治地位，随之而来是连年战乱，以及马扎尔人（Maygar）和撒拉森人（Saracen）的不断侵扰。这种混沌的局面，直到10世纪奥托大帝时期才得以平息。962年，德国

典型的拱廊式街道

礼膜拜的平民，参加由朝中大臣和高级官员主持的权力仪式。与其他任何首都城市相比，都灵的城市结构都更加均质化与系统化。这主要得益于较好地保留了罗马城镇布局，并将其最终完全融入了巴洛克式城市。与罗马式布局的整合旨在通过延续城市辉煌的历史，彰显巴洛克式都灵的重要性。扩建工程分三个阶段进行，依次向南，向东和向西扩展。每个阶段都会扩建城墙。只有北面的原始城墙没受影响，确保了从皇家宫殿及其花园到开阔乡村的自由视野。经过两个世纪的发展，在萨沃伊家族及其建筑师的不断努力下，成就了巴洛克式城市规划的经典案例。直线型网格体系和优雅的建筑立面是专制主义建筑思想指导下的产物，

也是专制主义城市规划的展示场所。

第一次巴洛克式城市扩建

16 世纪，建筑师维托齐（Vitozzi）在城堡广场（Castello）附近设计了具有统一外立面的建筑群。该广场由连续的水平线以及垂直拱廊连续的立面所环绕。1615 年，建筑师维托齐在城堡广场南面设计了一条新街道，作为扩建新区的城市轴线。维托齐的后续工作，由他的追随者卡洛·迪·卡斯特拉蒙特（Carlo di Castellamonte）继续进行。他继续沿用正交街道系统，并在该地区设计了新的城市中心：雷亚尔广场（Reale）（现为圣卡洛广场），与努瓦街（Via Nuova，现为罗马大街）完美地融合在一起。长条形的广场南北两侧的街道对称排列，努瓦街继续向南延伸。雷亚尔广场具备了真正皇家广场的特点，广场南侧两座对称的教堂作为广场的边角。这些"神圣"的城市元素出现在这个巨大的露天剧院。

第二次巴洛克式城市扩建

卡洛·迪·卡斯特拉蒙特的儿子阿梅迪奥·迪·卡斯特拉蒙特（Amadeo di Castellamonte）在 1645 至 1658 年设计了新的公爵宫（Palazzo Ducale），即后来的都灵王宫（Palazzo Reale）。该建筑与大教堂成为都灵的两座重点建筑，王宫规整统一的古典建筑外立面，与大教堂神圣庄严的可塑性建筑空间，形成了世俗和神圣元素的鲜明对比。1659 年，阿梅迪奥·迪·卡斯特拉蒙特设计了朝着波河方向的城市东侧扩建工程。正交街道系统继续被沿用，卡洛·伊曼勒二世广场（Carlo Emanuele Ⅱ）成为该区域的城市中心。1673 年，维托里奥·维内托广场（Vittorio Veneto）在波河河畔开始建造。该广场通过斜向对角线的波河街（Via Po）与城堡广场相连。维托里奥·维内托广场的拱廊和整齐划一的建筑外立面和拱廊，正对这条 17 世纪修建的街道。面向波河的街道有弧形立面围合的半开放型广场（exedra）。在接下来的几个世纪里，开放型广场的设计思路在这座城市的边界多次重复。

18 世纪早期的都灵城市布局叠加到当代都灵地图（2005 年）

斯塔托广场

共和国广场

萨伏伊广场

朱塞佩·加里波第街

城市宫广场

皇家花园

卡斯特罗广场

堡垒

朱塞佩·威尔第街

圣卡洛广场

维托里奥·威尼

卡洛·埃曼努尔

托广场

二世广场

维托里奥·伊曼纽尔二世大街

卡洛·菲利

斯广场

新门站

火车

波河

瓦伦蒂诺城堡

19 世纪中叶的都灵城市布局叠加到当代都灵地图（2005 年）

斯塔托广场

共和国广场

苏伏伊广场

城市宫广场

朱塞佩·加里波第街

皇家花园

朱塞佩·威尔第街

维托里奥·伊曼纽尔二世大街

圣卡洛广场

卡洛·埃曼努二世广场

维托里奥·威

卡洛·菲和斯广场

新门站

火车

瓦伦蒂诺城堡

博塔城门项目（Porta de Po），建筑师瓜里诺·瓜里尼

第三次巴洛克式城市扩建及城墙外侧巴洛克式住宅建造

从 1706 年起，最后一次巴洛克式城市扩建在原始罗马城镇的西侧展开，依然采用了正交街道系统，同时建造了皇家广场—萨伏伊广场。在第三阶段工作由建筑师菲利波·尤瓦拉（Filippo Juvarra）主导的，特别是苏萨门（Porta Susa）周边以及波塔宫公寓（Porta Palazzo）。

在历史悠久的罗马城镇通过三次巴洛克式扩建，确立了城堡广场作为城市历史、政治和宗教中心的地位。为避免城堡广场所处区位，带来的城市布局不平衡。1756 年，一座全新的巴洛克风格的城市宫广场（Piazza Palazzo di Città）被置入老城中。建筑师菲利波·尤瓦拉创造了精彩绝伦的对称布局设计。风格统一的拱廊立面穿越城市宫广场延伸到相邻的区域，将东西两侧的两个中心广场串联起来。

在城墙外侧，空间的连续性通过三条放射性道路得以延伸，这三条宽敞的林荫车道的起点是罗马大街。方向朝西的中央车道长达 10 公里，径直通往由菲利波·尤瓦拉设计的疗养胜地斯杜皮尼吉（Stupinigi）。两侧车道辐射至周围农田，将田野风光与巴洛克式城市空间整合在一起。与此同时，城墙外侧建造了更多的郊区别墅。例如，沿着桑格河（Sangone）建造的米拉菲奥里城堡（Castello di Mirafiori），以及城市附近沿着波河建造的瓦

伦蒂诺城堡（Castello Valentino）。在同一时期，城市北部建造了一座狩猎小屋，小屋后来不断改造扩建，最终成为一座豪华的皇家宫殿。小屋所在地成为同样拥有正交街道系统的新城镇韦纳里亚雷亚莱（Venaria Reale）的城市中心。18 世纪末，都灵周边已经居住了大量的居民。除了王朝陵墓，在东北部建造了苏佩尔加大教堂（Superga），在那里的山顶可以俯瞰整个城市以及波河。

拿破仑时代

注释8 》 从皮埃蒙特地区并入法兰西帝国开始，都灵就发生了翻天覆地的变化。拿破仑的第一个法令要求拆除城墙和大部分城市堡垒。虽然该法令的战略目标是拆除军事防御建筑，但它也传达了一个强有力的象征性信息，即都灵不再是萨伏伊王朝的要塞城市。与此同时，法国当局制定了新的综合城市规划的概念，旨在把前皇家首都转变为设计合理的商业和服务中心。在城市中受到拆墙影响的地区，拿破仑的建筑师规划建造新的桥梁、道路和公共广场，在改善交通的同时，强化法国人的统治地位，同时彰显拿破仑帝国权力。虽然这些雄心勃勃的项目在拿破仑时代似乎并没有太大变化，仅仅拆除坚固的城墙，以及在波河上建造宏伟的新石桥，但法国人更理性的组织将在未来的几年中展现其成果。

复原与复兴

注释9》 1814 年，法国政权终结，萨伏伊的君主制得到了恢复。从 1820 年开始，这座城市的发展进入快车道。为了与现有的城市结构融合，新的建设项目沿着都灵的城市道路延伸，同时强调大型广场和宽阔的街道在城市发展中的关键作用。第一个宏伟的项目是从南侧原来城墙之外的博尔戈·诺沃（Borgo Nuovo）开始，同时期还修建了新的桥梁。随着 19 世纪 40 年代中期，皮埃蒙特铁路体系的成功建设，使人们深受鼓舞，并在主要广场上竖立了公共纪念碑，记录民间和王朝历史上的伟大时刻。

到 1861 年都灵成为意大利首都时，这座城市的规模扩大到拿破仑时代以来的两倍，几乎所有遗留的防御工事都被拆除。1865 年意大利政府将首都迁往罗马，这一决定结束了都灵作为首都相关的所有城市建设项目，导致都灵人口规模、经济和社会发展水平大幅下降。从那时起，经济发展成为城市的核心目标，并推动了都灵作为现代经济中心的身份转变。

工业革命

注释10》 19 世纪末，都灵的发展出现了决定性的转折点，使其一跃成为意大利工业革命的心脏地带。工业革命开启了这座城市历史发展的第三个主要阶段：都灵一跃成为意大利北部三座重要的工业城市之一，其他两座城市是米兰和热那亚。直到 19 世纪中期，都灵和皮埃蒙特的经济主要以农业为主。工业发展仅限于纺织制造业。意大利的工业革命姗姗来迟，但它的影响力在不到一个世纪的时间，彻底改变了这座城市和整个地区。几千年缓慢的农业经济，以及几百年作为区域性首都的政治地位，被工业化发展浪潮迅速覆盖。在都灵对称的城市核心周围，工厂和工业园区遍布昔日的乡村。如今，这座城市已成为一个工业大都市，12 公里长的城市群沿着波河遍布都灵平原。菲亚特帝国的衰落和对工业企业的扶持始于 20 世纪 80 年代。在菲亚特集团最后一位家族掌门人詹尼·阿涅利（Gianni Agnelli）去

圣·洛伦佐（San Lorenzo）教堂穹顶

蓝旗亚跑车像一座现代雕塑作品，改变了现代汽车造型设计面貌

世后，都灵被重新定位为后工业城市，这是城市历史发展的第四个阶段。以屋顶跑道闻名的菲亚特集团林格托（Lingotto），厂房改造项目标志着后工业时代的到来，这座厂房转型为集商业、购物、休闲、文化和创意为一体的多功能中心，被视为这一新阶段的催化剂。

巴洛克空间系统

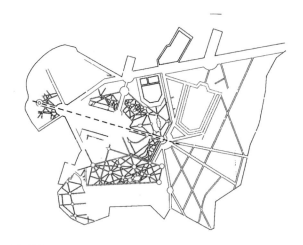

马尔利城：巴黎网络化布局向周边扩展的案例

注释9》 *构成城市的所有元素，无论大小，都必须组合起来，成为城市有机体这个单一而宏伟蓝图中不可分割的一部分；就像在国家的平行社会政治组织中一样，每个人在统一的金字塔结构的国家中，在各个社会阶级或类别中都有自己的位置，国家的最顶层是君主。*

在上面的引述中，巴洛克式城市被视作完全集成的网络，无论是空间还是社会。在这种愿景下，理想的状态是严格的等级制度，以最高统治者为中心。这种组织形式最著名案例是德国巴洛克城市——卡尔斯鲁厄（Karlsruhe）。从中心延伸的放射状结构是这种思想最令人信服的表达方式。在卡尔斯鲁厄的规划中，这一点得到了真正的体现。从中央城堡开始，32条大街朝各个方向呈扇形排布。

注释10》 *……以没有明显终结的设计推动形式，穿透了内部空间的边界，向外延展，似乎在整个地平线上无限延伸。这些概念是在百科全书作者和自然界进行数学探索时提出的，并确立了能够随时间无限扩展的设计结构的思想。*

巴洛克空间系统的本质是一种内部结构，旨在从绝对的统治中心主导整个领域。表达这种自然性的基本元素，是跨越地平线延伸到外太空，没有尽头的线条。17世纪路易四世在巴黎附近建造的凡尔赛宫殿建筑群，通过设计轴线实现这一目标，轴线在轻微上扬的坡地向上延伸，指向浩瀚无垠的星空。

城堡广场和夫人宫是都灵的城市中心，整座城市布局最大的特点是正交系统，其次是放射轴线和对角轴线。在早期巴洛克城市体系中仅有斜向对角线的波河街被包含在内。直到19世纪后期另外一条对角线的街道皮埃特罗米卡街（Via Pietro Micca）被引入。在城墙外，三条从城市南部延伸的对角线在都灵新门火车站（Stazione di Porta Nuova）前面汇集。罗马大街连接两个重要城市节点：城堡广场和火车站。建于17世纪颇具纪念意义的圣卡洛广场（Piazza San Carlo）是罗马大街的中心。

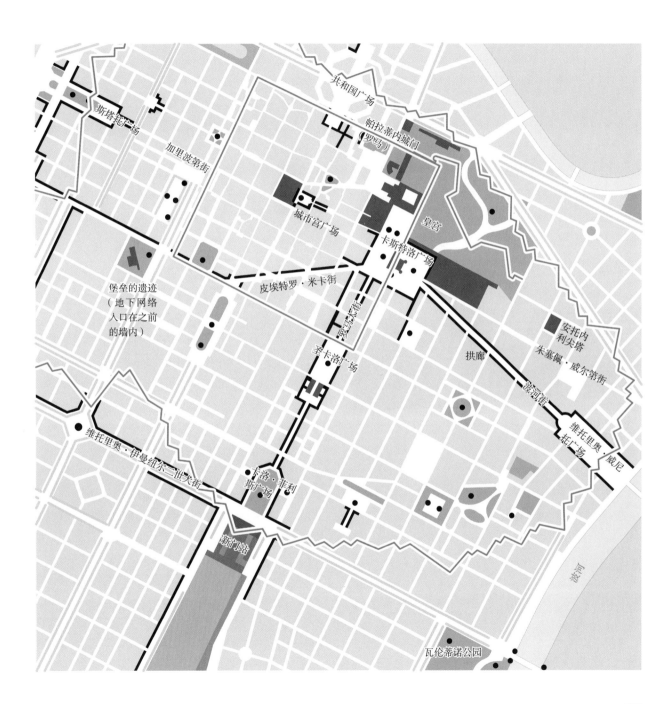

斯塔托广场

加里波第街

共和国广场

帕拉蒂内城门
（罗马）

城市官广场

卡斯特洛广场

皇宫

堡垒的遗迹
（地下网络
入口在之前
的墙内）

皮埃特罗·米卡街

安托内
利尖塔

朱塞佩·威尔第街

拱廊

波河街

圣卡洛广场

维托里奥·威尼
托广场

维托里奥·伊曼纽尔二世大街

卡洛·菲利
斯广场

新门站

瓦伦蒂诺公园

瓦场

3

首都，都灵

皮埃特罗·米卡街

将巴洛克式扩建工程与罗马城镇的正交网格相协调的思路，限制了建筑师创建以巴洛克式对角线为主轴的独立系统，用来强调政府中心的核心地位。如果回顾17世纪阿姆斯特丹的扩建过程，就会清晰地发现，将阿姆斯特丹新城市布局，独立于旧城市中心的决定，赋予了设计者更多自由表达的空间。17世纪阿姆斯特丹运河的布局环绕着中世纪的城市中心，所有相交的街道都以城市中心为导向。这种自由的布局方式产生的复合结构之间具有高度的统一性，新旧之间虽相对独立，但却有巨大的内部连贯性，这是巴洛克式城市规划的典型特征。在都灵，巴洛克式的布局被古罗马城镇的正交布局所阻碍，削弱了城市中心轴线的重要性。这种情况在19世纪得到调整，当时修建了穿越老城，通往中央广场的新对角线——皮埃特罗·米卡街（Pietro Micca），再加上18世纪早期对加里波第大街（Via Garibaldi）的扩建工程，有助于强调绝对的城市中心。

从城堡广场前往波河岸边，将穿过斜向对角线的波河街，这里是都灵最优雅的巴洛克风格的街道之一。在河边，周边的街道走向进行了适应性调整，可以说波河街决定了城市风格的走向。河边的维托里奥·维内托广场以及波河大桥是周边建筑群的点睛之笔。

在这座巴洛克风格城市的边缘，主要街道被半开放的广场环绕，并向外部世界开放。这里延续了城市系统的开放性和空间连续性。随后在巴洛克式建筑之外的城市扩展，造成了当今都灵城市群体量庞大的正交布局，林荫大道向前延伸消失在建筑群中。

街道

持续且连贯的正交街道模式，赋予了城市实质上的空间统一性。长长的街道延伸至几公里外的郊区。举目远眺，街道向前无限延伸，仿佛通往郊外的路没有尽头。城市中心以外的道路，每公里处都有广场或交叉口，这些地方布置非常简单。相反，在历史悠久的城市中心，广场之间的距离要短得多，街道走向有清晰的视觉引导，广场被雕像所强调，旧城门口则以弧形立面围合的半开放型广场（exedra）为标记。

都灵市内很少有对角轴线，在这方面与巴黎、罗马等城市有所不同。这里更多地保留了古罗马城镇的特征，对于古迹的保护比许多国外的罗马殖民城镇要好很多。大都灵地区最明显的对角轴线，是城外历史悠久的乡村古道，科索·弗朗西亚大道（Corso Francia）。和皮埃特罗·米卡街一样，玛佐四世街（Via IV Marzo）建于19世纪。而克沃索·圣·玛里齐奥街（Corso San Maurizio）和克沃索·尤金亲王街（Corso Principe Eugenio）则是后巴洛克时期城市扩建的成果。

自中世纪以来，罗马人遗留的街道以随意和杂乱的方式，被破坏和重建所扭曲。在对城市进行巴洛克式扩建的过程中，一些扭曲的罗马街道被拉直了。从现在的加里波第大街到罗马网格中轴线，已经完全转变为一条紧凑的巴洛克式街道，从城堡广场至法律广场（Piazza Statuto）向西延长线两侧，随处可见线性的城市景观。城市宫殿街横贯老城旧址，将古罗马城镇遗迹一分为二。在罗马城墙东侧城门消失后，这条街沿着罗马城墙的新大门的方位向西延伸。

被扭曲的罗马街道（1823年）

巴洛克风格城市的街道等级是：林荫大道、宽阔街道、古罗马城镇核心区的狭窄街道。即使最宽阔的街道也不超过15米，因此只能在林荫大道两侧栽种树木，但林荫大道仅占城市街道总长度的百分之四。整座城市在正交街道模式的框架内秩序井然，庄严肃穆的建筑和深色花岗石路面进一步强化了这种感受。

穿越街道目光所及之处，这座城市弥漫着庄严神圣的空间特征。灰暗的人行道和阴影浓重的拱廊，似乎渲染着黑色电影基调，以及乔治·德·奎里科（de Chirico）超现实画作的氛围。这与城市中心林荫大道和宽阔街道上绿树成荫的感觉大相径庭。

广场

圣卡洛广场

　　萨伏伊家族的领土横跨阿尔卑斯山两侧，因此具备双重文化取向，西边倾向法国，东边倾向意大利。都灵的广场融合了两个国家的城市传统。基于法国传统，皇家广场被改造成了庄严肃穆的双对称的正交广场，具有强烈仪式感，而绵延不断的封闭拱廊则源自意大利区域。

　　巴黎的皇家广场是参照 1580 年前后，太子广场（Place Dauphine）的布局建造的。不久之后，规划设计更精湛的孚日广场（des Vosges）完工。这两个广场以 1637 年建成的路易十三的骑马雕像为中心对称排布。皇家广场通过强化皇室在公共场所的存在感，展示皇室权利。

　　都灵的皇家广场设计思路，以最纯粹的形式在圣卡洛广场得以实施。该广场采用对称式布局，中央坐落着伊曼纽尔·菲利伯特（Emanuele Filiberto）骑马雕像。罗马大街的中轴一端连接着圣卡洛广场和都灵王宫，另一端连接着卡洛·菲利斯广场（Piazza Carlo Felice）。

　　卡洛·菲利斯广场是一个半开放式广场，最初的设计越过城墙，面向南侧乡村开放，但现在被都灵新门火车站封闭。三条主轴从此处向外延伸。城堡广场、圣卡洛广场以及卡洛·菲利斯广场通过罗马大街中轴线串联连接。圣卡洛广场和城堡广场都沿用了传统的开放式的铺地石材，而卡洛·菲利斯广场功能更接近城市公园，有点类似巴黎的孚日广场。

　　维托里奥·维内托广场位于典雅的波河街尽头，俯瞰河流和对岸的中央教堂。这里是开放入口广场的最佳范例。弧形立面围合的半开放型广场增强了这种效果。

　　位于老城的城市宫广场是都灵最小的广场，也是仅有三个出入口的最内向型广场。目前作为市政厅的附属广场。

　　都灵市中心广场数量庞大，共计约 20 个。大多数广场都位于原罗马城镇外，集中布置在 17 世纪和 18 世纪扩建的巴洛克风格城区。这些广场都具备巴洛克风格城市广场对称性和集中性的特色，其中一半广场有拱廊。

　　都灵还是书籍出版之城。沿着卡洛·菲利斯广场是古籍书商的领地，精致的木制摊位环绕着拱廊立柱，为文学创作和纪录片摄制营造出唯美浪漫的城市氛围。

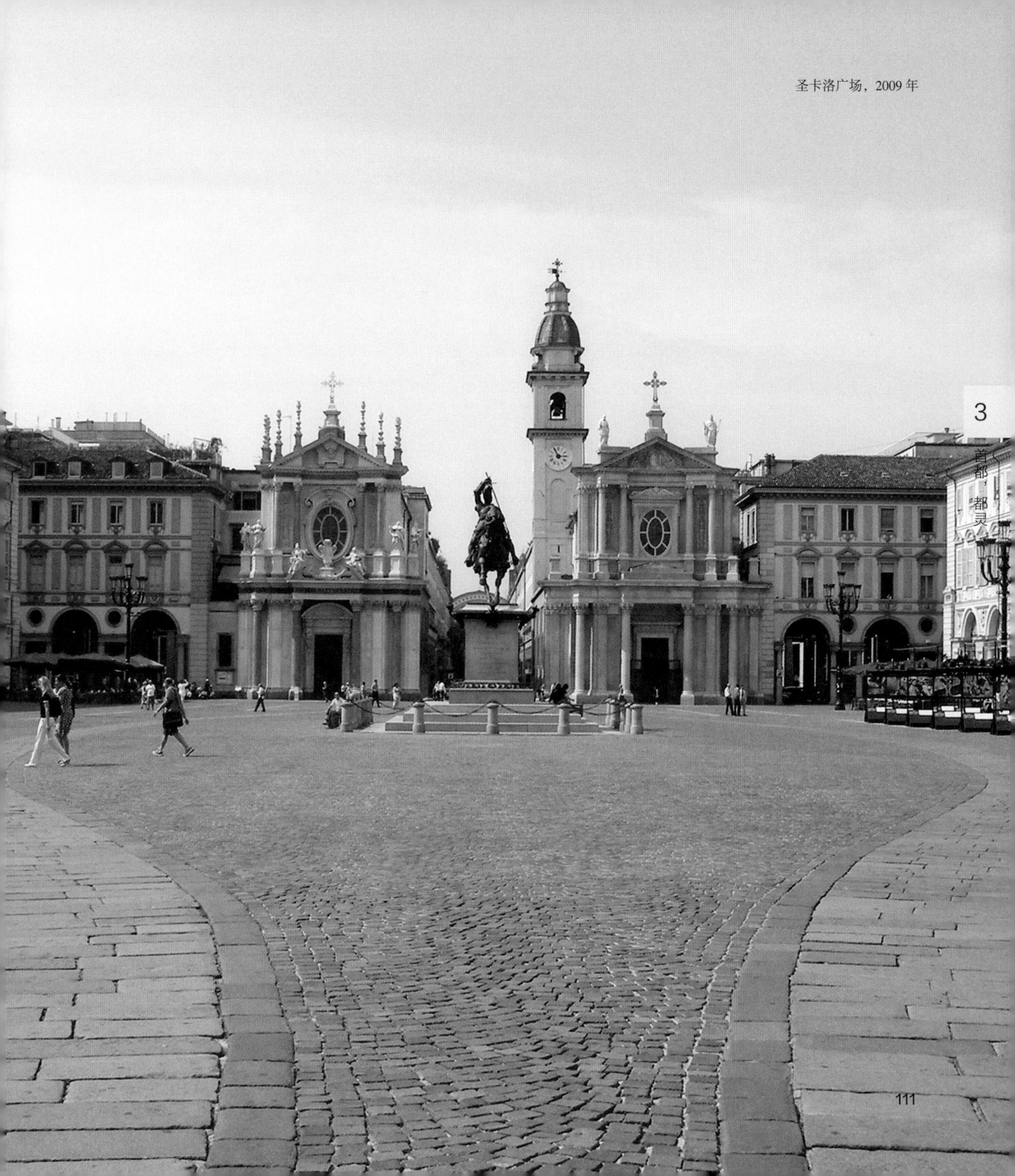

圣卡洛广场，2009 年

拱廊

都灵城市景观最具特色的是连绵不断的环形拱廊。城市街道、林荫路和城市广场以拱形柱廊空间为纽带，融入巴洛克城市的步行区域。这些"柱廊"（*Portici*）塑造了城市特色，通过整齐划一的元素塑造了令人印象深刻的城市韵律。

城市规划者对拱廊的严格规定，使得沿着城市主要街道和广场上持续了四个世纪的拱廊建设质量得到保证。所有的拱廊都必须 7 米高和 5 米深，拱门宽度通常为 5 米，有时会交替出现 2.5 米的小拱门。旧的拱廊有拱形顶棚，较新拱廊也会采用拱形顶棚。随着时间推移，这种有规律的节奏，产生明显的统一效果，将不同的建筑风格融为一体，在整个城市主要街道和广场创造一系列流动性的建筑空间。不断扩展的城市网络结构，保证了城市中心无与伦比的统一性。在拱廊内墙面材料多种多样，从波河街的古典木制品到罗

卡洛·菲里斯广场

马大街 20 世纪的不锈钢和青铜流线型窗框不一而足。随着拱廊元素的不断重复，创造出规模巨大的城市系统，赋予了这座城市典型的巴洛克风格。

后期建设的拱廊

19 世纪后 25 年在皮埃特罗·米卡街拱廊建设中的尝试，创造了一座折中主义风格的经典拱廊式街区，那里充满了那个时期建筑的模糊表达。

在 20 世纪上半叶，进行了一项宏伟的改建工程，在罗马大街两侧进行拱形柱廊空间改造。这项工程涉及的八个街区被整合到现有城市结构，其中包括六个独立街区，还有两个与现存的两座 17 世纪教堂融为一体的街区。这些街区的风格介于典型的新古典主义风格和现代风格之间。街道立面高度与城市中心其他建筑高度相仿，但其顶部向内侧有较大缩进。该项目在城市范围内展开，将多个街区叠加在一起，以统一的风格整合多种功能，将多位建筑师的工作融为一体。两层的地下车库与下沉式庭院巧妙结合，使新鲜空气和光线在下部得以流通。

值得注意的是，即使在 20 世纪 60 年代，这些拱廊也能轻松地融入现代主义城市建筑语言中。建筑外立面垂直/水平的衬线，被幕墙建筑毫不费力地展现出来。

在远离市中心的区域，1984 年建筑师阿尔多·罗西（Aldo Rossi）运用他典型的设计手法，沿着科索·朱里奥·切萨雷街（Corso Giulio Cesare）设计了一个拱廊项目。值得注意的是，这位曾因其复古建筑风格而备受指责的建筑师，在都灵设计中无视拱形柱廊空间的历史传承与发展。在该项目中，他违背了他一贯尊重当地建筑的原则，通过建造高度低得多的拱廊，打破了城市拱廊的严格规定。

不同历史时期的拱廊街区：四个世纪以来不同的类型

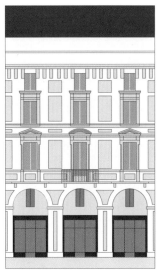

① 17 世纪下半叶

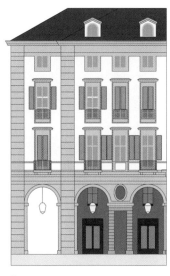

② 18 世纪中叶

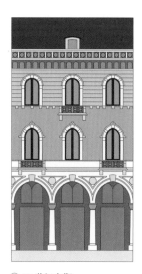

③ 19 世纪末期

④ 20 世纪中叶

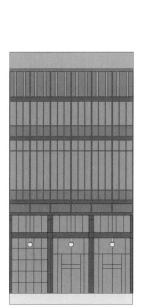

⑤ 20 世纪第三个 25 年

⑥ 20 世纪最后 25 年

①不同历史时期的拱廊街区：

波河街，17 世纪下半叶（1675 年）

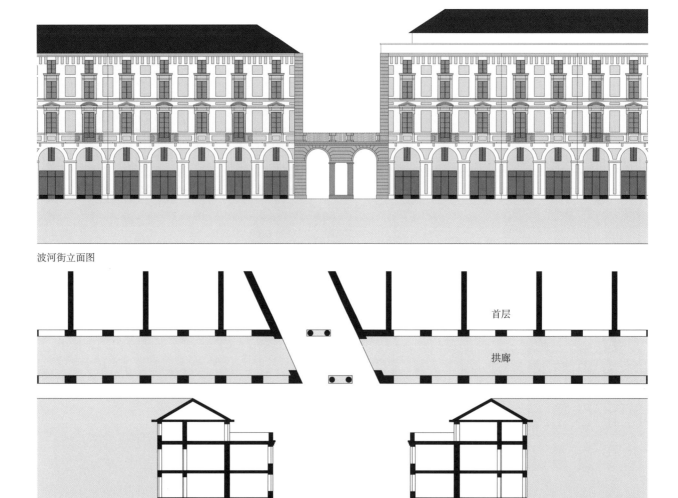

波河街立面图

首层

拱廊

波河街横剖面图

②不同历史时期的拱廊街区：

城市宫广场，18 世纪中叶

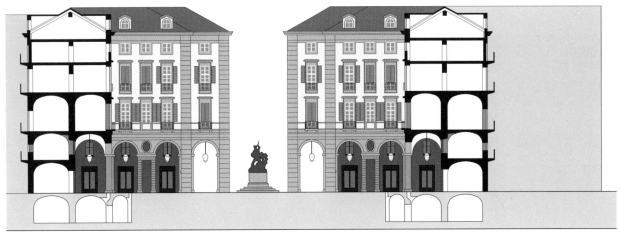

城市宫殿街道街景

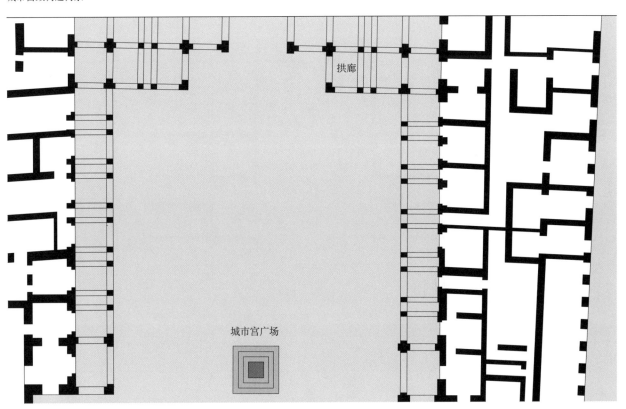

拱廊

城市宫广场

③不同历史时期的拱廊街区：

皮埃特罗·米卡街，19 世纪末期

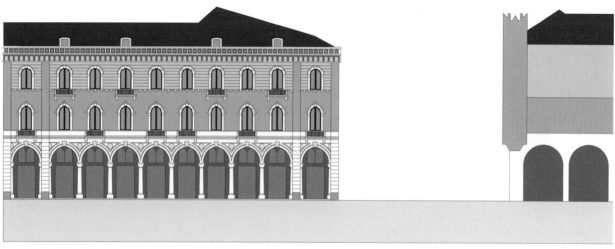

皮埃特罗·米卡街立面图

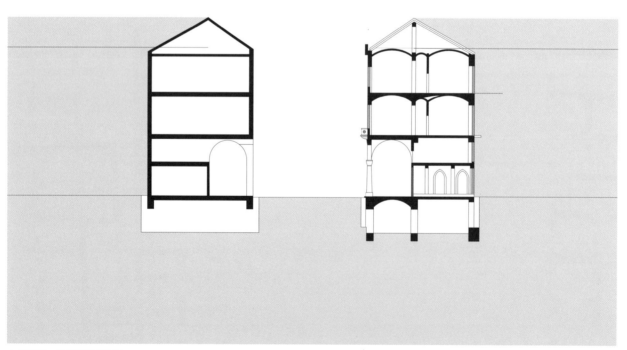

皮埃特罗·米卡街横剖面图

④不同历史时期的拱廊街区：

罗马大街，20 世纪中叶

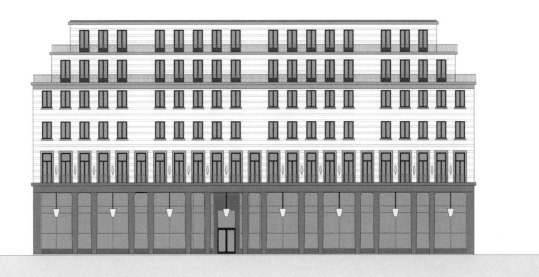

罗马大街立面图

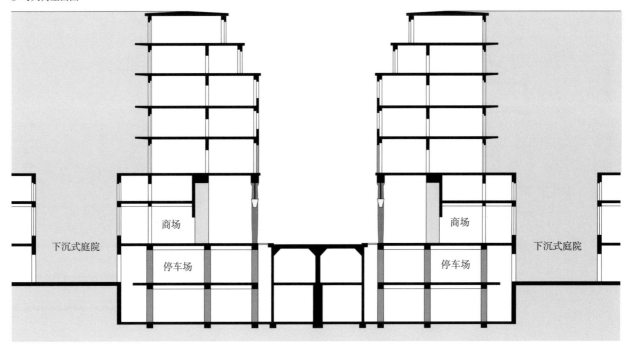

罗马大街横剖面图

⑤不同历史时期的拱廊街区：

塞纳亚大街，1960 年代

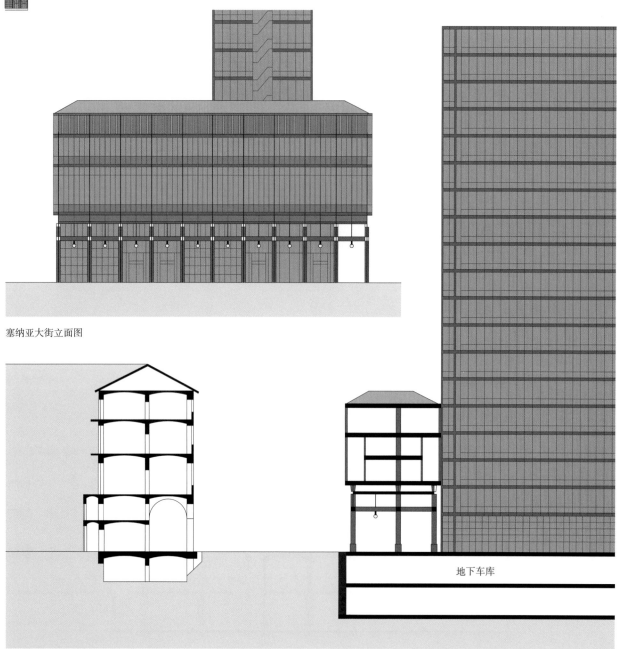

塞纳亚大街立面图

地下车库

塞纳亚大街横剖面图

⑥不同历史时期的拱廊街区：

科索·朱利奥·切萨雷街，20 世纪最后 25 年

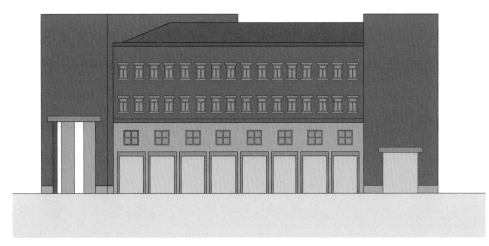

科索·朱利奥·切萨雷街立面图

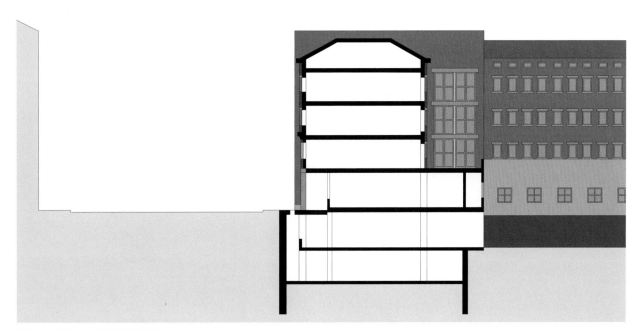

科索·朱利奥·切萨雷街横剖面图

城市内部空间

一些城市内部街区被公共购物中心和公共设施的内部空间所分割。但城市景观最隐秘的部分，依然隐藏在这些开放的半公共空间中。大多数欧洲城市通过提高教堂和其他教会空间的可达性，来增加街区内的半公共空间，但越来越多的此类空间有严格的开放时间限制，因此城市内部可达性被削弱。

都灵城市内部空间形态各异，从古老的商业通道到宽阔的宫殿内部庭院，甚至地下的罗马遗迹。从都灵展览馆（Torino Esposizioni）现代混凝土穹顶、旧菲亚特工厂的螺旋形坡道，到巴洛克式宫殿半公共空间装饰华丽的顶棚，这些建筑内部空间都被简约典雅的屋顶结构体系所包裹。壮观的建筑尺寸和幽深的内部景观，这些都无声地诉说着都灵曾经的辉煌。在林格托工厂顶部跑道的改建项目中，这个著名的混凝土结构被改造成一座长廊，将商业、文化和休闲等不同功能有机融合到这座七层建筑中。

购物中心和商业街源于 19 世纪和 20 世纪。19 世纪的购物中心采用优雅的钢结构并覆以玻璃。20 世纪购物中心则采用混凝土和玻璃的混合体。宫殿的庭院为城市提供了一系列公共空间，与拱廊共同构成了城市内部行人的庇护区域。

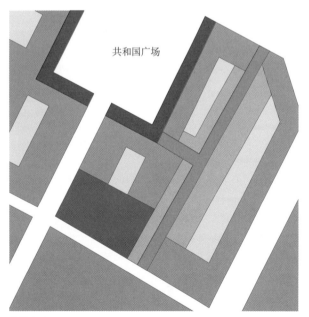

购物中心

翁贝托一世画廊（Galleria Umberto Ⅰ）

拱廊城市的建筑

都灵拱廊

注释 11　1584 年，都灵引入了连续拱廊式建筑，建筑师维托齐（Ascanio Vitozzi）规划设计了城堡广场。该广场被整齐划一的建筑外立面所环绕，拱廊和窗户也极富韵律感。广场周边的建筑决定了随后几个世纪，巴洛克式城市扩建的路线图。该广场也成了第一条巴洛克式轴线的起点，经由努瓦街（现在的罗马大街），成为扩建新城区的城市轴线。维托齐的继任者卡洛·迪·卡斯特拉蒙特（Carlo di Castellamonte）推动了城市向南扩展。他设计了雷亚尔广场（现为圣卡洛广场），该广场外立面设计华丽而庄重，优雅且富有感

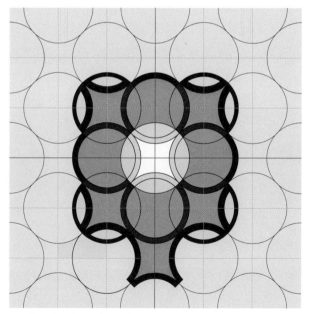

圣·菲利波·内里教堂的组合变形方案，该建筑位于巴洛克建筑体系的中心，具有无限延展的可能

染力，是都灵拱廊的经典之作。

建筑师群体

注释 12　为了实现都灵的巴洛克式城市扩展，建筑师和军事工程师组成的特别小组由首席建筑师领导。该小组主要确定了街道和广场的布局，规定了建筑立面高度和装饰，制定了建筑材料、排水和铺地等相关规定。建筑师群体追求美学极致，希望首都变得更宏伟、更优雅。随着时间的推移，从前的罗马城镇发生了天翻地覆的变化。如今，在市政厅周边仅存都灵中世纪建筑遗迹。宽敞而对称的城市空间被嵌入到中世纪业已衰败的建筑群中。从 1730 年开始，建筑师们经过长期工作，重新拉直古罗马时期的东西向街道（今加里波第大街），并将建筑的外立面设计成直线型的标准图案。

瓜里诺·瓜里尼（Guarino Guarini）

注释 13　巴洛克风格的空间原则不仅在城市规划，也在建筑设计中得到了很好的应用。巴洛克风格的空间系统，本质上表达了对无限空间连续感和层次感的追求。在建筑设计中通过构建从绝对中心到无限远层次递进的网络系统，实现有限空间系统的无限延展。

　　建筑师瓜里诺·瓜里尼设计的圣·菲利波·内里教堂（San Filippo Neri）就是最好的案例。在左侧的方案可以看到，实际设计是无限的系统的一个片段，从中心塔向各个方向无限延展。

　　瓜里诺·瓜里尼的作品展现了 17 世纪巴洛克风格

鼎盛时期，建筑空间追求连续和层次，建筑造型追求运动和变化的特点。不幸的是，他设计的大多数教堂都不见踪迹，但我们可以通过他的专著《民用建筑》（Architettura Civile），了解他的设计意图和方案。我们可以用"连续性"一词描述瓜里诺·瓜里尼设计哲学的精髓。弗朗切斯科·波洛米尼（Francesco Boromini）把空间作为建筑构成要素的理念，被瓜里诺·瓜里尼

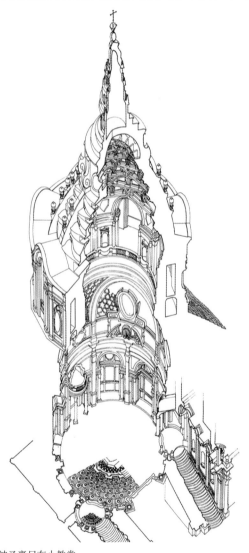

都灵神圣裹尸布小教堂

继承。他系统地将小空间按照一定规律进行组织排列。实际上，瓜里诺·瓜里尼认为扩张和收缩运动，是自然的基本特性，扩张和收缩的自发运动不受任何原则约束，但却存在于整个生命中。巴洛克式的延伸和运动被赋予了新的活力和生命力。在瓜里诺·瓜里尼的作品中，有机造型被简化为骨架，并被次级构件覆盖，建立了内部和外部空间互补关系。他的作品展示了他的设计哲学如何被应用于创造开放性空间系统。

他的设计哲学的另一个重要贡献是对于集中式垂直建筑空间的研究。他的设计显示了一个有趣的相互依存的空间组合。圆柱和拱门的作为建筑骨架，墙壁的角色被弱化，成为纯粹的建筑表皮并与主体建筑结构分离，由多重穹顶结构叠加而成的建筑系统，更像是某个连续建筑空间的组成部分。相对于水平方向连续感，垂直建筑空间更加强调层次与变化，重新诠释了集中式垂直建筑空间系统的特点。该系统基于交错的肋骨结构，允许大面积开窗和中央开口，更传统的穹顶位于顶部中点。交错肋骨构件的应用显然与哥特式建筑和某些西班牙穹顶建筑有关。这种全新圆形穹顶成为瓜里诺·瓜里尼建筑的重要主题。这些穹顶形式似乎是一个根深蒂固愿望的结果，即取代古老穹顶的连续球面。用一个有着无限神秘暗示的圆顶来象征天堂的圆顶。很明显，这些原则在都灵神圣裹尸布小教堂（SS. Sindone）设计中提出，并作为都灵大教堂的组成部分得以实现，这是有史以来最神秘、最激动人心的建筑空间之一。他在神圣裹尸布小教堂附近设计的都灵圣罗伦佐教堂（S. Lorenzo），可能被认为是他最富创造力的设计，因为其对未来教会建筑的发展有深远影响。

菲利波·尤瓦拉（Filippo Juvarra）

注释14〉 如果瓜里诺·瓜里尼是17世纪最具实验性的建筑师，得益于他对连续曲线造型和交错肋骨的运

法律广场

罗马圣依纳教堂广场：波洛米尼和瓜里尼设计原理的应用案例

用，那么与他同时期的建筑师菲利波·尤瓦拉则是一位更传统、更保守、不会抽象设计的大师。他在罗马学习，并从事过建筑师和舞台设计师工作。他的建筑作品优雅中蕴含着张力，宁静中潜藏着紧张，这与他致力于设计建造纪念性建筑的志向相吻合。尤瓦拉的实践活动涵盖那个时代所有主要建筑类型。尤瓦拉不是根据抽象系统进行思考，而是为每座建筑赋予了独特的个性，他首先用精美的草图确定设计方向，显示了对建筑功能和场地的敏锐感知力。

在都灵的第三次巴洛克式扩建中，尤瓦拉将坚固的军事堡垒向城市住宅功能转变。在巴洛克式城市西侧的军事区（Quartieri Militari）塑造了一个开放和对称的大广场。他还在波塔宫公寓（今米兰大道）修建了对称广场，作为城市北侧引人注目的新入口。位于城堡广场的夫人宫，及其高耸的外墙和宏伟的阶梯，是古罗马城镇与巴洛克城市布局在河流沿岸的交汇点。他在都灵近郊的建筑设计同样非常出色。斯杜皮尼吉的乡村居所和狩猎小屋建筑群成为当地城市发展的源头，这里有 10 公里长的道路与城市相连。雄伟壮观的苏佩尔加大教堂（Basilica di Superga）坐落在丘陵顶峰，俯瞰整个都灵的全景。

瓜里尼和尤瓦拉的继承者

尤瓦拉的学生贝内德多·阿勒费里（Benedetto Alfieri）延续了尤瓦拉的建筑风格，但与阿勒费里同时代的贝尔纳多·安东尼奥·维通（Bernardo Antonio Vittone）却走上了一条完全不同的道路。他专门设计小教堂，其精妙的曲线和迷人的灯光效果诠释了洛可可风格的真谛。

注释 15 ⟩ *基于相互作用的空间单元连续不断的起伏运动，罗马圣依纳教堂（S. Ignazio）前的小广场，成为另一种城市的空间片段。事实上，圣依纳教堂广场是波洛米尼和瓜里尼设计原理唯一应用的案例。正如瓜里尼在《哲学宗旨》（Placita Philosophica）理论中阐述的那样。令人非常惊奇的是，平庸的菲利波·拉古奇尼能够构思出这样重要且有独创性的解决方案，我们怀疑他可能受尤瓦拉的影响。1725 年，尤瓦拉被授予了圣彼得大教堂建筑师的职位。圣依纳教堂由三个椭圆形空间组成，中间的大空间由两个较小的空间环绕，形成了通往后面街道的过渡空间。露天广场是一个开放的系统。如果按照这些路线组织起来的大城区，肯定会很有趣。圣依纳教堂广场具有洛可可式建筑的轻盈和俏皮感。*

欧洲权力的游戏

玛格丽特（Margherita），1606年，画家弗兰斯-普尔布斯（Frans Pourbus il Giovane）　恩里凯塔·阿德莱德（Enrichetta Adelaide），1670年，画家德拉蒙斯（J. De La Monce）

萨伏伊权力的沉淀

注释 16 ❭　萨伏伊家族控制都灵之前和这座城市有着深厚的渊源。1045年左右，都灵伯爵夫人阿德莱德（Adelaide）与萨伏伊家族的奥多恩（Oddone）伯爵成婚。这场婚姻具有重要的历史意义，标志着萨伏伊家族开始觊觎都灵及其周边皮埃蒙特地区，但在当时的历史背景下，实现这一诉求的机会非常渺茫。当时意大利不断增强的公民力量，在与意大利封建势力和中世纪教会斗争中，为新的政治文化诞生奠定了基础。在13世纪，意大利北部的公民力量推翻了教会当局统治。此时的萨伏伊家族仅占据了阿尔卑斯山西部的土地，对皮埃蒙特地区的事务没有发言权。

1116年，都灵颁布的宪章导致公民起义，并最终迫使主教逃离该城。他的逃离造成的政治真空，为新的政治力量介入创造了机会。1131年，萨伏伊伯爵阿梅迪奥三世（Amedeo Ⅲ）占领了这座城市，并宣布自己为都灵伯爵。1136年，洛泰尔二世（Lothar Ⅱ）皇帝将阿梅迪奥驱逐出境，并恢复了主教的权利。这些事件为未来数十年的纷争埋下了伏笔。在随后的几年中，公民的权力不断增强，1149年，选举了执政官，

开始了以执政官为代表的集体性自治政府。在13世纪初，在都灵的自治社区取代了主教的地位，成为该市政治生活的主导力量。

在13世纪末，萨伏伊家族的托马索一世（Tommaso Ⅰ）通过其子女的政治联姻，与其他欧洲统治者建立了广泛而强大的联盟。他有四个外孙女，分别嫁给了法国、英国、罗马和西西里岛的国王。在这个联盟网络的支持下，增强了他控制都灵的能力。在他的安排下，他的儿子阿梅迪奥四世（Amedeo Ⅳ）将两个孙女与意大利西北部两个最有权势的领主联姻，从而进一步加强了都灵周边的控制。神圣罗马帝国皇帝腓特烈二世（Frederick Ⅱ）向托马索二世（Tommaso Ⅱ）颁发特许状，授予其都灵的爵位，并有权征收通行费。该特许状极大地增强了萨伏伊家族占据这座城市的野心，但托马索二世却没有如愿。直到1280年都灵最终被托马索三世（Tommaso Ⅲ）完全控制。萨伏伊家族在都灵的统治一直延续到20世纪，最终随着萨伏伊家族与墨索里尼的合作而终结。托马索三世对都灵的占领，宣告了公民自治状态的终结，从此这座城市要屈从于新主人的意愿。

卡洛三世（Carlo Ⅱ di Savoia），1510 年，画家不详　　卡洛·埃曼努埃莱，1734 年，画家克莱门蒂纳（Clementina）　　菲利伯托·埃曼努埃莱，1624 年，画家安东·范·戴克（Anton van Dyck）　　翁贝托一世（Umberto Ⅰ），画家不详

都灵——一座萨伏伊城市

托马索三世的儿子菲利波指定阿尔卑斯山麓的皮内罗洛市（Pinerolo）为他的首都，因为他对都灵安全状况没有信心。那时距离都灵成为萨伏伊王朝首都还有一个世纪。

大约在 1418 年，阿梅迪奥八世（Amedeo Ⅷ）由伯爵升为公爵。同时，萨伏伊家族占领了阿尔卑斯山两侧的领土。1424 年，阿梅迪奥八世举办盛大的仪式，正式将皮埃蒙特地区封为王子阿梅迪奥的公国，并授予其皮埃蒙特王子的新头衔。在经历法国占领期之后，菲利伯托·埃曼努埃莱（Emanuele Filiberto）最终在 1563 年将都灵定为萨伏伊王朝的首都，从萨伏伊家族祖先发源地法国的尚贝里市（Chambéry）迁都到阿尔卑斯山的另一侧。从那时起，都灵和萨伏伊家族的历史将密不可分。在此期间，萨伏伊家族统治者在其领地实施典型的专制君主制。公爵拥有最高的社会地位和政治权力，这是巴洛克风格大行其道的政治沃土。菲利伯托·埃曼努埃莱开始考虑都灵的扩建工程，以符合其作为首都的新任务。

在接下来的两个世纪里，他的继任者完成了真正的巴洛克风格首都的转变。菲利伯托·埃曼努埃莱将扩建工程视作城市防御系统的重要补充。在他的儿子卡洛·埃曼努埃莱（Carlo Emanuele）的领导下，萨伏伊家族成为欧洲最受欢迎的家族之一，他的两个女儿分别嫁给了曼托瓦王子（Mantua）和费拉拉王子（Ferrara）。为举办婚礼庆典建造的罗马门，成为欢迎盟友的仪式性大门。这条通往宫殿笔直的仪式性街道，成为第一次城市扩建的主轴线。

通过大力扶植新的教会组织，使得天主教会的势力得到加强，都灵也成为反对宗教改革的堡垒。在 17 世纪末，十几个新的宗教团体已经在都灵修建了宗教设施，其中最有影响力的是耶稣会。

1680 年，卡洛·埃曼努埃莱二世（Carlo Emanuele Ⅱ）的第二任遗孀雷亚尔夫人（Madame Reale）通过建立国家债务机制：蒙特迪·圣乔瓦尼·巴蒂斯塔（Monte di San Giovanni Battista）使都灵成为重要的货币流通市场，积极推动都灵发展成为金融中心，并将这座城市打造成为国际银行业中心，这一地位在 18 世纪得到了进一步巩固。在针对路易十四的战争中，蒙特迪·圣乔瓦尼·巴蒂斯塔成为主要战争经费来源，

1147-1148 年萨伏伊伯爵阿梅迪奥三世参与十字军东征

为在法国的胜利做出了贡献。

雷亚尔夫人的儿子维托里奥·阿梅迪奥二世（Vittorio Amedeo II）通过减少议员数量，同时强迫议会任命指定议员，进一步削弱了议会的影响力。自从都灵成为宫廷和政府所在地后，这种变化反映了社会和政治结构的转变。通过将新的以国家为中心的精英阶层与旧的城市政治寡头联合起来，维托里奥·阿梅迪奥二世发动了一次小政变，进一步削弱了公民自治影响力，同时积极加强了专制统治。

法国插曲

路易十四通过建立军事联盟，安排维托里奥·阿梅代奥二世和一位法国公主结婚，将萨伏伊王朝视作其附属国。维托里奥·阿梅代奥二世渴望摆脱这种束缚。1689 年爆发的法国与欧洲列强联盟之间的战争，为他提供了难得的机会。直到 1705 年，法国曾多次入

侵皮埃蒙特，数次围攻都灵。1706 年，路易十四集结了一支庞大的军队重新包围这座城市，决心不惜一切代价夺取它。最后一支哈布斯堡王朝的救援部队，在英国和荷兰盟军的资助下，穿越伦巴第对都灵实施救援。由于援军的及时抵达，粉碎了法国的进攻。这次胜利意义重大，其影响波及整个欧洲。1713 年，维托里奥·阿梅代奥二世的盟友，授予其西西里国王称号，他也成为萨伏伊王朝的第一代国王。几年后，他被迫接受撒丁岛交换西西里岛的领土置换方案。

18 世纪的改革

接下来的几年，维托里奥·阿梅代奥二世开展了一项针对都灵政府机构的改革。1717 年，他重组了国家官僚机构。同时他也迈出了重要的一步，创造了也许是欧洲天主教会第一个世俗的教育体系，将教育工作者从神职机构中解放出来。使大学成为培养高素质人才的学府，在这里受过教育的人将进入政府、教会以及其他专业领域担任职务，并提供忠诚和高效的服务。王室成员励精图治，积极推动政治经济全面发展，民众积极响应，促使政府施政更加理性和高效，从而推动社会更好发展。随着自上而下的现代化进程，1773 年耶稣会被驱逐出都灵。这是为了迎合启蒙运动带来的思想文化解放潮流，专制王朝所做的适应性调整。在新国王维托里奥·阿梅迪奥三世（Vittorio Amedeo III）领导下，政府与受过教育的精英阶层之间出现了复杂的新关系。共济会的出现和皇家科学院的建立，标志着启蒙运动思潮在精英阶层的传播。

拿破仑时期的都灵

1789 年爆发的法国大革命的引发了一系列事件，最终导致都灵政权的解体。1791 年都灵的局势日趋紧张，同情和支持法国大革命的地下组织极速扩张。随着事态的发展，卡洛·埃曼努埃莱四世（Carlo

Emanuele IV）于 1797 年被迫与法国签署联盟条约。萨伏伊王朝失去了控制权,臣服于法国革命政府。1798 年,萨伏伊王室离开都灵前往萨伏伊王朝仅存的领土——撒丁岛。都灵被法国占领直到 1814 年。

法国大革命期间,都灵从天主教和贵族主导的社会,转变为开明的精英阶层统治的世俗社会。新政府仅在都灵就关闭了 29 个修道院和教堂,减少宗教节日,但却通过帝国法令创造了"圣·拿破仑"纪念日。法国当局废除了所有贵族头衔和荣誉,以及一切封建特权和垄断。建立了一整套新的法律和行政制度,以促进公民平等,彰显帝国权威。同时,拿破仑引入了现代商业法规,消除了城市行会。

在此过程中,都灵失去了作为专制君主制要塞之城的特色,转变为 19 世纪典型的资产阶级城市。

都灵的复辟

拿破仑帝国失败后,萨伏伊王朝君主制在 1814 年得以恢复。随着维托里奥·埃马努埃莱一世（Vittorio Emanuele I）以胜利者的姿态返回,随即宣布将重新回到过去。"*他们都穿着陈旧的服饰,梳着辫子,抹了粉的头发上戴着 18 世纪的三角帽*",马西莫·阿泽廖（Massimo d'Azeglio）回忆道。维托里奥·埃马努埃莱一世废除了所有平等原则和其他现代化举措,同时继承了君主制经济政策,恢复了行会和手工业特权。

这些一厢情愿的政策,显然违背了社会民众的意愿,并低估了在法国大革命期间政治和社会方面的重大变化。1821 年,反对势力发起了一场革命,使卡洛·费利切（Carlo Felice Savoia）成为新国王,因为他承诺将把拿破仑的现代化改革引入君主制。1848 年,卡洛·阿尔贝托（Carlo Alberto）颁布了一部宪法,即所谓的《法规》（Statuto）。在地方一级,新宪法加强选举市政委员会权力,并为先前被排除在外的社会团体敞开了大门。在另一方面,新宪法也赋予君主广泛的权力。

意大利复兴的首都

在 19 世纪 30 年代初期,当时很少有观察家会预见到,萨伏伊家族及王室首府将在三十年后的意大利扮演如此重要的角色。卡洛·阿尔贝托通过引入法律体系和社会监督,成功地将拿破仑时代的经验教训纳入新的君主制度中。他非常重视主要广场的公共纪念碑建设,每座纪念碑都记录了民间和王朝历史上的重要时刻。到 19 世纪 40 年代末,都灵不仅成为政治中心,同时也成为推动新技术和新企业发展壮大的经济中心。都灵及其郊区人口已接近 140 000,与拿破仑时代末期相比增加了 70%。1848 年,超过三分之一的城市居民来自皮埃蒙特和邻近地区,公共部门提供了新的就业机会,城市中商人、店主、工匠以及家政服务的需求不断增加。从 1831 年到 1861 年,都灵的政治角色发生了显著的变化,这里演变为民族统一运动的中心。这三十年是都灵和意大利近代史关系最紧密的一段时间。1848 年在都灵颁布新宪法,1861 年在都灵确定意大利君主立宪制政体,1870 年萨伏伊王朝完成了意大利统一。

1848 年,当卡洛·阿尔贝托对奥地利宣战,都灵成为反对奥匈帝国的民族解放与王朝扩张战争的指挥中心,都灵的国际地位急剧提升。这个决定使萨伏伊国王成为意大利北部联盟的首脑,虽然这个联盟非常脆弱。当奥地利指挥官拉德茨基（Radetzky）以压倒性的军事优势,击垮联盟的同时恢复对意大利各地区的统治,皮埃蒙特成为唯一幸存的独立国家。在战争失败以及意大利其他地区革命被扑灭后,都灵成为成千上万政治难民的避难所,他们都是从席卷亚平宁半岛的反动浪潮中逃脱出来。都灵为他们提供了庇护所,也使都灵成为一座真正的意大利城市,半岛各地汇集于此的各类人才,其中包括作家、学者、音乐家、政治人物和军人等。他们的出现极大地促进了都灵政治经济的意大利化进程。一项广泛的共识是,皮

埃蒙特地区是唯一一个拥有统一半岛和创建意大利民族所需的自由制度、经济资源、军事力量、外交专长和政治意愿的国家。新国王维托里奥·埃曼努埃莱二世（Vittorio Emanuele Ⅱ）和他的杰出首相卡沃尔（Cavour）逐步强化了都灵在意大利独立运动中的主导地位。

1857 年，国家协会成立，以提升萨伏伊在独立事业中的领导地位。都灵的政治家运用了高超的外交手段，和法国谈判签约的同时，与奥地利军队作战。从而造成了意大利中部权力真空，可以合法地吞并领土。为了赢得拿破仑三世的支持，萨伏伊和尼斯的历史领地被割让给法国。在不到两年的时间里，都灵已经成为一个庞大的联盟首都，包括伦巴第、艾米利亚和托斯卡纳等地区。

1860 年西西里爆发起义后，加里波第（Garibaldi）率领传奇的"千人队"共和党红衫军解放了这座岛屿。受到此次成功军事行动的鼓舞，红衫军在那不勒斯登陆向半岛腹地进军。至此，南方共和党入侵者和北方的君主制扩张者，开始将影响力触及位于罗马的天主教廷。在加里波第的军队进入那不勒斯后，卡沃尔对罗马天主教廷国宣战，并成功占领了其三分之二领土。他建议维托里奥·埃曼努埃莱二世名义上统领南方共和党红衫军，以利用国王的影响力控制加里波第。他让国王统帅军队的决定，被证明是非常正确的。加里波第把他征服的所有领土，都交给了维托里奥·埃曼努埃莱二世，其中一个著名的场景就是他们在马背上握手。政治统一进程随着 1861 年召开的第一届议会落下帷幕，在此次会议中推举维托里奥·埃曼努埃莱二世作为意大利的第一任国王，并将都灵确定为首都。

萨伏伊统治的最后阶段

剧烈的政治变革使法国拿破仑三世失去了意大利半岛上的一些领地，这些领地主要集中在罗马周边。为避免进一步的敌对行动，1864 年经过外交斡旋，要求法国皇帝在两年之内将军队撤离罗马，对应的条件是在六个月内从都灵迁都到南部。都灵首都地位的丧失是政治妥协的结果，但对于统一意大利却有积极作用，这种政治平衡的决定也打破了古代城市和君主之间的共生关系。

1870 年，意大利独立运动结束，意大利的统一并未强化都灵的领导权力，反而使萨伏伊家族的地位越来越被边缘化和仪式化。1946 年，第二次世界大战之后，意大利人选择了共和国制，萨伏伊家族的影响力彻底消失。

从城市周边山丘俯瞰都灵

维托里奥·维内托广场

波河街

波河上的桥梁

上帝之母教堂

安托内利尖塔

卡斯特罗广场

皇宫

3

4 埃斯奎利诺，罗马

19 世纪末公民社会的发展壮大

城市—重塑

波澜壮阔的意大利独立运动（*Risorgimento*）以1870年意大利重新统一告终。在这个过程中，罗马经历了一段戏剧性的城市复兴和扩张过程。几个世纪的衰落使这座城市早已变得破败不堪。西罗马帝国陷落后，古罗马城内劫匪强盗横行，城市遭到大肆破坏。直到19世纪末，这座城市才开始公共基础设施建设，并为随之而来的现代化做准备。国家统一大大提升了公民团体的社会地位，促进了城市的全面扩建和公共服务设施的配套与完善，这个进程最终推动了埃斯奎利诺这一标志性区域的建立。从文化角度讲，埃斯奎利诺区拥有从古罗马到文艺复兴以及巴洛克等各个历史时期的文化遗产。从功能角度讲，这是继意大利统一运动后，城市现代化改造最彻底的地区。纪念性建筑和商业建筑是埃斯奎利诺区最重要的城市功能载体，也是城市更新的重点。罗马中心车站以及周边扩建工程的完工，标志着罗马建立了一套完善的现代交通运输体系。

在政治层面上，随着城市发展，民众对于意大利文化历史的融合，以及意大利首都历史遗产展开了激烈的讨论。都灵宏伟的巴洛克式扩建被视为意大利城市发展的典范，但罗马城市复兴承载着意大利民众渴望延续古罗马帝国首都辉煌、消除外国统治屈辱记忆的美好愿望。埃斯奎利诺区是罗马文化的基石，在意大利首都重建中占据重要地位。在宏伟的埃斯奎利诺重建过程中实现了意大利民众重塑民族自尊心的夙愿。当文艺复兴时期的斯特拉达·菲利斯街（Strada Felice）教皇轴线被修缮，重新成为城市主干道，罗马的城市脉络得以延续。当不同时期的建筑穿越时间的纵深，跨越历史时空进行对话，罗马的历史文脉得以传承。

埃斯奎利诺区，1784年，画家路易-弗朗索瓦·卡萨斯（Louis-François Cassas）

罗马，1830 年

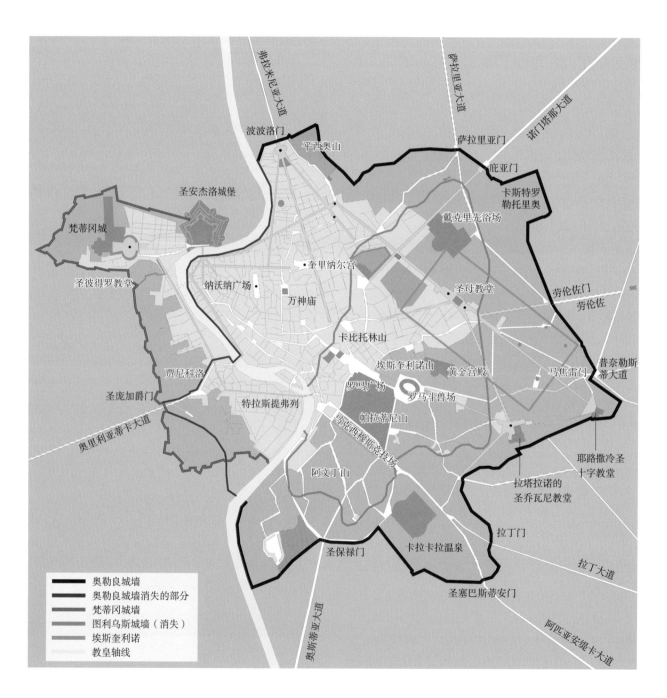

弗拉米尼亚大道
萨拉里亚大道
诺门塔那大道
波波洛门
平西奥山
萨拉里亚门
庇亚门
卡斯特罗
勒托里奥
圣安杰洛城堡
戴克里先浴场
梵蒂冈城
圣彼得罗教堂
奎里纳尔宫
圣母教堂
劳伦佐门
劳伦佐
纳沃纳广场
万神庙
普奈勒斯
蒂大道
卡比托林山
贾尼科洛
埃斯奎利诺山
黄金宫殿
马焦雷门
圣庞加爵门
罗马广场
罗马斗兽场
特拉斯提弗列
帕拉蒂尼山
耶路撒冷圣
十字教堂
奥里利亚蒂卡大道
马克西穆斯竞技场
拉塔拉诺的
圣乔瓦尼教堂
阿文丁山
拉丁门
圣保禄门
卡拉卡拉温泉
拉丁大道
圣塞巴斯蒂安门
奥斯蒂亚大道
阿匹亚安绳卡大道

奥勒良城墙
奥勒良城墙消失的部分
梵蒂冈城墙
图利乌斯城墙（消失）
埃斯奎利诺
教皇轴线

1883 年规划

1909 年规划

铁路

埃斯奎利诺

城市历史

城市阶段

罗马城市形态在过去数千年间经历了四个主要阶段：伊特鲁里亚（Etruscan）时期、罗马帝国时期、文艺复兴时期和现代阶段。最早的罗马城出现在现今国会大厦周边，那里曾是伊特鲁里亚人定居点。此后，在该定居点遗址上，连续形成了三座城市，每一座都以先前的城市形态为基础。

这四个政治和文化阶段，在社会文化和城市发展上都颇具传奇色彩。建筑艺术和城市空间相互融合形成的统一建筑语言，将所有的一切都融合在古老的、包罗万象的罗马城墙里。文艺复兴时期的教皇轴线是最明显的城市纽带，也是城市景观与更广阔的天主教精神领域的直接媒介。为了从城市和历史的角度了解埃斯奎利诺地区的定位和布局，以下的描述将追溯到古典时期的衰落时期。

对古罗马的掠夺和破坏

注释1 ▶ 对古罗马城市设施和社会秩序的破坏，始于公元410年西哥特人阿拉里克（Alaric the Visigoth）统治下的野蛮人对这座城市的掠夺。随后，罗马帝国及其首都日渐衰败，灾难接踵而至。从公元800年开始，经过几个世纪的衰败和破坏后，罗马作为神圣罗马帝国公认的精神中心，在一段时期内再次成为欧洲的伟大城市和朝圣中心。

在萨拉森人的袭击之后，里奥四世（Leo IV）于公元852年建造了梵蒂冈地区的第一座防御工事。在防御工事外，对这座城市的进一步袭击持续造成严重破坏。罗马最具破坏性的洗劫发生在1084年，当时格雷戈里七世（Gregory VII）的诺曼盟军纵火焚烧了这座城市，战神广场（Field of Mars）几乎完全被摧毁，拉特兰教堂（Lateran）和罗马斗兽场（Colosseum）之间的区域被彻底摧毁。

在1830年的罗马版图上，仍然可以看到奥勒良城墙（Aurelian Wall）内这片广阔区域遭到破坏。沿着文艺复兴时期的城市轴线，从圣母教堂（Santa Maria Maggiore）一直延伸到耶路撒冷（Gerusalemme）的圣十字圣殿（Santa Croce），正是这个地区后来成为埃斯奎利诺的雏形。

文艺复兴时期的罗马

注释1 ▶ 1065年，奥斯曼人占领了耶路撒冷。随后为解放圣城而进行的十字军东征，是基督教世界在教皇们的号召下，以宗教名义讨伐异教徒的军事行动。因此，在罗马城每隔25年举办一次的解放圣地庆祝活动，1300年的庆祝活动取得了巨大的成功。德国、匈牙利和英国最偏远地区的道路上挤满了前往罗马的朝圣者。据估计，每天大约有三万名朝圣者进出这座城市，罗马城不堪重负。很明显，城市需要进行更新，并很快起草了方案。然而，因1309年教皇迁往阿维尼翁，以及随之而来的大分裂、黑死病和1329年地震，这项计划被推迟。这座城市再次沦为无政府状态的牺牲品。1350 年的庆祝活动中，120 万朝圣者在圣诞节至复活节期间抵达该市，另有 80 万人在圣灵降临节抵达。1450 年的庆祝活动后，如火如荼的文艺复兴运动使人们相信，通过实现重建罗马的宏伟计划，可以提高教会的威望。

教皇的财政收入依赖朝圣者。教皇重建罗马的相关计划在很大程度上是为了便于朝圣者在七个主要教堂之间的自由往来。几个世纪以来，朝圣活动的有效组织以及教会权威的不断巩固，推动了罗马重建计划的不断深化。不断有教皇身体力行推动城市改变。1417 年至 1431 年在位的教皇马丁五世（First Martin V）从修缮教堂开始入手。他为继任的教皇们创造了必要的社会和经济条件。一开始没有总体规划，修缮工程分散在各处进行。1480 年颁布的法令要求清除非法建筑和街道上的障碍物，以便建立直接连接城市主要教堂的城市道路体系。1513 年至 1521 年在位的教皇里奥十世（Leo X），以及 1534 年至 1549 年在位的教皇保罗三世（Paul III）负责建造了位于斯特拉达·德尔·科索广场（Strada del Corso）上对称布局的轴线，从而形成波波洛广场（Piazza del Popolo），这是所有欧洲朝圣者从北部进入罗马的主要通道。文艺复兴时期的罗马城市形态的塑造要归功于 1585 年至 1590 年在位的教皇西克斯图斯五世（Sixtus V）。虽然他在位仅五年，但在此期间进行了大量工作，这一切得益于他的建筑

古罗马广场（Foro Romano），古代彩绘作品

师顾问多梅尼科·丰塔纳（Domenico Fontana）。

罗马重建的三个主要目标：

• 通过重建供水系统，使罗马的山丘（如埃斯奎林山丘）重新满足居住条件，这里自从古代沟渠断流

维托里奥·埃马努埃莱二世纪念碑，建于 1885 年至 1911 年间

就缺少水源；

· 通过重建城市轴线将主教堂和城市其他重要节点连接起来，将不同时期的建筑作品融入主街道系统；

· 从街道和广场不同的建筑尺度中创造统一的城市建筑语言。

西克斯图斯五世以斯特拉达·菲利斯街为基础建立了罗马新的交通系统，这条长达 4 公里的街道，从西北到东南纵贯城市，将位于耶路撒冷、孤立的耶路撒冷圣十字圣殿与波波洛广场以直线连接起来。尽管多梅尼科·丰塔纳写道："王子是如此伟大，将街道从城市的一端延伸到了另一端，不管道路是穿过山丘还是山谷，都会将前者夷为平地、将后者填满，以形成平缓的斜坡。"但西克斯图斯五世还是在阿文提诺山（Aventine）的陡坡前失败了，斯特拉达·费利斯

街被迫终止于天主圣三堂（Santa Trinità dei Monti）教堂前。从 1721 至 1725 年，沿着山坡通往西班牙广场（Piazza di Spagna）的方向，修建了一段宏伟的阶梯。1789 年，在斯特拉达·费利斯街的尽头，天主圣三堂教堂前竖立了一座方尖碑。主要街道被整合成一个综合的交通系统，连接罗马的 7 个朝圣教堂：梵蒂冈（Vaticano）的圣彼得罗教堂（San Pietro）、拉特拉诺（Laterano）的圣乔瓦尼教堂（San Giovanni）、圣母教堂（San Maria Maggiore）、城外圣保禄大殿（San Paolo fuori le Mura）、城外圣老楞佐大殿（San Lorenzo fuori le Mura），以及耶路撒冷圣十字圣殿和圣·塞巴斯蒂亚诺教堂（San Sebastiano）。实现前 300 多年博尼法斯八世（Boniface VIII）的梦想，使罗马成为一个值得尊敬的基督教首都。19 世纪末，斯特拉达·费利斯

波波洛广场

街成为埃斯奎利诺发展的主干道。

始于 19 世纪中叶的现代罗马

意大利统一运动之后，罗马政府规划委员会于 1870 年通过了大规模城市扩建的计划，接着批准了 1873 年版《城市总体规划》和 1883 年版《城市总体规划》。这些规划有很多共同之处，在 1883 年版中，对现有的街道和建筑物的考虑更加完善。这些扩建街区围绕着现在的城市核心，新的街区展示了 19 世纪典型城市建筑特征。不同的街区在建筑风格、空间布局、轴线应用以及绿地或广场等城市节点的设计方面有很强的相似性。在 1909 年版《城市总体规划》中，城市规模进一步扩大，在城墙外规划了第一个现代化的城市郊区。在 1909 年版规划中，不同的建筑风格，从弯曲复杂结构著称的新

艺术运动风格，到强调对称的 19 世纪新古典主义风格，都在城市中找到各自发展的空间。在其中一些街区，传统的封闭式街区被独立建筑组成的开放式街区所取代，这些街区较大的开放空间与周边绿地系统关系更紧密。在 1931 年版《城市总体规划》中，进一步推进了城市扩张的进程，其中包括建造具有墨索里尼式城市规划特征的纪念性建筑群，以法西斯主义建筑美学语言，强调了沉重的纪念意义和对称感。1962 年版《城市总体规划》继续推动城市沿着放射状道路扩张。

埃斯奎利诺位于罗马奥勒良城墙（Aurelian）东南延伸处，一直扩展到马焦雷门（Porta Maggiore）。在城市群的西部，旧的城市结构被整合到新的城市布局中。在北部，埃斯奎利诺与巨大的罗马特米尼车站（Stazione Termini）接壤。

城市：罗马遗迹，引水渠

城市：罗马遗迹，万神庙，公元 125 年

罗马城墙：阿德提纳门

城市：帕欧拉喷泉

埃斯奎利诺：曼弗雷多·范蒂广场上的罗马水族馆

埃斯奎利诺：维托里奥·伊曼纽尔二世广场的中央街区

埃斯奎利诺：主轴线和原来的小路

埃斯奎利诺：维托里奥·埃马努埃莱二世广场的罗马遗迹

城市布局

埃斯奎利诺的城市布局源于古老的教皇轴线——斯特拉达·菲利斯街，这条中央轴线贯穿城市与其他街道呈直角相交。六层的城市住宅围合而成的封闭式街区，以及街区之间的城市公园，构成了埃斯奎利诺主要的城市形态。在埃斯奎利诺位于中心轴的同一方向，修建了特米尼车站。这个繁忙的车站，极大地促进了该地区活力和城市发展。站前广场紧邻埃斯奎利诺人流和车流最集中的区域。奥勒良城墙旁边的区域都比较安静，城市功能相对单一。

维托里奥·埃马努埃莱二世广场（Piazza Vittorio Emanuele II）是该地区的中心。这片广阔的绿地曾被市场摊位和售货亭所环绕。在 2006 年大刀阔斧的更新建设后转变为多功能公园，在保留个别售货亭的同时

引入了包括音乐、露天电影等多种公共活动，马利陵墓等罗马遗迹也融入了城市绿地之中。周围拱廊街区的底层可继续进行商业活动。

在西南侧的对角线是梅鲁拉娜街（Via Merulana），这里是梵蒂冈通往位于拉特拉诺的圣乔瓦尼教堂轴线。梅鲁拉娜街是一条充满活力的街道，遍布商店和餐馆。街道的一端是带有方尖碑的圣玛丽亚广场，另一端是拉特拉诺的圣乔瓦尼广场，也有相对应的一座方尖碑。在 19 世纪末埃斯奎利诺区建立时，这个地方是人口密集的城区与城市开放空间的边界。北面是奥勒良城墙附近的豪华庄园。随着城市的急剧扩展，这些庄园很快被城市化浪潮吞没，并被繁华的特米尼车站及其周边其他城市功能所填充。

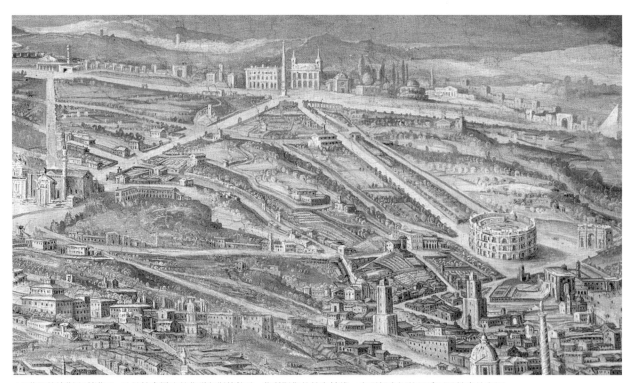

16 世纪的埃斯奎利诺区：圣母教堂周边的街道与斯特拉达·菲利斯街的教皇轴线，在顶部中间的圣乔瓦尼教堂处交汇

1850 年埃斯奎利诺的乡村，白色区域是 1883 年的规划方案

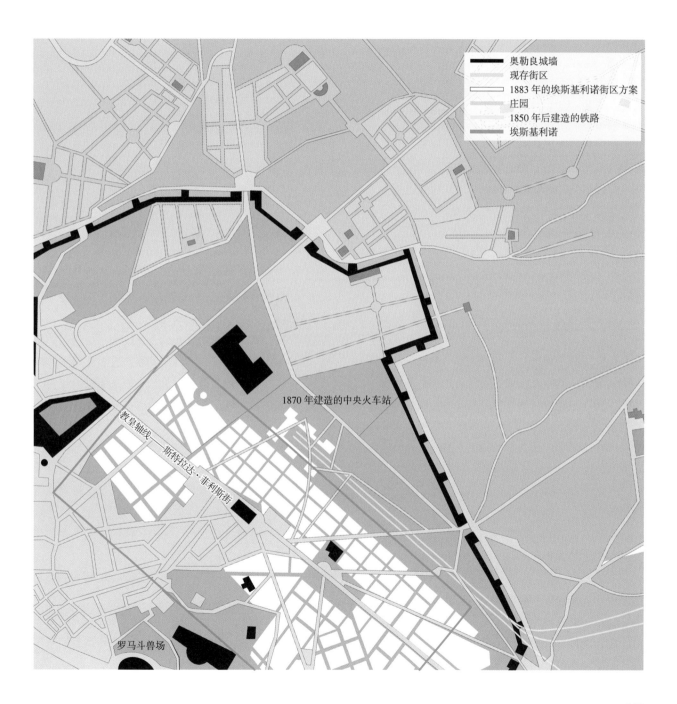

奥勒良城墙
现存街区
1883 年的埃斯基利诺街区方案
庄园
1850 年后建造的铁路
埃斯基利诺

1870 年建造的中央火车站

教皇轴线——斯特拉达·菲利斯街

罗马斗兽场

城市形态

城市规划

　　埃斯奎利诺是 1883 年总体规划中罗马扩建计划的重要组成部分，也是 19 世纪城市扩张洪流中的典型案例。罗马逐步突破城墙限制向外扩张，并最终成为大城市，这是一部气势恢宏的城市发展史。大型基础设施得到加强，铺设铁路与建造特米尼车站满足了随后工业发展的需要。罗马的快速发展，得益于意大利统一运动中迸发的民众热情，以及首都地位重新恢复激发的民族自豪感。

　　自 1084 年罗马被蛮族洗劫以来，八百年间城墙内有大量的城市空地。这为大面积新街区建设创造了有利条件，同时不必拆除现存建筑物。在埃斯奎利诺的大规模建设活动中，特别是通过现代铁路基础设施的建造，埃斯奎利诺与现存的文艺复兴时期教皇轴线周边建筑，实现了城市空间尺度和国家精神层面的深度融合。在这两个系统共同作用下，埃斯奎利诺成为展示罗马城市建设成就，重塑国家自信心的窗口。

埃斯奎利诺

　　埃斯奎利诺现存的轴线是教皇轴线——斯特拉达·菲利斯街。这条轴线北起西班牙台阶，南到耶路撒冷圣十字圣殿，多条斜向对角线街道与轴线汇合。和 16 世纪埃斯奎利诺旧轴线的终点圣乔瓦尼教堂一样，耶路撒冷圣十字圣殿也是具有强烈的视觉冲击力和艺术感染力的地标性建筑。而新建的伊曼纽尔·菲利伯托街（Via Emanuele Filiberto）作为次级轴线，缺少轴线

上形成视觉焦点的重要建筑。但这个轴线将埃斯奎利诺和城墙外侧的罗马广场串联起来，从而与阿皮亚·诺瓦大道（Via Appia Nuova）的连接。维托里奥·埃马努埃莱二世广场位于该区域的核心地带。为保证城区正交布局，在这个广场上，有几条路线被中断了，例如奥勒良城墙外通往圣洛伦佐（San Lorenzo）的旧路。

融入城市景观

　　与埃斯奎利诺临近的旧城区，有大量不同时期罗马城市遗迹，在埃斯奎利诺建设过程中，将历史文化遗产保护与城市特色塑造相结合，实现了融合保护与合理利用的良性循环，最终达到城市有机更新。古罗马和文艺复兴时期遗留了大量令人印象深刻的建筑遗产，例如罗马浴场和罗马引水渠等。建筑规模的差异是采取融入策略的原因，但这些建筑遗迹带来了城市空间问题。例如罗马斗兽场周边不规则老城区，也需要用融合的方式化解。因此在埃斯奎利诺规划中，采用严格的直线型网格布局原则。不仅在圣母教堂周边采用对称布局，同时也将该区域四座大教堂，以及维托里奥·埃马努埃莱二世广场公园里的古罗马遗迹都融入了整个城市体系中。

　　不规则的旧城市结构和建筑遗迹，在融入埃斯奎利诺直线型城市系统过程中产生的扭曲与变形，导致了城市秩序在混乱和有序的变化中和谐共处。这是古罗马城市的典型特征，数量庞大的历史遗迹和文艺复兴时期、巴洛克式以及 19 世纪新建筑交织冲突并融为一体。

维托里奥·埃马努埃莱二世广场附近的街角

沿着维托里奥·埃马努埃莱二世广场的拱廊

古罗马的形式

注释2 》 为彰显罗马宏伟的历史，在扩建计划中，必须遵循罗马的某些形式，以实现传统罗马文化的延续。文艺复兴时期的波波洛广场周边，三条纵向伸展的街区是扩建区域与原有城市体系融合的重要策略。

埃斯奎利诺扩建中沿用了这种策略并体现在古典城镇规划、街区结构和古典建筑韵律感等方面。埃斯奎利诺创造了以新古典主义建筑群为基础的街区结构。尽管与奥斯曼（Haussmann）的巴黎城市规划有明显相似之处，但埃斯奎利诺的规划，通常被视为典型的罗马模式。为证明与法国模式的不同，位于皮埃蒙特斯地区的都灵城市规划过程中沿用的巴洛克式拱廊，被确定为典型的罗马模式，并在埃斯奎利诺得到应用。维托里奥·埃马努埃莱二世广场是意大利重新独立和统一的纪念性广场，以意大利统一运动后首任国王的名字命名。

修建中央广场通常被认为是英国模式，这种设计思路源于较早建立公民社会的英国。在英国伦敦和巴斯的案例中，中央广场拥有像公园一样的绿地。在埃斯奎利诺的中央广场也有绿地，广场边缘是市场。尽管周边郁郁葱葱，但通过恢复广场的传统集市功能，一种新的城市形态被精心打造出来。除了露天集市外，广场周围还有被拱廊环绕的商店。市场和拱廊营造了活跃的城市氛围，以适应欣欣向荣的意大利消费市场的发展。

街道和街区

街道的设计通过长视角实现了空间连续性，并通过城市街区的不断重复来强化空间感受。斜向对角线街道以两种方式在该区域进行整合，要么作为正交道路系统的斜向干道出现，要么沿城市方向进行方位变换。公园是通过拆除街区的方式进行建造。维托里奥·埃马努埃莱二世广场修建时拆除了六个街区，梵蒂广场（Piazza Fanti）和但丁广场（Piazza Dante），这两个小型广场仅需要拆除两个街区。街道的尺寸与其在道路系统的等级相对应，宽度从10米到24米不等。这些街区的平均尺寸约为80米×100米。目前临近较宽街道的建筑高度为六层。这使得街道宽度和高度比例约为1:1，考虑该区域道路系统的起源，这应该是相当现代的比例。

特米尼车站

罗马特米尼车站是由欧金尼奥·蒙托里（Eugenio Montuori）和莱奥·卡里尼（Leo Calini）等人在1950年设计的。这座绵延一公里的车站，就像一艘停泊在埃斯奎利诺的白色巨轮。在埃斯奎利诺街道任何位置都可以看到车站。拱形结构以及拱廊大厅沿着车站延伸，让人联想起古罗马引水渠。车站大厅是长条形的多功能大厅，内部有餐厅、商店和车站服务台等设施。车站北侧的双层大厅是车站的核心部位，大厅顶层是餐饮和零售商店，首层是正对主入口通道的车站大厅及附属办公室，人们通过入口大厅进入站台，从这里驶往意大利各地。入口大厅最引人注目的波浪形屋顶，延伸到大厅外侧，成为主入口广场的巨大遮阳篷。车站及其邻近地区是城市最繁华的地带，但是却没有像罗马其他地区那样汇集大量的游客。车站是融合了现代主义风格和古典主义风格的综合体，类似20世纪中期墨索里尼时代典型的白色大理石建筑。建筑设计师在车站设计时，将现代主义设计语言与古典纪念性建筑语言进行了巧妙结合。因此，特米尼车站可以与墨索里尼时期很多法西斯主义风格的建筑相提并论，例如位于罗马南部的E42-EUR城区。特米尼车站的设计可能受到了那里建筑的影响，或者说由于第二次世界大战后国际现代主义风格的兴起，建筑风格进行融合的同时，带有构成主义的设计思想。在20世纪50年代和60年代，建筑大师皮埃尔·奈尔维（Pier Luigi Nervi）非常专业地运用了这种设计手法。

特米尼车站的内部拱廊

特米尼车站的入口大厅

特米尼车站：鸟瞰图

埃斯奎利诺，特米尼和强化教皇轴线的方案，1881 年

特米尼中央火车站

圣母教堂

埃斯奎利诺

维托里奥·埃马努埃莱二世广场

教皇轴线——斯特拉达·菲利斯街

罗马遗迹

维托里奥·埃马努埃莱二世纪念碑

为维托里奥·埃马努埃莱二世建造纪念碑的拓展工程没有实施

维托里奥·埃马努埃莱二世广场，2006 年

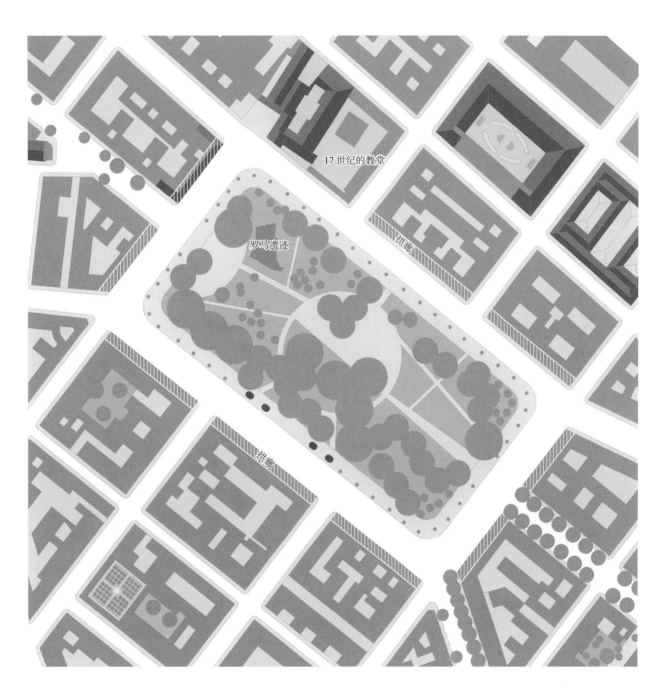

17 世纪的教堂

拱廊

罗马遗迹

拱廊

维托里奥·埃马努埃莱二世广场典型街区的立面图

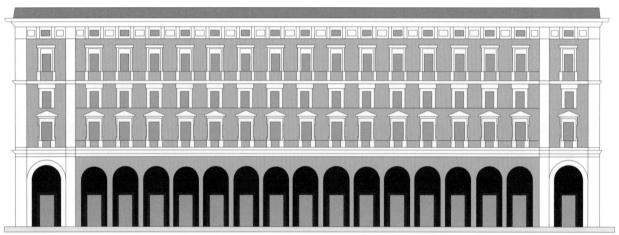

正立面图

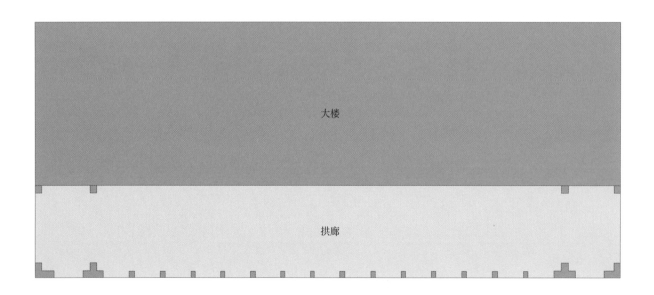

大楼

拱廊

维托里奥·埃马努埃莱二世广场中央街区的立面图

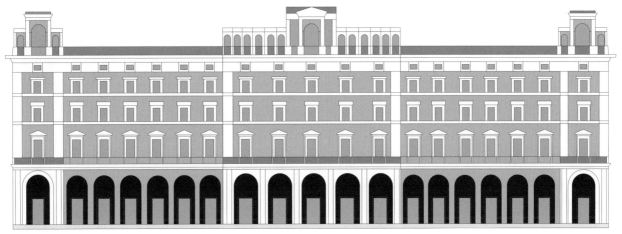

正立面图

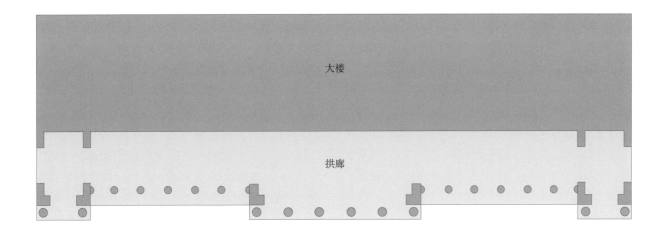

大楼

拱廊

城市街区和建筑

《罗马早晨》，1984年，画家约翰·托伦比克（John Torenbeek）

维托里奥·埃马努埃莱二世广场

埃斯奎利诺由空间秩序排列整齐的城市街区组成。环绕在维托里奥·埃马努埃莱二世广场周围的街区，都是带拱廊的两层建筑。其他街区没有拱廊。这些建筑采用新古典主义风格，建筑色彩柔和雅致，白色或灰色的装饰出现在窗户、拱廊、转角或屋顶等部位。在封闭的街区建筑密度较高，内部庭院满足了街区内部日照和自然通风要求。整个街区的建筑立面比例协调、精致典雅，在建造过程中遵循着相应的设计标准，在建筑底部、中部和顶部都能清晰地分辨。环绕广场的街区首层拱廊区是各种类型的商店，街区之间过渡自然，周边楼顶的檐口以及檐口上方的阁楼风格各异。

环绕在维托里奥·埃马努埃莱二世广场周围的街区，采用对称形式的布局，街角处进行了统一处理。街区立面有严格的空间序列，层次清晰。中心街区的设计具有宫殿式建筑特点。在广场两侧相对排列的中心街区，对称性通过中间附加部分以及对应的圆柱得到加强。突出的屋顶阁楼进一步强化了这种特点。通过这些建筑语言的表达，维托里奥·埃马努埃莱二世广场周围的街区，在埃斯奎利诺的中心位置以一种无可替代的方式表达出来。周边低矮的街区，对称分布在中央街区的两侧，建筑外观简约低调，遵循了街区内在秩序和规律。

街道

在周围的街道上，街区的构成并没有遵循连续或对称的原则。街区外立面由个性化设计的不同建筑组合而成，是较为随意搭配和排列的街区，但又通过类似的设计手法达到相互之间的协调统一。每座建筑的比例都是对称的。

埃斯奎利诺的建筑与维托里奥·埃马努埃莱二世广场拐角处的文艺复兴时期建造的教堂相关，拱廊的对称性、门窗设计和色彩表达都展示着这种关联性。整个区域的历史沿革和文化传统，通过这种关系进一步得到体现，突显了罗马城市空间形态的整体塑造过程。同时强调了罗马城市扩建作为意大利重新统一的象征意义，特别是罗马在千年历史长河中作为永恒之城的重要地位。

埃斯奎利诺的三个阶段

19 世纪中产阶级的住宅

19 世纪

在 19 世纪下半叶，亚平宁半岛诸国在社会和政治领域都受到了意大利统一运动的强烈影响。最初的都灵和后来的佛罗伦萨短暂地成为意大利被统一地区的临时首都，但在 1870 年罗马解放后，这座城市重新夺回了它在罗马帝国时期的地位。公民社会的巩固增强了这座城市的自信心。罗马市政府制定了一项计划，将恢复该城的首都地位转化为具有历史意义的行动。

埃斯奎利诺的建设过程可以看作是这一进程的体现，维托里奥·埃马努埃莱二世广场成为城市的焦点。维托里奥·埃马努埃莱二世是萨伏伊国王，他在都灵大本营策划了一场反对外国统治的运动，这场运动成为意大利统一运动的催化剂。随着意大利统一运动的成功，恢复首都地位的罗马在城市规划方面，遵循了 17 世纪和 18 世纪在萨伏伊王朝首都都灵制定的城市规划路线图。通过这种连贯的统一性，意大利根植于古罗马和文艺复兴的身份被确定。

扩建埃斯奎利诺的目的是容纳正在崛起的中产阶级、上层阶级和艺术家。在书中配图展示了从贵族到波希米亚知识分子，当时社会各界代表的形象。然而，在维托里奥·埃马努埃莱二世广场周围华丽的公寓和美妙的阁楼，并没有吸引到预期的贵族和其他杰出社会精英。埃斯奎利诺变得更加中产阶级化，这与广场周围的零售业有联系。

20 世纪

从 20 世纪初开始，埃斯奎利诺越来越成为被狭隘思想束缚的中产阶级居住地，人们倾向拥护被误导的道德观念和自尊感。从 1922 年起，法西斯主义运动开始了这场卑鄙的道德绑架运动。在卡洛·加达（Carlo Gadda）的小说《梅鲁拉纳大街上一场可怕的混乱》（*The Awful Mess on the Via Merulana*）中，通过对维托里奥·埃马努埃莱二世广场周边被狭隘的法西斯思想洗脑的民众的描述，勾勒出一种对"新道德"的讽刺画面：

注释3 》 *过去的美好时光已经过去。当时，整座城市和意大利的道德化，即更大程度对公民社会的压制，正在形成。你可能会说，事实上，它正在取得很大的进步。*

《梦想》，1896 年，画家维托里奥·考科斯（Vittorio Corcos）

《卡慕普特》（Compte）1897年，画家乔瓦尼·波尔迪尼（Giovanni Boldini）

《自画像》，1902 年，画家贾科莫·巴拉（Giacomo Balla）

《肖像画》，1903 年，画家贾科莫·巴拉（Giacomo Balla）

20 世纪 30 年代的汽车项目：每个家庭一台福特 "小老鼠"（Topo lino）

犯罪和暴力的故事永远抛弃了奥森的土地（Ausonian land），就像一场噩梦破灭。抢劫、刺杀、嫖娼、拉皮条、入室行窃、可卡因、硫酸、为毒死老鼠而买来的砷、堕胎、皮条客和赌徒、让女人为他们付酒钱的年轻人，奥森人的土地甚至不记得这些东西的意义。

第二次世界大战后意大利现代化进程加速，20 世纪 50 年修建的新火车站为罗马经济社会发展注入强大的推动力。与大多数西方城市一样，火车站附近也进入社会衰退和经济衰退的阶段。因此，埃斯奎利诺碰巧又一次成为社会抱负者的沃土，而这些人大多没有欧洲背景。在这里，印度和中国的店主们陈列着他们的商品，进口和销售他们当地的亚洲产品，开办异国风味的餐馆。到 20 世纪末，埃斯奎利诺已经成为欧洲大熔炉的一个成功的案例，在特米尼车站的周边。

现在的人们

无忧无虑的当地人

休憩的外来游客

成功的本地商人

职业乞讨者

21 世纪

在经历了很长一段时间的衰败之后，埃斯奎利诺被重新评估为城市更新重要区域。该区域的发展潜力以及在城市中的优势地位，使这里成为最具活力的城市地带，这种现象可以在繁忙的社会活动，和高质量的建筑项目和公园改造中看到。一方面，移民们在寻找他们的出路，在这一充满活力的地区寻找商业机会。另一方面，那些享受高端生活方式的人群在这片颇具魅力城区享受奢华。最典型的例子就是新建的超豪华的 ES 酒店（现为丽笙酒店）。这家酒店拥有完备的会议设施，距离中央车站仅一个街区。基地的罗马遗迹被整合进一个高架多层停车场中，华丽的酒店庭院成为内部公共广场。屋顶装修有非常豪华，餐厅、酒吧、健身中心一应俱全，还有一个巨大的露天游泳池，随时供人使用，从七楼的休息室可以俯瞰整个埃斯奎利诺。为了满足埃斯奎利诺地区相关规划设计规定，酒店的不同功能都被整合到这座建筑中。在 ES 酒店旁边的旧街区经过精心设计，打造成为一个有异国情调的市场和购物场所，创造出多元文化的社会氛围。

ES 酒店顶层休闲空间

19 世纪塞尔达网格体系包围的圳泰罗尼亚村庄

罗马斗兽场

维托里奥·埃马努埃莱二世广场

教皇铺线——斯特拉达·菲利斯街

圣母教堂

特米尼车站

五百人广场

4

埃斯奎利诺，罗马

5 波布雷诺，巴塞罗那

被 19 世纪塞尔达网格体系
包围的加泰罗尼亚村庄

城市融合

从城市规划的角度来看，巴塞罗那是以塞尔达网格（Cerdà grid）而闻名的。基于该网格所做的新城区规划项目主要集中在巴塞罗那埃伊桑普雷区（Eixample），这是 1859 年对历史悠久的巴塞罗那周边城市扩展计划的一部分。鲜为人知的事实是，在埃伊桑普雷区扩建过程中，也是通过塞尔达网格体系兼并周边村落并整合调整，使这些历史村落可以纳入巴塞罗那城市体系中。历史村落融入现代化城市结构中，必然会引起城市空间连贯性的冲突，但保留旧建筑的同时新旧体系相互作用，产生了特殊的混合特征。在整合的进程中，这些分散的小型历史村落，在超大尺度的网格体系中保留了自身的特色。

波布雷诺（Poblenou）是受到塞尔达网格影响最大的村落。曾经的乡村遗迹在巨大的城市扩张活动中，保持了原有的直线型结构和一定的社会连贯性。在过去的 150 年里，这个村庄以及以前的纺织厂，一直被散布在广阔的埃伊桑普雷区的工业厂房所包围。

20 世纪末，旧村落和围绕在其周边充满活力的工业区之间的对立，成为激进的城市复兴运动的起点。该进程是在"22@ 计划"指导下进行的，这个计划旨在改善该区域混乱不堪的现状，通过重新调整和建设，以达到满足目前城市功能的需求。波布雷诺的改造成为这段城市化进程中不可或缺的组成部分。

《波布雷诺纺织工厂劳动的女孩》，1882 年，画家琼·普拉内拉（Joan Planella）

巴塞罗那平原

1850 年左右，在巴塞罗那周边的平原上，在当时火炮射程范围之外的区域，逐渐形成了一些村庄。根据 1855 年的地图显示，在当时蓬勃发展的巴塞罗那周边，距离城市 1500 米是可以开展大规模建设的界限。这个距离也是当时火炮的最远射程，当时仅有很少的小型建筑在这个范围内保留下来。在 18 世纪的港口城市巴塞罗那郊外，有限的建筑数量和高度确保了不会被邻近城堡火炮误伤。可以说，波布雷诺所在位置，是由位于城市北侧的城堡以及邻近城堡的射击半径确定的。

在巴塞罗那的另一边，在蒙特惠奇山（Muntanya de Montjuïc）上的堡垒像哨兵一样矗立在山顶，俯瞰着大海、平原和坚固的城市。这里居高临下的地理优势，不仅可以击退入侵的敌人，也可以震慑整座城市镇压民众运动。曾经发生的几次抗争运动，都遭到了堡垒炮火的轰炸。

随着 19 世纪下半叶城市急剧膨胀，村庄、老旧的道路和铁路都被纳入塞尔达网格规划中。1850 年，这些村庄仍然是独立区域，但到 1897 年已经完全并入了巴塞罗那。

西面的格拉西亚区（Gràcia）曾是巴塞罗那周边最著名的村庄。由于村庄规模和功能，以及连接村庄与巴塞罗那市中心的格拉西亚大道（Passeig de Gràcia）的重要纽带关系，因此格拉西亚区被设计为早期的花园城市坐落在城市西侧的坡地上。格拉西亚大道原本作为具有历史意义的巴塞罗那矩形住宅街区的延伸轴线，在城墙范围内设计了许多广场和公园。然而，这个计划并没有实施，城墙也全部被夷为平地。

注释 1》 波布雷诺最初是普罗旺斯圣马蒂（Sant Martí de Provençals）市下属的村庄，1897 年该市并入了巴

《蒙特惠奇山上的堡垒俯瞰着大海》，1871 年，画家阿喀琉斯·巴蒂斯图齐（Achille Battistuzzi）

塞罗那。该地区位于古老的贝索斯河（Besos）三角洲，一片沿海泄湖开垦的土地上。

1850 年，在埃伊桑普雷区规划建设之前，波布雷诺大部分街道已成形。卡勒·佩雷四世大道（Carrer Pere IV），这条曾通往法国方向的道路，已经在网格规划中，整合为对角线方向的交通要道。现在的卡勒·佩雷四世大道和伊卡利亚岛大街（Avinguda D´icaria）是通往巴塞罗那的主要道路。玛利亚·阿吉洛街（Carrer de Marià Aguiló）曾是该村庄以前的主干道，并入埃伊桑普雷区后，作为从埃克劳特区（El Clot）通往海滨和旧铁路的道路体系的组成部分。较小尺度的道路之间相互交错，虽然很多道路偏离了严格的正交网格，但这有利于波布雷诺内部空间结构的适应性调整。

注释 2 ▶ 巴塞罗那的现代工业是从波布雷诺起步，当

年充分利用了当地丰富的地下水资源，以及与港口之间的便捷交通。港口是进口原材料和煤炭，出口工业产品运往国外的重要枢纽。波布雷诺的工业化进程始于该地区纺织工业的建立，最初是漂白、印染和初加工等环节，随着蒸汽动力时代的到来，纺纱厂和织布厂鳞次栉比。在 20 世纪中叶中期，以电力为动力的金属行业成为该地区的主要产业。

在 1888 年，圣马蒂区域（Sant Martí）已经有 200 多家工厂，主要在克劳特村（Clot）和波布雷诺村。从 1859 年开始，在历史悠久的巴塞罗那和波布雷诺之间建造了大面积的工业区。

为筹备 1992 年奥运会进行大规模基础设施建设前，由于铁路和高速公路的阻隔，波布雷诺地区仍然远离市中心和大海。这些客观存在的空间阻隔以及当地居民的保守态度，使该地区的特色保留至今。

巴塞罗那及村庄，1855 年

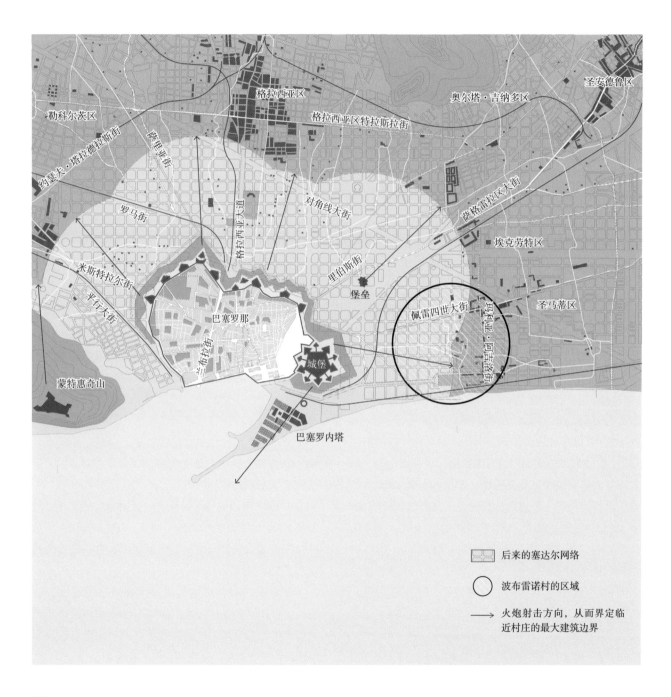

勒科尔茨区

格拉西亚区

奥尔塔·吉纳多区

圣安德鲁区

格拉西亚区特拉斯拉街

约瑟夫·塔拉德拉斯街

陆里亚街

罗马街

格拉西亚大道

对角线大街

萨格雷拉区大街

埃克劳特区

米斯特拉尔街

里伯斯街

平行大街

堡垒

圣马蒂区

巴塞罗那

佩雷四世大街

玛利亚·阿吉洛街

兰布拉街

城堡

蒙特惠奇山

巴塞罗内塔

后来的塞达尔网络

波布雷诺村的区域

火炮射击方向，从而界定临近村庄的最大建筑边界

巴塞罗那，2006 年

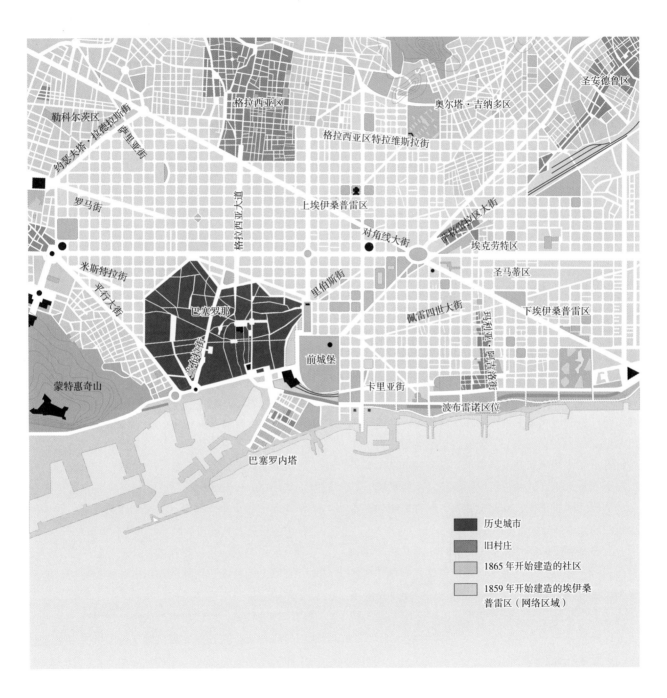

勒科尔茨区

格拉西亚区

奥尔塔·吉纳多区

圣安德鲁区

约恩夫塔·拉德拉斯街

韦里亚街

格拉西亚区特拉维斯拉街

罗马街

上埃伊桑普雷区

萨格雷拉区大街

米斯特拉街

对角线大街

埃克劳特区

平行大街

里伯斯街

圣马蒂区

巴塞罗那

玛利亚·阿吉洛街

下埃伊桑普雷区

蒙特惠奇山

格拉西亚大道

前城堡

佩雷四世大街

卡里亚街

波布雷诺区位

巴塞罗内塔

历史城市

旧村庄

1865 年开始建造的社区

1859 年开始建造的埃伊桑普雷区（网络区域）

5

波布雷诺，巴塞罗那

埃伊桑普雷和周边村庄

夜晚的巴特略之家（Casa Batlló）诡异的外墙

城市组成

注释3 》随着 1859 年创建埃伊桑普雷区，确定了整个巴塞罗那平原的规划格局。虽然中心城市周围的村庄被包含在城市规划蓝图中，但直到 19 世纪末，这些村庄仍然是独立运行的部分，这得益于独立运作的行政系统。这些远离塞尔达网格系统的部分，可以作为巴塞罗那周边的扩展中心，开展各自的建设过程。这些部分受到本地区自身发展需求，以及城市总体扩展战略的双重影响，这和位于埃伊桑普雷网格系统核心的发展模式非常不同，由此也激发了所有规模和重要性相似的城市部分的发展壮大。

在巴塞罗那的网格体系中，各区域遵循城市规划总体目标，积极推动巴塞罗那城市现代化进程。在融合与发展并重的思路指导下，将包括铁路和乡村道路在内的老旧设施进行整合，产生了五种不同类型的城市组成部分：

· 巴塞罗那老城；

· 上埃伊桑普雷区；

· 下埃伊桑普雷区；

· 老村落；

· 1865 年以来老村落的扩建。

每个组成部分都有不同的表达方式和建筑规模。在随后的部分将展示五种不同尺度下埃伊桑普雷的街区案例。这些案例是 19 世纪末至 20 世纪上半叶的历史街区。

历史悠久的巴塞罗那老城以及 1753 年规划的巴塞罗内塔（Barceloneta）不在讨论范围，因为这里的城市结构属于完全不同的设计类型和建造时期。在埃伊桑普雷的村庄及其周边区域，成为带状郊区的一部分，其自身形态与网格系统相匹配，并延伸至平原周边坡地。平原上的村庄，例如波布雷诺和埃克劳特，或多或少地融入了正交网格结构，从而兼具了固有和全新城市结构的特征。以波布雷诺为例，这里有三条网格线在村庄相交，同时也导致其他三条网格线与交叉点产生冲突。

城市：圣帕劳医院

波布雷诺典型住宅

街区和街道

虽然埃伊桑普雷区原来村庄内部布局与后期叠加的塞尔达网格系统存在一些偏差，但该区域已经成为将历史遗产和城市新元素，整合为新的复合系统的新城区。埃伊桑普雷的网格系统，和美国城市那种简单同时又严格的网络规划体系不同。美国的网格系统更像是一种抽象的组织模式，另一方面，巴塞罗那当地的历史文物的保存和整合难度比美国城市要大得多。此外，巴塞罗那的网格系统是以正方形街区为基础的，而大多数美国城市的网格系统是基于长方形街区。在巴塞罗那历史悠久老城区兰布拉大街（La Rambla）北侧，街道的宽度和街区的规模有限。兰布拉大街南侧的拉巴尔区（Raval）以及原来村庄所在地的街区规模较大。村庄周边的街区进深，甚至可以达到70米。在塞尔达网格系统中，埃伊桑普雷区的主干道两侧，城市规模是由街道长度决定的。不断重复的基本尺寸为113米×113米的街区模块，以及长度高达10公里的对角线大道，共同塑造了这片区域。街道宽度反映了其在城市道路体系中的级别。在网格系统中普通街道宽度为20米，但主干道的宽度最高可达90米。在原来村庄的街道宽度通常为5-7米，郊区街道大多比较宽阔。原来村庄内部和郊区的街道长度相当，平均长度为1公里。所有级别的道路均基于正交道路体系，大部分由现有的道路和铁路线演变而来，其中一些道路呈斜向对角相交。在巴塞罗那最古老的部分，正交网格结构可以追溯到古罗马城镇遗留下来的城市结构。塞尔达网格系统内普通建筑为6层，沿着主要街道和对角线大道可达9层，在街道交汇处的建筑高度甚至达到14层。而在原来村庄最低级别的街道，周边建筑通常只有两三层。位于下埃伊桑普雷的工业园区的建筑高度变化最大，许多不同的建筑类型混杂在一起，形成了一副有趣的、变化丰富的城市拼图。

COLISEUM

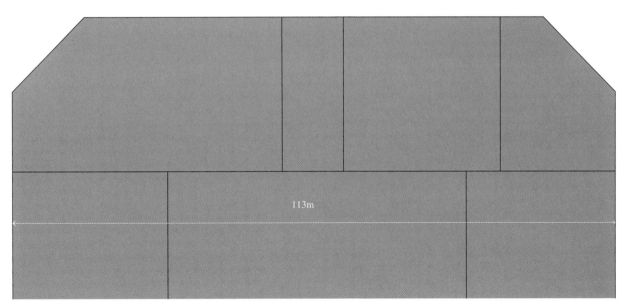

113m

建筑占地面积

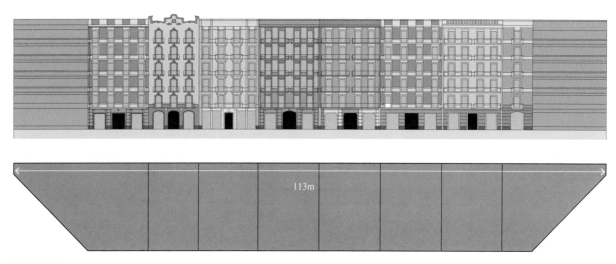

113m

建筑占地面积

下埃伊桑普雷区工业区（波布雷诺）——卡勒·鲁尔街

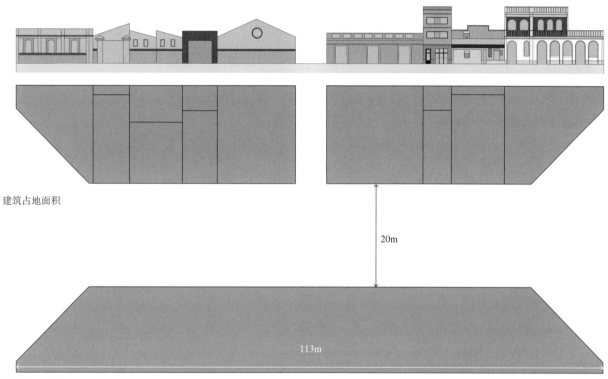

建筑占地面积

20m

建筑占地面积

113m

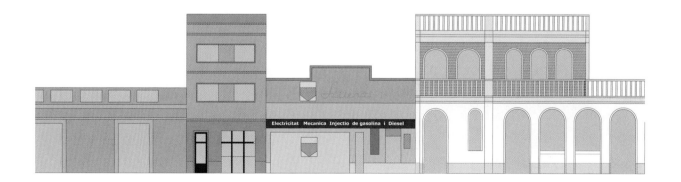

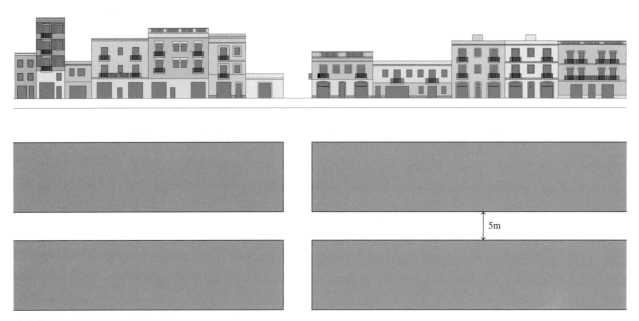

5m

建筑占地面积

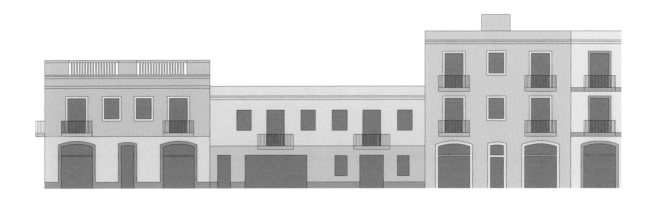

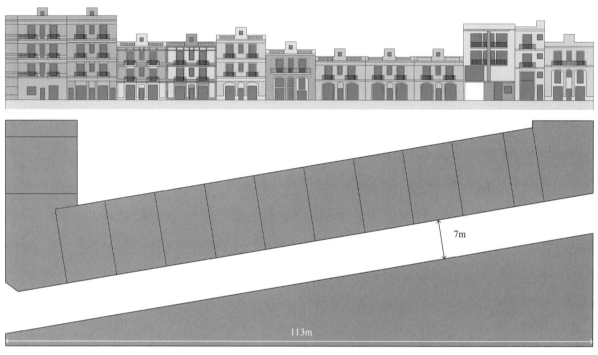

7m

113m

建筑占地面积

波布雷诺的区位

位于网格街道一侧的波布雷诺特色两层住宅

下埃伊桑普雷和对角线大道

　　20世纪的下埃伊桑普雷工业发展迅速，导致出现了很多杂乱无序的城市乱象，甚至连重要的对角线大道也不能幸免。穿越该地区的对角线大道有好几处被建筑覆盖，不同街区因此连成一片。在20世纪末这种现象得到了根治，所有交通要道上的违章建筑都被拆除，阻塞对角线大道的现象不复存在，网格化街道体系重新得到恢复。此前被阻断的通往海滨港口的对角线大道重新打通。在那里成片的建筑拔地而起，带动了这片长期被忽视地区的经济复兴。在这里最瞩目的建筑项目是深蓝色的三角形造型的巴塞罗那论坛大楼（Edifici Forum）。这个地标性建筑的造型由三条主要的城市道路所决定：对角线大道、兰布拉·德·普里姆街（Rambla de Prim）和朗达·德尔·里托拉尔街（Ronda del Litoral）。沿着对角线大道开展的翻修工作正在进行，以实现对角线大街作为城市主轴线的目标，完成塞尔达网格规划150年来的宏伟蓝图。

　　在限制大规模基础设施建设的政策下，解放城市"错误一侧"地区的指导思想，推动了一场更加深刻的城市更新运动。在这个过程中，埃伊桑普雷仍然是城市更新的主要区域。许多街区组合的实验正在探索中，但都是在埃伊桑普雷整个城市规划的框架内进行的。

此外，一些街区也被拆除，以腾出空间建造新的公园。

波布雷诺和混乱的工业区

波布雷诺原来村庄的基本结构，或多或少地保留着20世纪工业建筑的遗迹。波布雷诺已经摆脱了被沿海公路和铁路等大型基础设施环绕的状况。该地区朝向巴塞罗那中心和海滨港口开放，展示了其作为相对独立城区承载21世纪新功能的潜力，从而使巴塞罗那一跃成为欧洲大都市的佼佼者。在文化、娱乐、数字化以及住宅发展等方面，这里遵循着以现代城市规划取代传统工业结构的战略。波布雷诺老村庄是唯一一块在大规模城市化进程中，未受干扰保留下来的城市遗产。网格系统这里有三处与主要道路玛利亚·阿吉洛街相交。贯穿直线网格的街道时而变窄时而拓宽，展现了波布雷诺面对城市变迁的适应性调整。海滨区域的建设几乎完成，从奥林匹克新海港（Olimpic）到圣阿德里亚埃斯波提乌港（Esportiu de Sant Adrià），沿着海滨铺设了一条林荫大道，周边有许多新建的海滨公园。波布雷诺以往的海滨区域已经向北延伸，并建起了白色的高层建筑，更多的住宅取代了工业区。在波布雷诺的北侧区域，以往工业区的痕迹已荡然无存。南侧区域目前正在以创新的方式吸收和发展工业遗产。波布雷诺南边的阿维古达·伊卡里亚街（Avinguda D'Ícària）和1850年一样，位于海边的老墓地仍然是这条街的终点。卡勒·佩雷四世大道的位置没有改变，依然穿越摇摇欲坠的遍布工业遗迹的网格街区。

在下埃伊桑普雷的扩展进程中，在波布雷诺出现了一条和兰布拉大道重名的街道：波布雷诺·兰布拉街（Rambla del Poblenou），这条街位于波布雷诺主干道的南面，是塞尔达网格系统上的街道。这条街的中轴线上的长廊非常热闹，每逢周末和节假日，长廊上总是挤满了人，充满了生活气息。波布雷诺老的主街仍然是一条面向海滨，安静的老式购物街。在海边，这条街延伸出一条通往地中海的长廊。整个地区到处都是熙熙攘攘的建筑活动，有公共的，也有私人的。一项旨在改善公共空间的重要计划正在进行中，公园也在翻新改造中，整个地区的街道都是公共设施提升计划的一部分，将会按照最高标准贯彻执行。

在这片区域充满活力的公共和私人建造活动，就像费德里科·费里尼（Federico Fellini）拍摄的一部超现实主义的电影作品，在看似没有导向性的铺陈中，似乎是为了证明在混乱的工业发展史与网格系统交织过程中，置入波布雷诺以后迸发的城市潜力，营造出激动人心且极具创造性的城市探索氛围。

变迁中的波布雷诺：2006 年的情况

图例：

下埃伊桑普雷区：新建筑 22@ 区

下埃伊桑普雷未建造地段

沿着对角线和海滨的新街区

老村庄波布雷诺

下埃伊桑普雷住宅区

下埃伊桑普雷工业区

地图标注：
对角线大街
佩雷四世街
帕拉尔斯街
普亚兹街
德鲁尔街
拉蒙·特罗街
特鲁塔医生街
伊卡里亚大道
东部公墓
老波布雷诺村庄街：玛利亚·阿吉洛街
波布雷诺
毕尔巴鄂街
波布雷诺街
列阳特街
特内里云布拉街
约瑟夫·特鲁塔花园
巴德罗达街
甘地花园
佩莱尔街
B-10 高速公路
波布雷诺
B-10 高速公路
波布雷诺公园

街区

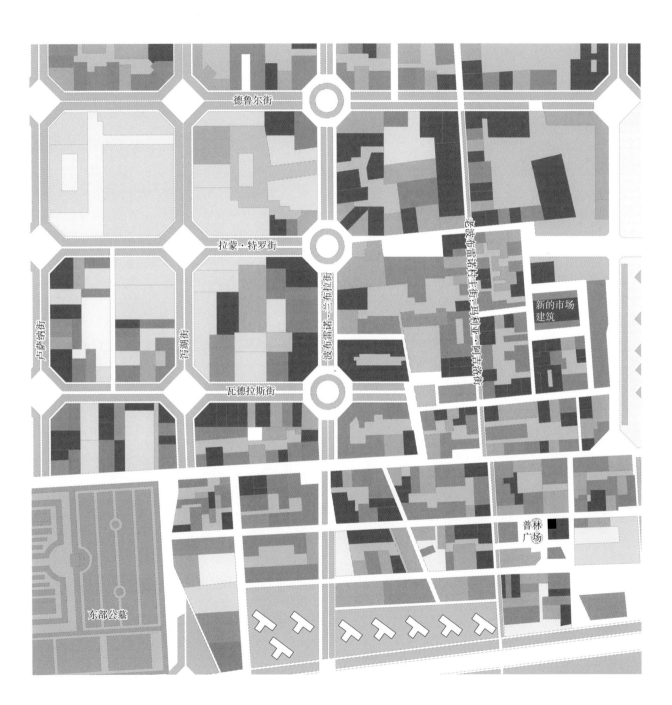

德鲁尔街

拉蒙·特罗街

瓦德拉斯街

卢萨纳街

污湖街

波布雷诺·兰布拉街

老波布雷诺村主街:五和亚·阿吉莱街

新的市场
建筑

普林
广场

东部公墓

形态学

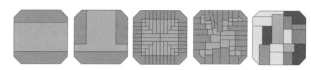

埃伊桑普雷的城市街区变化：从最初规划的花园演变成波布雷诺最紧凑的城市街区——下埃伊桑普雷区

今天的波布雷诺是三个部分的混合体：古老的村庄，摇摇欲坠的工业遗产和充满活力的海滨区域。随着沿海公路改由隧道通行以及沿海铁路的拆除，内陆部分重新与海滨结合起来。延伸到海滩的街道将波布雷诺与海滨连接起来。

将旧村庄融入网格系统中，造成了城市结构连贯性的冲突。两种系统特性交织在一起，导致旧村庄的割裂以及网格扩展产生的扭曲变形。两种系统的规模差距如此之大，以至于系统之间戏剧性的相互作用，产生了特殊的、混合的特征，既有棋盘格布局的整体比例，同时又有良好的村庄布局特点。在某些地方，这两种城市结构之间存在着尖锐的冲突。最显著的例子是靠近玛里亚·阿吉洛街交叉路口的拉蒙·特罗街（Carrer de Ramon Turró），不同宽度、走向和特点的两种街道连通，但每条街道的规模和建筑朝向各不相同。一座昔日乡村旧宅遗址，孤零零地屹立在那里，在这条 20 米宽的网格街道上显得有些不协调。

瓦德拉斯街（Carrer de Wad Ras）被旧村庄的乡间小道所阻挡，街道方向发生转变。德鲁尔街（Carrer de Llull）、普亚兹街（Carrer de Pujades）和帕拉尔斯街（Carrer de Pallars）比较成功地穿越了这些遗留下来的乡村街道。随着时间的推移，对网格系统的一些干扰正在逐步减弱，旧村庄结构的缺点得到纠正。

在波布雷诺的网格系统中呈现了两种不同的建筑形态。位于北侧此前的工业区，已经变成单调乏味的普通住宅区，20 世纪 80 年代沉闷呆板的建筑风格，在这些 6 层楼高的城市街区展露无遗。乏善可陈的场地条件无法创造引人入胜的城市氛围。在海滨区域却是另一番景象，白色高层多功能综合体，极富设计感和时代特征，站在楼上可以俯瞰壮观的大海、美丽的城市和历史底蕴深厚的遗迹。这里是对角线大道的尽端，从奥林匹克新海港到圣阿德里亚埃斯波提乌港，沿途靓丽的风景都汇聚于此。沿着对角线大道的大型建设项目已经完成，成为下埃伊桑普雷区复兴的驱动力。在波布雷诺地势较高的位置，是一片视野开阔、静谧安详的城市公园。阿维古达·伊卡里亚街尽头坐落着东部墓地（Cementiri de l'Est），那里是为往生者建造的庄严肃穆的花园。

22@ 计划

随着"22@ 计划"规划战略的实施，最具挑战性的城市规划行动已经开始实施。通过对陈旧且混乱不堪的工业遗产保护，寓于适当的再利用中，引导再利用的多样化，同时向创意产业的城市新区转型。这是城市工业区更新再利用，使其成为充满活力的文化和数字新生活的现代地区，在这一点上可与世界上其他案例相媲美。最著名例子是纽约曼哈顿中心改造，特别是东村（East Village）和翠贝卡（Tribeca），曾经的工业区已经完全成为纽约流行艺术的发源地。

地方自治与民族分裂

往昔岁月

注释 4 》 "朱利安（Julian）从未到过对角线大道的另一侧。等待城市扩张的那一排小树林、空地和宫殿都是被禁止的边界。小村庄、丘陵和神秘的地方，据传都蕴藏着超乎想象的财富。当他经过时，阿尔达亚（Aldaya）和朱利安谈了谈圣·加布里埃尔（San Gabriel）的事，谈了谈朱利安从未谋面的新朋友，谈了谈他认为不可能的未来。"

　　这段话摘自《风的影子》（Shadow of the Wind）中描述 1914 年的一幕场景。在这本书中唐·里卡多·阿尔达亚（Don Ricardo Aldaya）经营的纺织帝国，业务遍布整个加泰罗尼亚地区。如上文所述，圣马蒂与邻近的波布雷诺，是当时巴塞罗那平原的工业中心，这里蕴含着丰富的水力资源。当时对角线大道是一道无法逾越的阶级鸿沟，唐·里卡多·阿尔达亚在上埃伊桑普雷区拥有豪华的住宅，而朱利安，这位来自拉巴尔区的店主的儿子，是中下层阶级的代表。他们分别居住在对角线大道两侧。事实上，社会阶层的边界是加泰罗尼亚议会大道（Gran Via de les Corts Catalanes），下埃伊桑普雷区的工业发展催生了当时尖锐的阶级对立。

波布雷诺村：主街上的商店

埃伊桑普雷：街角建筑（左）和一座旧工厂（右）

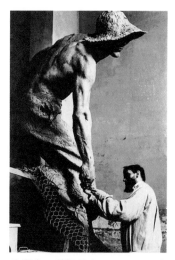

《四只猫咖啡馆》(Quatre Gats)
1897年，艺术家拉蒙·卡萨斯
(Ramon Casas)

阿尼斯·德茉侬（Anís del
Mono）的海报，1897年，
艺术家拉蒙·卡萨斯

约瑟夫·利姆纳（Joseph Llimona），
1904年，摄影师弗朗切斯科·塞拉
(Francesc Serra)

建筑师路易·多门内克·蒙塔内
(Lluís Domènech i Montaner)，1910
年，摄影师弗朗切斯科·塞拉

　　下面的引文，同样摘自《风的影子》，位于埃伊桑普雷两侧的活力，在对角线大道之外的场所展露无遗：

注释5〉 "唐·里卡多·阿尔达亚的豪宅于1925年被拆除，在今天布鲁赫街（Calle Bruch）和马洛卡街（Calle Mallorca）交叉路口的地方新建一座公寓楼。这座建筑由何塞普·普伊格·卡达法尔奇（Josep Puig I Gadafalch）设计，并于1896年由佩内洛普（Penelope）和乔治（Jorge）的祖父，西蒙·阿尔达亚（Simon Aldaya）委托建造，当时这个地区只有农田和灌溉渠道。"

　　当时工人们正跟随工业化的步伐，从历史名城（主要是拉瓦尔）迁移到波布雷诺。下面这段引文，向我们描述了当时社会底层民众普遍存在的贫困现象：

注释6〉 "在我像你这么大的时候，我有一个女朋友，她的名字叫特蕾西亚·波达斯（Theresia Boadas），在圣马蒂的一家纺织厂里缝围裙。特蕾西亚·波达斯的父亲是个哑巴，在伯恩市场（Borne）上有一辆运冰的推车。你无法想象那天我有多害怕，我向他女儿求婚，他花了五分钟盯着我，手里拿着冰锥，没有任何明显的表示。当特蕾西亚·波达斯生病时，我花了已经攒两年钱给她买结婚戒指。她告诉我，她在车间里遇到的事情。六个月后，她死于肺结核。我还记得我们在波布雷诺的普韦布洛·努埃沃（Pueblo Nuevo）公墓埋葬她的那天，那个哑巴是如何哭泣的。我说的是55年前，想象一下！但如果我必须坦白，我每天都会想起她，想起我们曾经一起在1888年世博会（Universal Exhibition）旧址（今休达德拉公园）散步的场景。"

波布雷诺公墓

争取独立的斗争

　　巴塞罗那的社会生活是由加泰罗尼亚人在西班牙联盟内争取独立的持续抗争所塑造的。加泰罗尼亚自治运动是与中央政府进行长期的斗争。在 19 世纪中期，政府军试图镇压独立斗争，这座城市遭到蒙特惠奇山上城堡的多次轰炸。1842 年，新共和党发表独立宣言 5 周后，这座城市遭到多轮轰炸。随着巴塞罗那作为一个不断扩张的商业大都市的成功，在工业革命期间，这个城市的自治得到了普遍认可。世纪之交，巴塞罗那的城市发展进程，被视作这种自信开放心态的直接结果。从 1936 年开始的西班牙内战，法西斯政府再次给这座城市带来可怕的镇压和杀戮。随着佛朗哥将军的死亡以及法西斯政府垮台，在很短时间内，这个国家迅速发展成为令人信服的民主国家。作为向民主成功过渡的一部分，加泰罗尼亚重新引入了加泰罗尼亚语，并重申了地区自治要求。加泰罗尼亚地区长期的经济增长和繁荣，进一步增强了巴塞罗那自由主义思潮，这种思想与欧洲崇尚的开放融合的观念非常契合。1992 年举办的奥运会上，巴塞罗那证明了其欧洲大都市的地位，这一成就推动了这座城市在文化创意和数字信息领域的进一步发展，并在当地创建了相应的国际组织。西班牙民主政治环境的确立，成为西班牙经济社会发展的基础。在波布雷诺的案例中，该地区实现了向休闲娱乐、文化创意、数字技术等，多功能混合区域的动态转变。随着"22@ 计划"的实施，波布雷诺开始向后工业时代的西方社会转型，在这一过程所涉及的领域更加多样化。

未来：22@ 计划

注释 7 》 20 世纪 90 年代末首次开展了《都市总体规划方案》研究工作，旨在确定以前工业用地的改造标准（22a 类）。该方案于 2000 年通过，随即在波布雷诺工业区开始实施。

依据该方案制定了"22@ 计划"，规定了将以前工业区转变为适合开展新型生产活动的标准和条件。转变的目标是在城市与住宅、生产与服务之间取得新平衡，围绕该地区的建筑遗产，将所有功能整合到混合结构中。针对波布雷诺的更新改造，是巴塞罗那北部从铁路交通线到兰布拉·普里姆（Rambla Prim）区域规划的一部分，其中也包括新的综合高速火车站和加泰罗尼亚荣耀广场（La Plaça de les Glories）。

"22@ 计划"是涵盖 115 个城市街区的法规文件。巴塞罗那市议会创建了 22@bcn S.A. 委员会，通过专业人士和技术手段监督和管理实施过程。该计划将大幅增加伊桑普雷的建筑面积，同时保持目前的城市结构不被破坏。该项目预计将使居民从 4000 户增加到 8500 户，同时增加约 300 公顷的工业用地，约 15 公顷基础设施用地，以及约 300 公顷新型经济活动用地。随着"22@ 计划"的实施，目前居住在用地性质为工业用地上的 4000 户居民住宅得到了官方认可。通过提高土地开发强度，增加地块容积率，争取再增加约 8 公顷的绿色空间。在总体规划的基础上，制定了修建性详细规划，确定了具体的改造步骤和形式，包括形态、类型和空间标准。修建性详细规划保护现有的社会经济结构，及相关的建筑类型，以便在新旧共存的过程中改善现有的城市空间。新的建筑类型，包括住宅、办公、酒店、服务

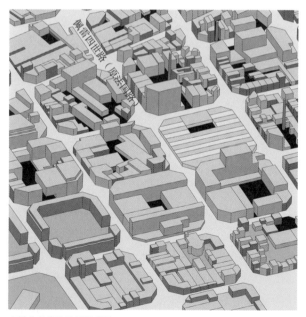

多样化的塞尔达网格模块

设施等多种功能的建筑综合体，将补充和强化现有城市结构，创造出功能混合和形态复杂的新建筑形式。《都市总体规划方案》是纲领性文件，所有的更新改造计划，都是在《特殊的内部改革计划》指导下进行的。

40%流转土地将由市议会直接开发。工作内容包括对地块上的建筑进行改造，以创造新的城市空间，或在新的业态方面发挥战略作用。此次开发活动是覆盖多个城市街区的大规模规划，这需要复杂的行政管理以及土地流转过程。公共领域的改造有六个方面，因为它们将对街区的改造与提升发挥重要作用。

剩下60%土地将由私营企业开发。基本的标准是规划的范围应包括整个街区，如果有街道贯穿，则应包括半个街区。允许街区相当比例的业主共同制定计划（整个街区比例是60%，半个街区比例是80%）。

本规划和规划预算包括以下部分：

> 集中式冷/热空调网络建设

> 更新和完善饮用水系统，充分利用现有地下水资源

> 街区内集中式垃圾处理

> 街区内垂直交通改造

> 街区内电讯和电力系统改造

> 市政综合管廊，空中或地下通廊建设

> 集中式智能交通系统管理，协调交通指示灯和可变信号

> 停车场系统由私营部门管理，为居民和雇员提供停车场，并为临时停车和访客停车提供更灵活的系统

注释 8 》 波布雷诺在埃伊桑普雷区纵向长度约8公里，相当于从蒙特惠奇山到贝索斯河的距离。虽然街区的布局相同，但波布雷诺的地面建筑，与典型的上埃伊桑普雷区建筑类型很大的不同。上埃伊桑普雷区的建筑高度均匀，沿街道整齐排列。在波布雷诺则是另一番景象，这里有丰富多样、千变万化的建筑形态。不仅有杂乱的大型工业厂房、单层至五层混凝土工业建筑，还有塔楼住宅和独栋住宅等多种建筑类型。不同的建筑空间容纳了不同的生产生活方式，如工业制造、仓储物流、住宅休憩以及服务娱乐等，体现了巴塞罗那发展与安居并重的策略。老式蒸汽机时代的厂房烟囱，和许多不同时期高品质的工业建筑遍布整个地区，这种多样性的城市景观展现了这座城市的与众不同。

巴塞罗那的下埃伊桑普雷区。波布雷诺区在左侧

阿格巴大厦

阿维拉街

阿维拉街

奥林匹克港口

5

6 现代社区，佩萨克

序列化的规划方法造就色
彩斑斓的现代化设计画卷

泰勒主义式建造

20世纪西方社会的工业化和民主化进程，深刻影响了生活的各个方面。在城市规划领域，反映为平等和开放的模式，与之前封闭和等级森严的模式截然相反。现代化生产原则的引入，特别是基于机械化生产的理念，导致了泰勒主义导向设计的产生。建筑整体形象变得技术化，建筑造型缺少变化。而在平面布局中，基地周边的情况被忽视，不考虑场地与当地历史和自然环境的关联性，导致了城市规划的问题不断出现。

佩萨克（Pessac）弗吕日现代社区（Quartiers Modernes Frugès）的规划建造，是基于勒·柯布西耶的城市规划思想，和现代建筑设计原理。在他对现代社区的构想中，序列化的设计方案，与色彩概念的平衡之间产生的对比，赋予了社区无与伦比的独特性。视觉上对立的体系，都有自己的规律性。两者的结合产生如同音律的切分效果。在弗吕日现代社区的建造中，勒·柯布西耶首次在城市尺度上将他的"新建筑五点"付诸实践。

弗吕日现代社区是功能主义城市规划的早期案例。虽然"生硬"的边界，对现代城市规划的自由设计原则产生限制，但勒·柯布西耶空间思想得到贯彻执行，也使这个规模适中的住宅区项目成为现代主义风格重要范例。因为在官僚主义和商业主义成为压制现代城市规划思想的主导因素之前，勒·柯布西耶纯粹的规划理念就已经被实践。

1926年，弗吕日现代社区竣工仪式

现代城镇规划

弗吕日现代社区是勒·柯布西耶于1924年设计的。该项目是现代城市规划和花园城市思想的早期展示舞台。要了解现代社区的形成，当地的场所环境并不是最核心的要素，场所只不过给现代城市建设思想的实践提供了外部环境。对规划的历史认识，必须基于城市规划的现代主义思想，以及无处不在的思想世界和社会及城乡生活的新模式。在勒·柯布西耶后期的城市构想中，这种模式被设定被象征为架空的城市，脱离地面的城市（在地面之上的城市），成为独立的居住层，实现功能分离的理念。

弗吕日现代社区设计，基于严谨的序列化和开放空间的现代理念。先进的建造方式，以及新型的住宅组织模式，与当时蓬勃发展的现代主义运动的精神一致。这种精神是理性的且可以无限扩展，同时乐观地面对有序增长，以及最大程度开放。弗吕日现代社区的设计具有鲜明的空间节奏感。颜色被应用于独立的空间系统，打破了建筑体块的连续重复。秩序化的社区系统，受到自由配色方案的挑战，从而削弱了呆板单调的社区形象。在弗吕日现代社区项目中，严谨的排列组合模式，与自由配色方案的相互补充，互相促进，使其成为现代规划和设计的一个重要案例。在该项目的设计中以人体尺度基础。与勒·柯布西耶后期的现代城市规划相比，没有那些超大尺度的规划方案，也没有那些超前的设计构思。从某种意义上说，弗吕日现代社区规划是属于乡村的，是将现代城市规划的开放性与传统郊区村庄的分散特征相结合的，预示着城市郊区发展新模式。

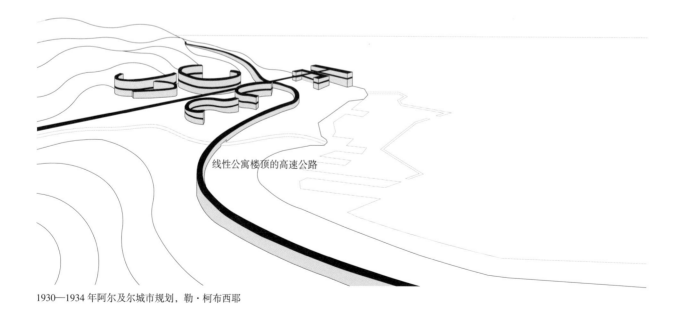

线性公寓楼顶的高速公路

1930—1934年阿尔及尔城市规划，勒·柯布西耶

纯粹主义

勒·柯布西耶的建筑和城市作品反映了他称之为纯粹主义的现代技术构想，其核心理念是塑造机器时代。

注释1 》 1920 年，勒·柯布西耶在《新精神》杂志上发表文章《纯粹主义》（1923 年出版成书《走向新建筑》），介绍了纯粹主义的机器美学思想。这篇文章阐述了设计理念的双重特点，他的很多作品都是围绕双重性展开的：一方面，通过经验主义的形式满足必要的功能需求；另一方面，对于抽象造型新柏拉图式的追求，其目的是摒弃个人情感，反对装饰。这篇文章以"工程师的美学与建筑"为题，以那个时代最先进的工程建设，如桥梁、工厂、轮船、汽车和飞机为例，作为最有力的实证范例。经过一段时间的思考，柯布西耶于 1922 年再次进行建筑实践。最早进行的一项工作是进一步研究合理住房的通用理念，尤其是多米诺住宅（Maisons Dom-ino）和雪铁龙住宅（Citrohan）两种建筑原型。

多米诺住宅原型显然可以从不同方面解读。一方面，它是一种造型简单易于生产的结构原型，就像多米诺骨牌一样标准化的房子，并拥有工业专利。这个文字游戏有一种无意识的双关语的意味，在一系列的多米诺住宅原型的独立柱，就像多米诺游戏过程中骨牌的排列方式。另一方面，平面图也像被推倒的骨牌，纵向连接对称布局的相同单元产生了一个巴洛克式的平面，进而唤起从傅立叶的集体居住区（Fourier's Phalanstère）到尤金·亨纳德的悬浮街道（Eugène Hénard's boulevard à Redans）的一系列联想。与此同时，他把多米诺住宅看作一件设备，它的形式和组装类似于一个典型的产品设计。在《走向新建筑》中柯布西耶写道："*如果我们从心中和头脑中清除了关于住宅的固定观念，从批判和客观的角度来看待这个问题，我们就会认识到住宅是工具，大批量生产的住宅是健康的和美丽的，同时陪伴我们生存的劳动工具是美丽的。*"

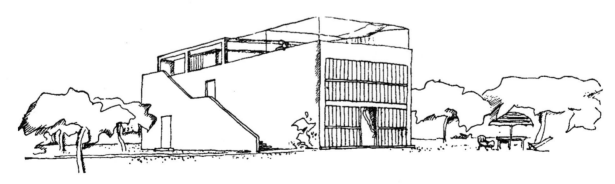

1920 年的雪铁龙住宅，弗吕日现代社区住宅原型，建筑师勒·柯布西耶

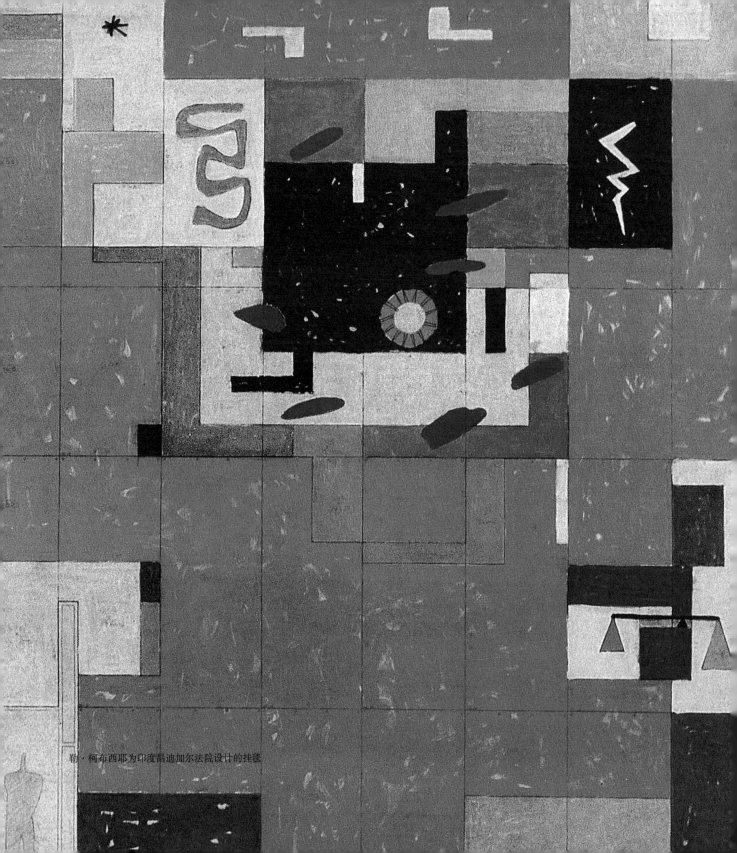

勒·柯布西耶为印度昌迪加尔法院设计的挂毯

勒柯布西耶的室内设计

勒·柯布西耶位于南热塞街的工作室，1934 年

萨沃耶别墅的螺旋楼梯间，1931 年

勒·柯布西耶位于南热塞街的工作室门厅

萨沃耶别墅的弯曲坡道，1931 年

萨沃耶别墅的休息室，1931 年

萨沃耶别墅的球形门把手，1931 年

场地

起源

注释2 》 佩萨克位于波尔多市郊西南方，距市中心约7公里。今天这里已经成为波尔多城市的一部分。在建立之初，该地区仅是临近几个村庄组成的联合社区，区域面积超过15公里。该项目基地位于佩萨克周边较小村庄之一：蒙泰勒（Monteil），距佩萨克中心几公里远。

该地区属于波尔多城市化进程的一部分，在广阔的田野散布着独栋住宅。沿着从波尔多出发，前往朗德地区（Landes）和阿卡雄盆地（Arcachon）的公路可以抵达这里。因为这里宜人的气候、纯净的空气以及贴近自然的氛围，所以在波尔多享有一定声誉。当初在购买土地进行项目开发时，这里还有大片林地和草场。

弗吕日现代社区的西侧与公园和博内特城堡（Castle

弗吕日现代社区的勒·柯布西耶街

de la Bonette）接壤。项目基地南端有铁路，北端与泽维尔·阿诺桑街（Xavier Arnozan）相连。在铁路北侧临近项目基地周边，数十年来建造了许多普通的独栋住宅。该项目同时连接巴斯德大街（Avenue Pasteur），这是通往波尔多的旧路，现在成为波尔多城市环线的一部分。尽管地形条件不是主导设计的主要因素，但业已存在地形地貌特征，成为制约设计构思的潜在限制因素。由于土地所有权的变动，出现不规则的基地形状，导致平行排布的现代住宅规划方案无法实施。纯粹主义的规划理论受到了不规则地形的挑战，制约了现代规划设计的无限扩展。创新的设计构想与实际环境之间的矛盾，导致了该项目总体布局的不规则性。在项目正式启动之前，首先在波尔多附近的勒日（Lège）开展了新型建造技术的实验项目，其业主与弗吕日现代社区项目相同。在佩萨克的项目启动后，实验项目的经验在这里得到推广，在建造过程中，一些技术措施还处于初级阶段，但有一些已经相当成熟。

最初弗吕日现代社区的设计涵盖了更大区域，计划建造大约130栋房屋，由于受到土地所有权的制约，导致项目实际建设规模有限。弗吕日现代社区未建造的部分，在总体布局采用对称及几何图案的构图手法。这些思路可以在勒·柯布西耶的理想化城市规划设计中得以实现，例如著名的"三百万人口的现代城市"规划方案。弗吕日现代社区设计之初，空间层次非常丰富，建筑与场地结合更为紧密。最终只是在铁路附近不规则的基地，建造了大约50座住宅。未实施的方案还包括集购物和公共设施为一体的广场。在巴斯德大街附近，设计了入口广场和门廊式建筑，来展示这座"花园城市"。

形态学

连续性和系统化

规划设计的核心是建筑空间和建筑单体的连续性和扩展性。现代主义城市规划的基本思路是平行带状排布与住宅相结合。在这方面，空间结构是开放的，可以无边界延伸，在这方面与场地条件无关。这是一种基本的现代设计思路，与机械化生产和自由理性的态度有关。在这种思路指导下的城市规划，更多地受到工厂生产线制约，而不被固定建筑形式束缚。通过构建 5.2 米 × 5.2 米的标准化结构体系，实现建筑构件的标准化设计与系统化建造。和泰勒主义生产方式一样，该体系的构件可以进行替换，甚至对整座建筑也可以替换。通过这些思路，可以提高工作效率，实现建造连贯性。这种线性设计建造方法与线性城市的理念类似，将建筑或社区视作城市与城市之间的"线性基础设施"。在弗吕日现代社区设计建造过程中，线性设计方法更多关注工业化生产和标准化建造。本质上，线性是一种无休止的循环操作，没有起点和终点。平行线条在可用地块上，向随意的边界延伸到极限。线性设计布局原则上需要阳光直射，以"光、空气、空间"口号体现了现代规划设计中对于居民健康的重视。在弗吕日现代社区中，这些通过朝向太阳，带有遮阳板的起居空间来实现。大多数建筑都有开放或部分开放的首层空间，可容纳洗衣、储藏和停车等服务功能。

多层住宅

Z 形住宅屋顶花园

多层住宅的屋顶花园

191

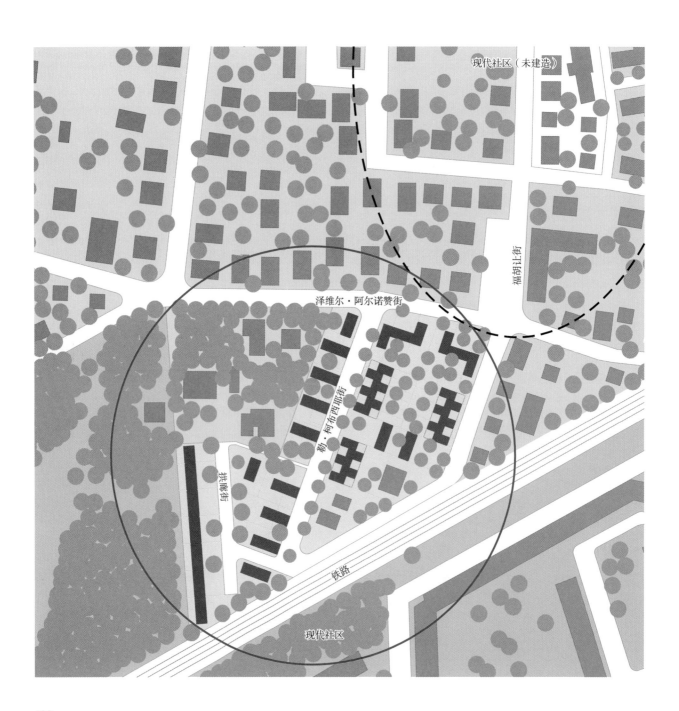

现代社区（未建造）

福胡让街

泽维尔·阿尔诺赞街

勒·柯布西耶街

拱廊街

铁路

现代社区

方案

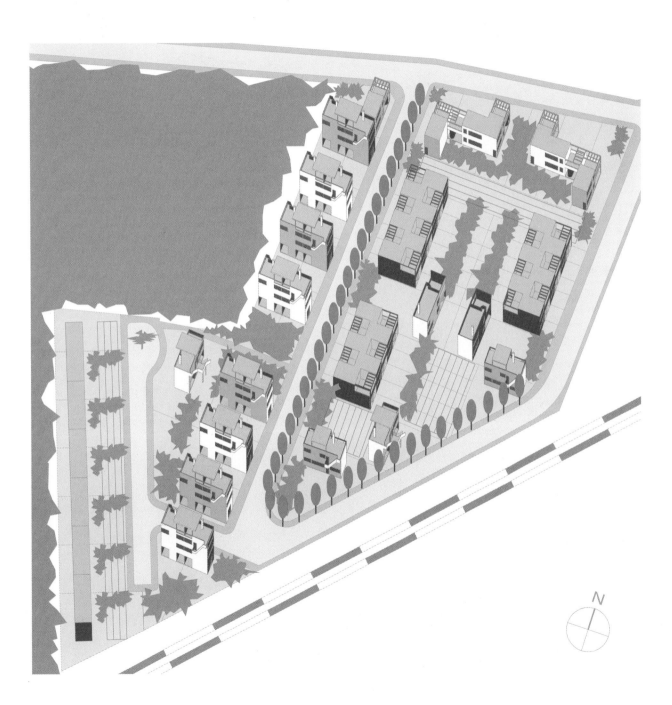

现代社区，佩萨克

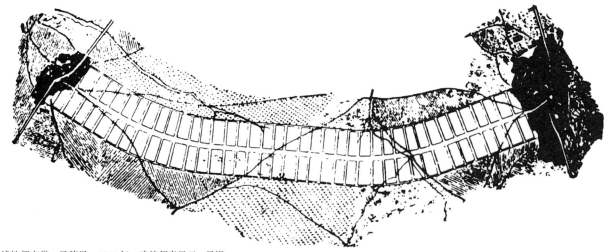

线性都市带，马德里，1913 年，建筑师索里亚·马塔

1913 年西班牙建筑师索里亚·马塔（Soria Mata）在马德里北部规划设计了最早的线性都市带（the Ciudad Lineal），通过中央高速公路和有轨电车线路，将沿途居民与乡村生活紧密联系起来。

1942 至 1943 年间，勒·柯布西耶与阿斯科拉尔小组（Ascoral）合作完成了一系列城市规划方案，成果之一就是工业化线性城市设计。该设计以大量技术解决方案为支撑，希望通过线性都市带理念，将欧洲所有国家，包括苏联的莫斯科等城市连接在一起。

交通

弗吕日现代社区的交通系统仍然采取传统模式，住宅排列在街道两侧，随着街道走向产生变化。但是在勒·柯布西耶后来的城市规划设计中，交通系统自成体系，独立于建筑系统。

模块化结构

弗吕日现代社区的设计，可以理解为从四个基本的条状原型，逐步演变为最终混合性布局的过程。每种住宅类型都由相同的模块构成：5.2 米 ×5.2 米，还有一半尺寸的 2.6 米 ×5.2 米。随后几页将分为三个步骤展示其演变过程。泰勒主义式的无限延展不断重复特征，在不规则且封闭的项目基地中，转变为发散状平面布局。

一排排的住宅成为该设计的核心要素。建筑高度和丰富的外立面色彩强化了模块化结构的序列感。

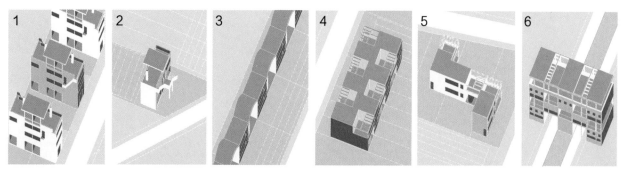

住宅类型：1. 多层住宅　2. 别墅　3. 联排住宅　4. 交错式住宅　5. Z 形住宅　6. 入口建筑（未建）

方案：在轴网框架范围内设置独立建筑

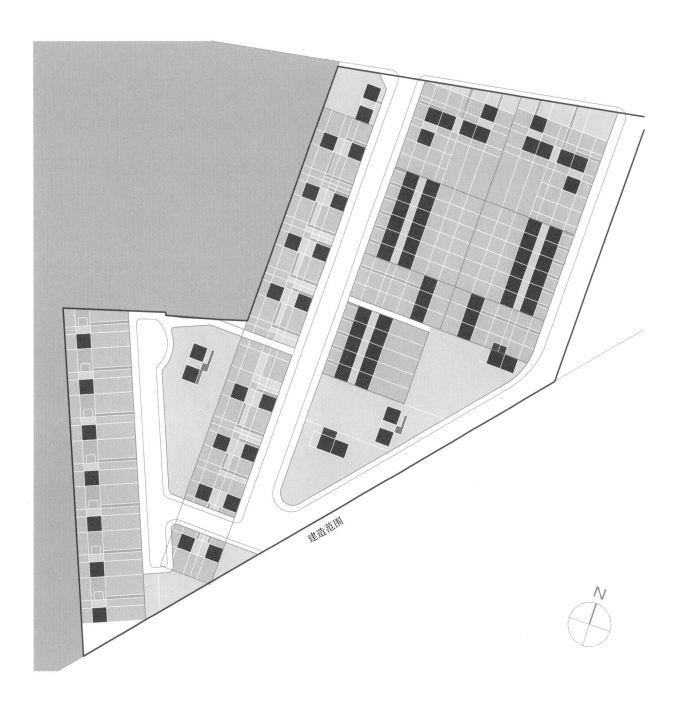

建造范围

现代社区，佩萨克

风格统一的连续的条形住宅群

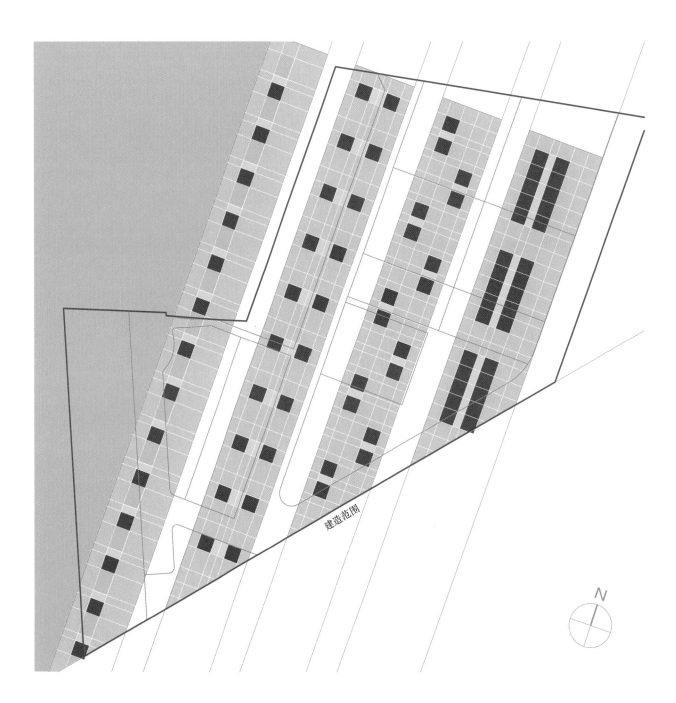

建造范围

N

在轴网框架范围对条形建筑群进行调整

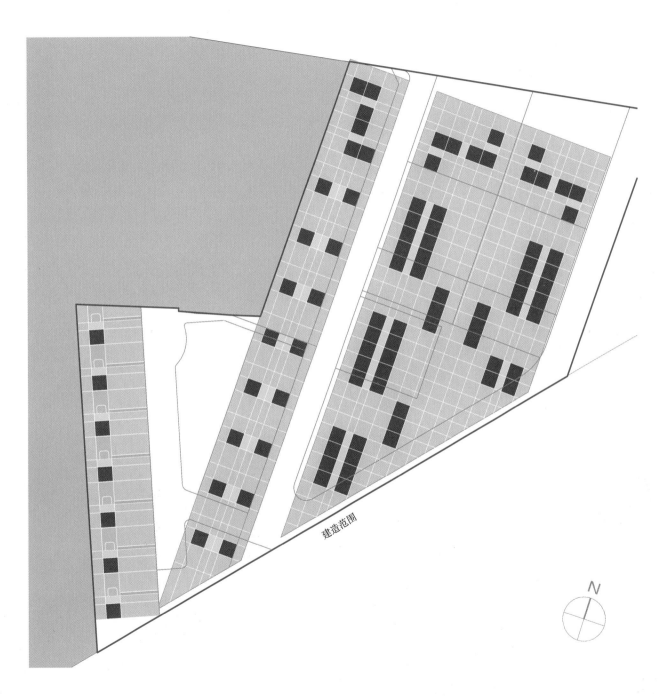

建造范围

N

黑色闪电 2010. 画家托恩·汉斯

折射颜色

通过视觉冲击力强烈的配色方案，对坚固的建筑体块进行视觉分割，达到空间体验的动态化感受。通过序列化排布的建筑体块，以及不同颜色组合，削弱了建筑体块厚重感以及建筑场所的透视感。整个设计中颜色的主题各不相同是，在实施过程中，多层建筑的配色方案营造出动感与变化的视觉效果，大部分外墙都使用了不同的颜色。每一个单元的颜色也不一样，色彩在建筑边缘进行切换，凸显了建筑空间的戏剧性效果。在弗吕日现代社区中，外墙的颜色不断变化，但建筑入口、屋顶露台和外部楼梯的颜色是统一的。每种基本类型的建筑元素都有特定的配色方案。勒·柯布西耶探讨了整齐排列的建筑体块与动态变化的配色方案之间的对比，他指出：

注释3》 在佩萨克建造的住宅，展现了一种全新的出人意料的建筑美学。但是这种美学的产生是有章可循的，受到建造要求，以及建筑空间的双重限制。建筑配色方案色彩比例均匀，通过不同的调色规则创建颜色主题，同时使它们之间的关系和谐动人。我们还采用了全新的建筑色彩语言，就像我们专注于纯粹的建筑实体一样：用颜色的物理特性雕刻空间，在视觉上产生建筑体量的进退或向前的效果。简而言之，我们采用的色彩构成方法与空间构成方法相同，这就是建筑转变为城市的方式。

注释4》 "在住宅外立面开展建筑配色方案研究与荷兰风格派运动的一些建筑师采用的手法有一定的相似性。"这种方式和特奥·凡·杜斯伯格（Theo van Doesburg）的建筑设计风格是一致的，1927年他在斯特拉斯堡的电影院、舞厅和奥贝特咖啡馆（Aubette）的室内设计中，采用色彩构成设计手法创造了迄今为止无与伦比的动态空间。

注释5》 特奥·凡·杜斯伯格放弃了建立静态和平衡的空间构图的思路。因为他相信，静态的统一感已不再符合现代动态的新世界观。在奥贝特咖啡馆，他运用对角线构成原则的不同色彩，填充了室内矩形空间，通过色彩反差造就了极具张力的空间效果。这种令人眼花缭乱的类似涂鸦的做法，堪比军舰伪装术，可以降低在海上被敌人发现的概率，可与后来避免雷达侦测的飞机隐身技术相比。

1927年电影院、舞厅和咖啡馆的模型，艺术家/建筑师范·戴斯堡（van Doesburg），荷兰风格派运动的创始人之一

住宅类型与建筑设计：城市是住宅的机器

勒·柯布西耶提出了脱离地面、面对太阳的生活方式。他在沐浴阳光的住宅模型中展示了这种想法，顶层的屋顶花园，以及首层架空的流动空间，这是他一生都在尝试的轻松生活。

注释6》 *"1922 年，多米诺住宅和多柱式城市（Villes Pilotis）都得到了进一步发展。多米诺住宅被进一步发展为雪铁龙住宅。雪铁龙住宅，仅采用混凝土框架加固直线型建筑体块。其中一侧打开，相当于传统的中央大厅。勒·柯布西耶在这种地中海式风格的设计中，*

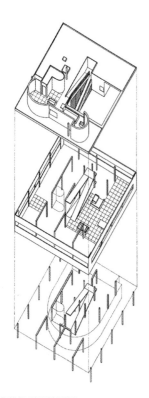

萨伏伊别墅轴测图

最早实践了特有的双层居住空间，包括上层卧室和儿童房。"

多米诺住宅和雪铁龙住宅的建筑原型，被视为弗吕日现代社区所有建筑类型的源头。如前所述，弗吕日现代社区的所有住宅，都是在 5.2 米 × 5.2 米和 5.2 米 × 2.6 米的网格体系中开展设计。这样做有两个目的，首先采用标准化方式完成所有建造来降低成本，其次实现建筑群整体形象的和谐统一。

勒·柯布西耶将他的"新建筑五点"运用到弗吕日现代社区建筑设计中：

· 独立支柱（底层架空）
· 屋顶花园
· 自由平面
· 水平长窗
· 自由立面

在别墅和多层建筑类型中，这些设计原则得到了充分应用。虽然受预算所限，建筑体块没被支柱托离地面，但却被固定在透明的穿孔墙上。底层是入口、洗衣房和车库，顶层是屋顶花园。日常生活起居空间在中间楼层，多层建筑中间部分有两层，别墅有一层。横向长窗在所有的建筑类型都得到了应用。由于承重结构体系选用了承重墙而不是承重柱，因此建筑平面和立面的自由布局受到了一定限制，只有屋顶花园应用了支柱。

在 Z 形住宅类型中，底层架空和屋顶花园在较为封闭的功能区域相结合。交错式住宅和拱廊式入口建筑（未建）也采用了类似的解决方案。

尽管"新建筑五点"并非都得到明显体现，但开放式的生活氛围和打破墙壁束缚的思路，展示了超越时代的先进设计理念。五年后，在勒·柯布西耶设计的萨伏伊别墅中，他有机会完全实现了他自由生活的想法，螺旋楼梯和弯曲坡道从地面朝着太阳方向缓慢升起。

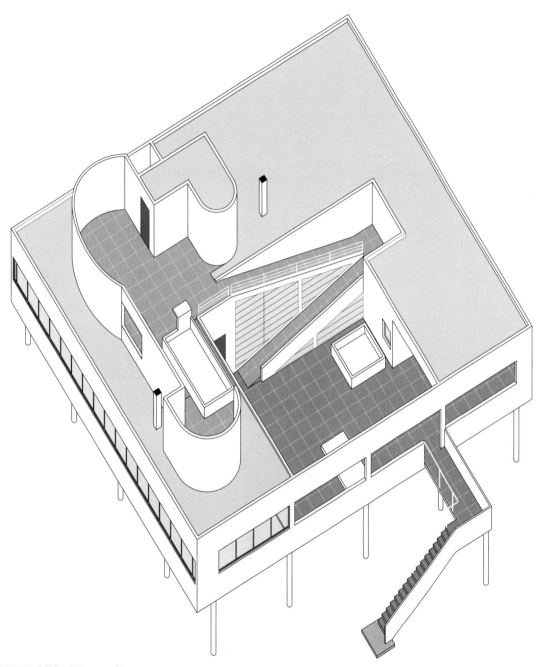

勒·柯布西耶的萨伏伊别墅，1930 年

多层建筑类型

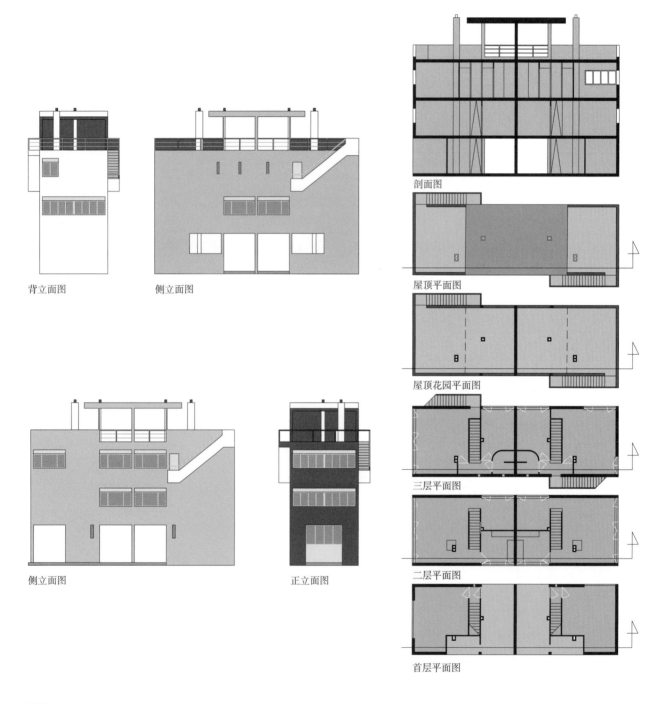

背立面图

侧立面图

侧立面图

正立面图

剖面图

屋顶平面图

屋顶花园平面图

三层平面图

二层平面图

首层平面图

交错式住宅类型

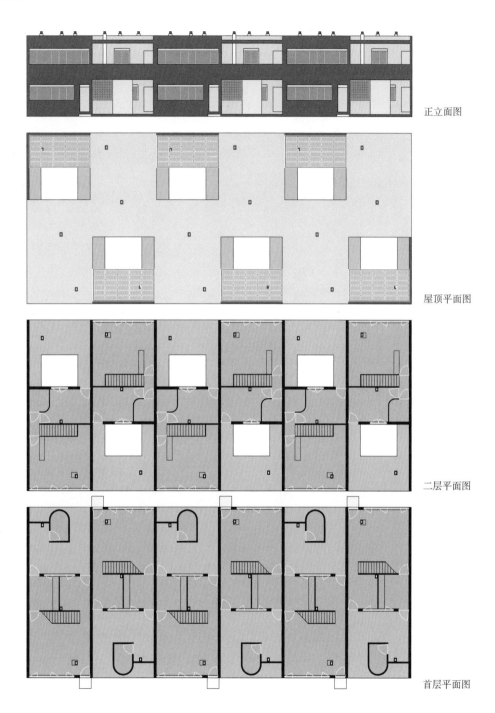

正立面图

屋顶平面图

二层平面图

首层平面图

别墅

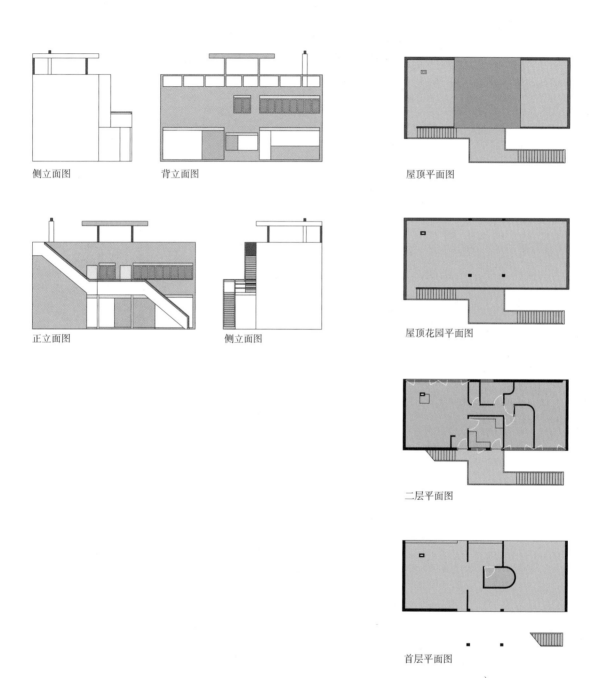

侧立面图　　　　　背立面图　　　　　　　　　　屋顶平面图

正立面图　　　　　侧立面图　　　　　　　　　　屋顶花园平面图

　　　　　　　　　　　　　　　　　　　　　　　二层平面图

　　　　　　　　　　　　　　　　　　　　　　　首层平面图

Z 形住宅类型

屋顶平面图

二层平面图

首层平面图

侧立面图　　　　正立面图　　　　侧立面图　　　　背立面图

理念突破与社会认同

1922 年，奥斯卡·施莱默（Oskar Schlemmer）以机械人作为《三人芭蕾迪什·巴雷特》（Triadisches Ballett）的创作灵感。在这部芭蕾舞中，人物身体动作，通过技术的依附和延伸而产生机械化运动。在芭蕾舞中，艺术感被机械化的意想不到的运动轨迹所创造。机械装置僵硬的动作也表明，尽管人类的本性可能被技术超负荷压垮，但人类可以超越其自然的身体限制。

机械化和抽象

从文艺复兴时期开始，人物肖像画成为主流，取代了早期强调人物社会地位和身份、忽视人物个性的绘画传统。在现代运动的初期，这种浪漫主义的个性化过程达到了顶峰，伴随着极端的、不受人约束的机械装置的发展。

20 世纪的现代化进程，带来对人类复杂性艺术诠释的深刻变革。现代主义的主流是抽象主义。自然影像的刻画与描述，留给了现代科技，例如摄影和电影。其他的艺术形式则倾向更抽象化的表现和诠释。同时，抽象的运动和机械化的影响，导致在人类活动中存在多种可能性，固有观念的突破，激发出无穷的智慧和巨大的创造力。机械的发展改变了人们日常生活节奏，极大地加快了人类交易和资源配置的速度和规模。因此，人和机器的关系需要重新定义，即人应该成为机器时代的组成部分，转变为新的机械人，这是一种以新的人类形象为代表的艺术现象。为此，使用了扭曲的图像和碎片，表现出另一种时间体验。加速的时间和连续事件被组合在一个影像中而被播放，从而引起千变万化的抽象化风潮涌动。心理和精神领域的融合日渐重要。弗洛伊德教授关于无意识的课程，增强了人们对人类思想复杂性的认识，同时赋予人类以超越形体限制的方式开展艺术创作。此外，第一次世界大战的对人们造成的心理阴影，也通过组合和碎裂的方式得到诠释。

业主欣赏与大众认同

弗吕日现代社区项目的业主是亨利·弗吕日先生（Henry Frugès），他是一位富有远见和创造力的人。勒·柯布西耶描述了他对该项目的态度：

纽曼（New man），1923 年，埃尔·利西茨基（El Lissitzky）

《三人芭蕾》，1922 年，奥斯卡·施莱默

注释 7 ▶
"弗吕日先生告诉我们：我将让你的理论能够完全付诸实践：我希望在廉价住宅改革方面，取得真正结论性的成果。佩萨克应该是一块实验田。因此，我允许你打破所有的以往惯例，摒弃所有的传统方法。简而言之，我要求你制定完备的住宅建造方案，并将其标准化，使用符合建造要求的，高质量的墙壁、地板和屋面板等。通过购买的机械设备，实现泰勒主义式的大规模批量生产。你应该负责室内设施和空间布局，以达到环境舒适，易于居住的目的。至于你的创新可能带来的建筑美学方面的变化，我认为不应再是，建造和维护成本高昂的传统住宅形式，而应该是现代的，可以通过纯粹的建筑比例进行真实的体现。"

不幸的是，这种超前的思想未能得到目标群体的认同和共鸣。预想中的有知识、有品位的居民并没有出现在这里，直到竣工两年后，弗吕日现代社区才有第一批居民。该项目也导致弗吕日先生破产。第一批居民大多是处于社会边缘和无家可归的社会群体，他们没有其他的选择。随后的几代居民也不欣赏这种纯粹主义的建筑形式。大量的房子被改造成更传统的风格，窗户改造非常失败，随意使用建筑材料，还有很多杂乱无章的扩建部分。长期缺乏维护最终毁掉了几乎一半建筑。只有被勒·柯布西耶的建筑商买走的独立式住宅保存完好。

经过长时间弃置后，在当地市政项目支持下弗吕日现代社区逐渐恢复昔日风采。与最初几十年形成鲜明对比的是，现在居住在这里的人逐渐增多。他们购买这里的房产，因为弗吕日现代社区符合他们的文化倾向。当今以生活方式为导向的社会中，寻求身份认同成为重要因素，真正的现代建筑形态和设计已经具备象征意义。这也进一步推动了弗吕日现代社区更新改造计划，一些住宅已经恢复原貌。基金会将其中一座住宅，作为勒·柯布西耶的作品向公众展示，所有一切恢复了原始状态，并摆放着勒·柯布西耶设计的家具。这种尊重历史还原本貌的做法，与维修保养古董车及易损金属配件有异曲同工之妙。

该作品的极简主义精神，似乎反映了后现代世界的非物质化趋势。现在，佩萨克以其纯粹主义的价值而受到重视，这种现象可以与人们对待有机食品和工业化食品截然不同的态度相媲美。

7 德累斯顿老城

20 世纪城市的摧毁和重建

战争后遗症

1648 年，《威斯特伐利亚和平协议》在明斯特（Münster）签署，结束了欧洲大国之间长达三十年血腥战争。一百年后的拿破仑战争再次席卷欧洲，造成了规模巨大的战争破坏。19 世纪欧洲现代国家逐步成形，这些以民族为基础建立的国家之间征伐不断，20 世纪欧洲各国之间的冲突再次升级，同时带来了致命性的破坏。第二次世界大战期间，随着战争技术的发展，空袭成为交战双方，摧毁对方城市的重要手段。1945 年，德累斯顿在两天内遭到盟军连续空袭，并最终被摧毁。大规模杀伤性手段的恐怖效率，导致现代战争破坏性规模升级，最终导致整座城市的消失。

德国人的典型态度是渴望以最精确的方式重建在第二次世界大战中被摧毁的德国文化设施。在德国西部的一座由巴尔塔萨·诺伊曼（Balthasar Neumann）设计的巴洛克风格宫殿，在战争结束后被完整重建，同时严格遵循了原始建筑的各种细节，包括重新绘制穹顶壁画。第二次世界大战德累斯顿老城区被彻底摧毁后，后采取完整复原方式进行重建。在德意志民主共和国（GDR）时期，森佩尔歌剧院（Semperoper）茨温格宫（Zwinger Palace）以及其他建筑，通过完整复原，恢复了昔日辉煌壮观的景象。柏林墙倒塌后，城市环境得到进一步改善，逐步重建并恢复战前城市风貌。这种对昔日城市历史文化遗产的重建活动，往往被视作是狭隘的资产阶级对过往的追思与回忆。但在实际调查中，更多人认为通过重建任何被摧毁的东西来对抗破坏性力量，这本身就是人类思想值得称赞的表达方式。有人可能会说，这是对抗残酷暴力的精神力量。历史对于德累斯顿来说，从来都不是过去：哈布斯堡王朝，新教改革，普鲁士统治，国家社会主义，苏联制度和资本主义操控的现代生活。城市中的许多雕像纪念着历史进程的关键人物或事件，例如，宗教改革者马丁·路德的雕像，萨克森国王弗里德里克·奥古斯都一世（Frederick Augustus the Strong），建筑师森佩尔（Semper），或 1945 年占领这里的苏联士兵以及某位社会主义国家运动员。1945 年发生在德累斯顿的悲剧，被目击者们从不同的视角报道出来：普通市民，轰炸机投弹手，英国皇家空军将领，甚至当时被关押在德累斯顿的美国战俘。荷兰哲学作家哈里·穆里施（Harry Mulish）描述了一位参与袭击行动的轰炸机组成员的内疚心态和道德创伤。施暴者与受害者的融合，超越了对破坏事件本身的指控，而时间给我们提供了空间去观察难以置信的破坏和建设力量是如何进行交替的。

德累斯顿市中心的重建，似乎成为城市循环发展的过程中一种被广泛借鉴的方式。在美国，新城市主义旨在恢复传统城市规划的成就。在中国，荷兰历史建筑的复制品在荷兰风情小镇被重新建造，在英国，查尔斯王子督建了一座典型的英国传统风格小镇。这些都是对过去且已不复存在世界的追忆与向往。在德累斯顿，被摧毁的城市在相同地点重新出现，旨在提醒人们那些被野蛮的战争、以非人道的方式书写的城市发展史。这是一个毫无讽刺意味的宣言。

历史：一座双子城

德累斯顿位于易北河两岸的宽阔山谷中。右岸是最适宜居住的原始定居点，因为这一侧没有淤泥，河流内侧弯道起到相应的保护作用。沿河的道路在这里变换方向，在北侧逆流而上，在另一侧朝向相反的方向。这里曾是斯拉夫人渔村所在地。很快，最初的定居点扩散成为两个核心，中间有一个市场。

第二阶段是早期日耳曼人在河岸的左侧、地势较高的位置建立了定居点。定居点的中心位置是集市广场，坐落着圣母教堂（Frauenkirchekapelle）。定居点街区和广场排列规整，布局与其他定居地类似。在离广场和教堂不远处，出现了第一条通往对岸的通道，或许是涉水浅滩，或许是桥梁，现在无法考证。在河岸左侧的城镇发展中，商贸运输网络扮演着重要角色。重要的贸易路线必须与城市布局有机地连接，必须提供足够的过境设施。这项意义深远的交通规划，很有可能是经过事先仔细研究而制定的。这是通过建立新城镇和修建道路，系统性地搭建该地区的运输和定居点网络。这项大规模工程奠定了萨克森后期的繁荣。

迈森（Meissen）位于德累斯顿下游15公里处。这里是亨利一世在公元920年建立的要塞，位于伯格堡（Burgberg）和易北河岸边拱卫渡口。连接弗兰科尼亚（Franconia）、图林根（Thuringia）、西里西亚（Silesia）和波兰的重要路线雷吉纳河（Via Regia）成为该地区重要的商业来源。德累斯顿城镇的建立是迈森要塞在易北河沿岸的延续。

从北部的迈森到德累斯顿南部的皮尔纳（Pirna）的贸易路线是自然大动脉，德累斯顿在河岸两侧的持续发展依赖于此。位于右岸的不规则的大型广场是当地的贸易中心，处于道路和河流的交汇点。这里有足够的空间，容纳各种商业活动，这里还汇集了大量的商人和他们的交通工具。德累斯顿的经济发展首先依赖于河流。当时经济和政治中心迈森，在10世纪和11世纪吸引了大量来自雷吉纳河沿岸的过境贸易。皮尔纳是河流的东部终点，以及食盐贸易的转运点。德累斯顿坐落在两个贸易中心之间，乘船或坐车仅需一天的时间。位于西南方仅13公里处的银矿小镇弗赖贝

1700 年从易北河上眺望德累斯顿，左岸为老城，右岸为新城，画家不详

格（Freiberg），也为德累斯顿的发展做出了贡献，因为从弗兰科尼亚出发的路线，需要途经这里前往德累斯顿的易北河。因此德累斯顿定居点的崛起，与迈森周边的城镇和道理建设密切相关。德累斯顿最早的斯拉夫语名字是"Drezdany"，大体意思是"农业森林居民"在 1206 年德累斯顿首次以"Dresdene"的名字出现在当地历史记载，该词源自"Drezdany"。十年后，德累斯顿被授予城邦（Civitas）地位，正式升级为一座城镇。不久，在河岸左侧不断扩张的城镇修建了围墙，奇怪的是圣母教堂被隔在墙外。1287 年连接了易北河两岸的第一座石桥建成。经过 1727 至 1731 年和 1907 至 1910 年的改建，成为今天易北河上重要的交通要道。

虽然原始的城镇建在河岸右侧，新城镇建在河岸左侧，但由于河岸左侧经过不断发展成为城中心，因此被称作老城。为了表述方便且名称一致，之后都使用新的名称：左岸叫老城（Altstadt），右岸叫新城（Neustadt）。

16 世纪，城镇和堡垒的扩建与现代化

注释 2 ▶ 1485 年萨克森王国分裂后，阿尔贝丁·韦廷（Albertine Wettin）将王宫从迈森迁到德累斯顿。此次迁都使德累斯顿一跃成为王国中枢所在地，在随后几个世纪中具有举足轻重的地位。

注释 3 ▶ 1500 年，老城周边遍布溪流、堤坝、小湖和水坑，是一块沼泽地区。圣十字教堂（Kreuzkirche）以东的土地被开垦，使城镇得以向东延伸，朝着犹太教堂和犹太墓地的方向。凯茨巴赫河（Kaitzbach）从东边穿越城镇，流向修道院和城堡方向，最后汇入易北河。这条小河满足了城镇居民清洗、灭火和作坊工作等需要。300 年后，大约 1520 年至 1529 年间，在城镇东部新开发的地区扩建了城墙。

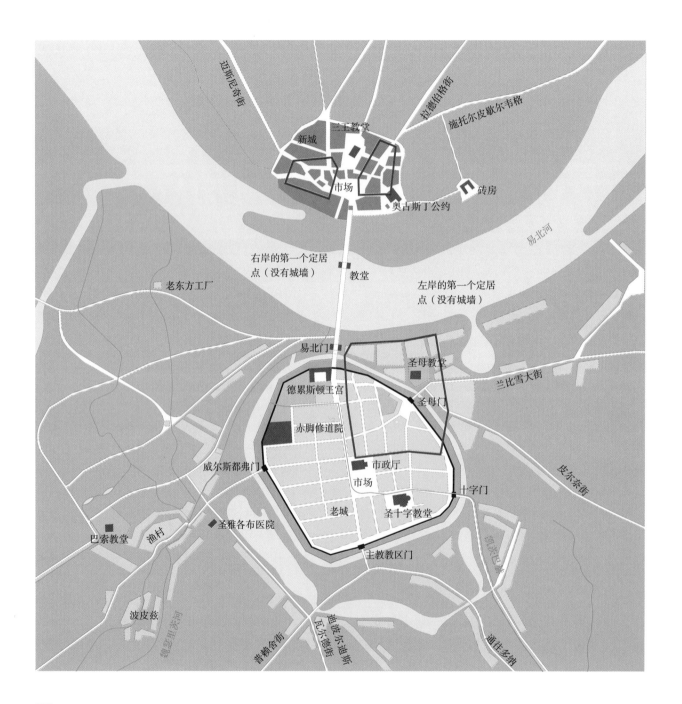

德累斯顿 1758 年：双城和农庄

新耕地

新城

右岸的第一个定居点没有城墙

左岸第一个定居点没有城墙

弗里德里希城

威尔斯都弗郊区

老城

皮尔奈郊区

大花园

主教教区郊区

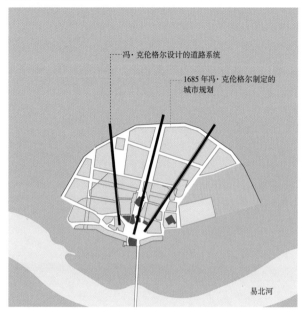

1685 年

1758 年

在 16 世纪中叶，德累斯顿的城市防御体系进行改造，成为当时最先进的意大利式城墙系统。在 16 世纪后半叶，附近沼泽区域进一步被排干，因此，城墙外的区域可以满足居住和种植的需要。

17 世纪：城市建立

注释 3 ➤ 德累斯顿老城建筑密度进一步增加，街道逐步形成，城市防御体系得到完善。与此同时，贵族开始在城墙和堡垒周边，布置花园和凉亭，尽管从军事角度不能这么做，但当时奢华的宫廷文化正在兴起无法阻挡。从 1676 年开始，位于防御工事外的格罗斯特花园（Grosser Garten）变成一座华丽的洛可可式公园，拥有豪华的宫殿。

新城的规模稍有扩展，直到 1631 年德累斯顿双子城的这一侧，只有一些最基础的防御设施，只能应对较小的战争威胁。17 世纪初席卷欧洲的三十年战争造

成的破坏，导致新城需要建造更加复杂的防御工事，在保护新城的同时，守护连接两岸的桥梁，因为易北河是旧城防御系统中的薄弱环节。一个世纪后，随着战争技术的发展，防御工事的结构变得更为复杂。

1685 年的大火烧毁了德累斯顿新城的大部分地区，中世纪以来在城市内部形成的限制消失了，这为新城市建设铺平了道路。1685 年，冯·克伦格尔（von Klengel）制定了新的城市规划。这是德累斯顿第一个具有巴洛克特色的城市规划。主要特征是三叉型道路，以易北河的桥梁和邻近建筑为中心。由于受到荷兰（后来的日本宫）宫殿的干扰，三叉型道路的西侧分支并未进行施工。荷兰宫殿在城市西侧河岸边完工，宫殿主轴线国王大道（Königstrasse）阻碍了三叉型道路的延伸。值得注意的是，由于建造荷兰宫殿对三叉型道路的破坏，以及反向轴线的形成，从而导致整个三叉型道路向北延伸，形成了一个围绕新核心的八轴放射状结构。这八根

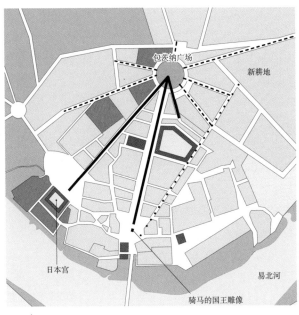

1833 年

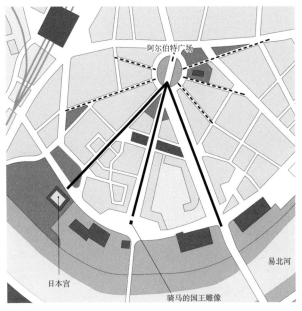

2006 年

轴线至今仍在生长。阿尔伯特广场（Albertplatz）位于新城北部，是 17 世纪城市主街（Hauptstrasse）的终点。

18 世纪：有乡村庄园的双子城

　　18 世纪是一个城市规模急剧扩张的时代。华丽的巴洛克宫殿和教堂被建立起来。乡村庄园和花园在双子城周围五个郊区出现。

注释4 ▶　弗利德利克·奥古斯都一世成为萨克森州的选帝侯和波兰国王。萨克森和波兰两个政府实体紧密相连。两者之间的距离比萨克森到勃兰登堡侯爵宫，或普鲁士公国的距离要短得多，在那里霍亨佐伦家族于 1701 年获得王位。邻近的西里西亚公国和波希米亚王国是哈布斯堡王朝的一部分，是萨克森的盟友。然而，1745 年德累斯顿首次被普鲁士吞并，1867 年最终被并入普鲁士帝国。

　　奥古斯都一世将德累斯顿作为王国宫廷所在地，积极推动这座城市的建设，将这里打造成为极具魅力的巴洛克式城市。他雄心勃勃的建设计划，与其展现欧洲统治阶层豪华宫廷生活的想法吻合。奥古斯都一世曾说，他发现了德累斯顿主要是木质小型建筑，但他用石头将这里变得伟大和辉煌。最终德累斯顿成为德国东部最具巴洛克特色的城市。弗里德里希城（Friedrichstadt）是建在魏瑟里茨河（Weisseritz）以西的皇家新城。这里的住宅布局规则有序，和狭窄和杂乱的新城大相径庭。

　　奥古斯都时代（奥古斯都一世和奥古斯都一世二世）最著名的作品是茨温格宫，但最辉煌的巴洛克式建筑则是新圣母教堂（新教教堂）和宫廷教堂（现在的天主教圣三一大教堂）。选帝侯弗里德克·奥古斯都二世延续了他父亲工作，并开展了一系列其他建设项目，例如易北河畔布吕尔平台（Brühlsche Terrasse）。如今布吕尔平台像一条沿着易北河架设的长廊，是滨水河岸观景极佳位置。

19 世纪：拆除城墙与城市扩张

19 世纪德累斯顿并入普鲁士帝国。在拿破仑占领时代结束后，防御工事被逐步拆除，取而代之的是在市中心周围建造绿化带，加强市中心和周边地区的联系。1830 年，大量防御工事被拆除，只有布吕尔平台周边得以保留。沿着易北河的空中走廊，成为围绕城市中心著名环形路线中的重要纽带，满足不断发展的公民社会休闲娱乐的需求。这个目标仅部分实现，因为这些功能大多已集中在城市中心靠近易北河一侧，那里的条件不利于建造环形林荫大道。在 19 世纪后半叶，市中心周围的建筑密度增加了两三倍。城市边界被逐步打破，在市内铺设轨道，在易北河架设新桥梁，德累斯顿正在发生的变化和西欧大多数工业化城市一样。但城市中心仍然没什么改变，在布吕尔平台以及邻近的意大利餐馆等区域，成为市民聚会活动的重要场所。格洛斯特花园被不断扩张的城市包围，最终成为城市内部公园。弗里德里希城西部的皇家建筑群，被改造成这座城市的大型医院。在新城北部的艾伯特斯塔特（Albertstadt）被扩建为普鲁士军事基地。

20 世纪上半叶：以 1945 年的极端毁灭告终

注释 5 ▶ 从 1922 年起保罗·沃尔夫（Paul Wolf）担任德累斯顿的城市发展顾问。他为新街区编制规划，并撰写了关于解决城市结构问题的文章。随着 1937 年 10 月 4 日颁布的德国城市重建法规，标志着纳粹德国意识形态干扰城市规划的活动加剧，该法规规定在国家、纳粹党以及城市不同层次的相关标准，以促进彰显第三帝国丰功伟绩的纪念性建筑的建造。早在 1934 年，为满足阿道夫·希特勒的演讲需要，曾举办过设计竞赛，主题是设计容纳 30 万人的集会场所。1930 年，德累斯顿的卫生博物馆的建成（1945 年被毁，在民主德国时期重建）被视为城市布局中心，与市中心外的格洛斯特花园的轴线相呼应。在市中心的

另一侧，茨温格宫的西边，制定了具有代表性的博物馆区的规划方案。保罗·沃尔夫于 1937 年制定的重建城市中心的综合计划，有两个具有里程碑意义的城市设计方案。1939 年 4 月 18 日该计划获得批准，德累斯顿市中心迎来了迎来了新的发展机遇。纳粹德国时期希特勒在他的亲密顾问阿尔伯特·斯皮尔（Albert Speer）和弗里茨·托特（Fritz Todt）的协助下，亲自过问德国所有城市规划。德累斯顿地区国家社会主义领导在《托特组织》期刊刊登文章，提出修建一条穿越市中心，从火车站到易北河的纪念轴线，同时修建另一条从火车站到剧院广场的轴线。这位国家社会主义领导谈到了对新德国风格的感受，进一步提出："*未来建设的宏伟蓝图，展现了伟大的国家社会主义的世界观，以及对这一代人的精神鼓励和心理力量，他们有幸能够追随德意志民族伟大建筑大师和国家社会主义帝国缔造者。*"

随着建造林荫大道，细化市中心功能分区，以及使用当地建筑材料等一系列决定的出台，标志着纳粹德国意识形态渗透到城市发展方方面面，这也将成为战后德意志民主共和国城市重建的问题。国家社会主义和共产主义有明显的差异，但在两种制度中，都有一种贬低个体的强烈冲动，以及对大规模解决方案的热情。为了实现这些计划，1940 年成立了顾问小组，由萨克森州内政部长和州立建筑学院院长马丁·哈米奇（Martin Hammitzsch）共同领导，绕过了城市发展顾问保罗·沃尔夫。1945 年德累斯顿大轰炸几周后，保罗最终被免职，要求他对脆弱的防空工事修建负责。他的职务由建筑总督察员接替。建筑总督察员这个岗位是在关键的 1933 年首度被任命的。

1945 年的轰炸

1945 年 2 月 13 日晚上 10 点，244 架盟军轰炸机发起了针对德累斯顿的首轮轰炸。三个小时后，又受

1945 年，从市政厅塔楼俯视遍布废墟的城市

到 529 架轰炸机的袭击。在燃烧的城市中有 35000 人死亡，其中大量来自东部战线的难民在德累斯顿寻求庇护。约 35% 的房屋被完全摧毁，45% 的房屋受损，只 20% 没有受到影响。除了茨温格宫外，德累斯顿王宫（Schloss）、历代大师画廊（Gemäldegalerie）、宫廷教堂（Hofkirche）、森佩尔歌剧院（Semperoper）、艺术学院（Kunstakademie）、日本宫、新旧市议会厅也遭到严重破坏。大火烧毁了木地板和屋顶，但许多结构墙体残存了下来。值得注意的是，由于圆顶建筑的墙壁较厚，因此塔楼相对耐热。圣母教堂在当日的轰炸中幸存下来，但由于建筑冷却造成的压力，第二天穹顶就发生爆炸。空袭过程中，爆炸产生了极高的热量，甚至融化了玻璃。

民主德国时期的重建和柏林墙倒塌后老城的全面重建

注释6 》 1945 年 5 月 8 日德累斯顿被盟军攻克后，前城市发展顾问保罗试图恢复原来城市的规划布局，但未能如愿。他关于重建德累斯顿的建议，未得到答复。他在不满中愤然离去，随后与从布痕瓦尔德集中营（Buchenwald）返回的人们，以及国家社会主义德国工人党（NSDAP）的前成员一起工作，同时也担任他们的领导职务。

华沙文化宫，这座斯大林主义建筑风格的塔楼是来自莫斯科的礼物，1952 年

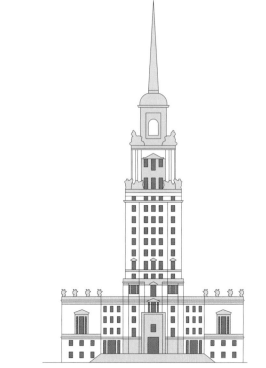

德累斯顿，参考斯大林主义建筑风格提出的老市场（Altmarkt）的重建方案，1953 年

注释 7〉 *"不要再有狭窄的街道和没有逃生出口的院子，导致成千上万人死亡并造成灾难。人们再也不会为城市规划者的诅咒而死，因为他们在极度危险的时刻不可能做到这一点。"* 以上是德累斯顿一位重要居民在 1945 年 7 月 19 日对城市规划者提出的指控。人们看到火灾中的大量受害者的死亡与逃生路线被封锁相关。人们倾向更加现代和开放的城市，以避免再次被困在中世纪封闭的城市结构中无法逃脱。

在城市被摧毁仅仅几个月后，另一位重要居民表示，恐怖的轰炸为这座城市未来发展提供了空间。虽然这种说法有待商榷，但表达了一种值得赞赏的态度，以及展望未来和克服恐怖的方法。在很大程度上，随后提出的有关这座城市的建议，只有作为一种应对这座城市集体灾难的解决方案，才具有实际意义。人们讨论的重点转向对现代主义的欣赏，甚至对纳粹时期超大尺度的宏伟规划思路的认同，认为大型城市空间和交通轴线是紧急情况下的避难所。1950 年，甚至在同一地点恢复了当年的希特勒广场规划，只是周边夸张的建筑群没有出现。当年的国家社会主义公共集会所，改名为民主论坛，国家社会主义的帝国青年塔，改名为解放纪念碑。

关于摒弃传统城市结构的讨论，也和现代城市规划早期的思路一致，即消除类似迷宫的城市肌理的不良影响。这种观点的出现是人们提出了将这里改造为典型共产主义城市的愿景。在城市中心应该是劳动天堂，有宏伟的工厂和直通生产车间的铁路，还有运动场和会议厅。这样，德累斯顿将成为革命新时代的真实表现。德累斯顿的城市规划是为了推动巨大的社会生产循环、作为一种新的社会形态的现代象征。

第二次世界大战前来到莫斯科的德国共产党人，从令人印象深刻的斯大林式的高层建筑中吸取了经验。这些都被纳入老市场（未执行）轴线的规划设计中。典型的斯大林式塔楼成为苏联向东欧卫星国输出的范

重新修建的圣母教堂模型摆放在城市街区模型中　　　　　重建的茨温格宫顶楼

例和信仰。1952 年苏联赠送这座莫斯科风格的塔楼作为华沙的文化宫。当时的人们鄙视那些建在城市郊区、富丽堂皇的乡村庄园，将这些视作资产阶级自由主义的耻辱。他们甚至认为要感谢 2 月 13 日的大轰炸，将这一切打破，才有可能开始新的建设。在这种愿景推动下，新德累斯顿必须成为社会主义现代城市规划的典范。在德累斯顿，对城市开放空间的需求，深入到城市的方方面面。与此同时，重建城市重要历史建筑的协议也逐步完成。不久，茨温格宫的重建工作开始进行，工程于 1963 年顺利完成。1977 年，启动了森佩尔歌剧院的重建工程，并于 1985 年成功竣工。虽然大部分建筑物遭到严重破坏，但大火并没有摧毁建筑基础部分，而且由于各种建筑材料极度短缺，积极务实

的重建是不可避免的。值得让人深思的是，尽管所有关于辉煌的未来共产主义城市前景的描述，都让人不禁展开无限的联想和憧憬，但这些华丽辞藻是无用的，精美的语言不能产生令人信服的实施方案。相反，成百上千的提议最多不过是平庸的陈词滥调。

德累斯顿的下一代没有轰炸创伤的记忆，他们对 1945 年灾难后许多废墟和半废墟的拆除，表示强烈不理解。他们提出反对目前的城市重建模式。也许华沙和明斯特等其他城市战后重建教训，改变了他们对于城市建设的看法。新一代德国人以他们特有的严肃态度，对待曾经与纳粹沆瀣一气的上一代。这导致了对城市重建持反对和严谨的态度。德国统一后，这种争论从未停歇，一直延续到今天。

场地

德累斯顿老城是以前城市防御体系完全覆盖的区域。德意志民主共和国时期在老城的核心区开展了首次城市重建活动。该核心区以老市场为中心，东南角是 18 世纪修建的圣十字教堂。教堂于 1945 年被烧毁，1960 年左右修复。围绕老市场周边的重建采用一种鲜明的巴洛克风格，而核心区其他建筑却是一种难以定义的现代风格，与传统风格混合在一起。靠近火车站的区域，那里更多是现代主义风格的建筑。

所有的街区都扩张到了远超战前中世纪城市规模的水平。由于重建规模以及老市场选择的建筑风格，整个区域仍然无法营造出历史街区的文化氛围。虽然在 20 世纪前十年进行一些城市改造，但德意志民主共和国时期奠定的城市规划基调仍然主导着这座城市。

威尔斯都弗街（Wilsdruffer）两侧都是典型的 20 世纪 60 年代德意志民主共和国时期的建筑。在易北河周边总体规划中，要对靠近威尔斯都弗街一侧的街区进行重建，恢复战前的城市面貌。隔着威尔斯都弗街，正对老市场是文化宫，这是 60 年代德累斯顿爱乐乐团驻地。这座现代主义建筑以及墙壁上的壁画，展现了德意志民主共和国时期典型的积极向上的社会氛围，如今仍能激发起公众的怀旧感。

从威尔斯都弗街到易北河南岸的区域，是城市重建的黄金地带，跨越了德意志民主共和国时期到柏林墙倒塌后的各个时期。西侧是德意志民主共和国重建区域，东侧的重建活动主要围绕新市场展开，圣母教堂的重建是该区域最重要，复原程度最高的典型案例。易北河南岸堤坝曾是德累斯顿防御工事旧址，布吕尔平台是仅存防御工事上的高架长廊，通往唯一幸存的西格托堡垒（Siegeltor Bastion）。奥古斯都大桥将所有交通线路汇集于此，站在桥上远眺易北河，随着城市核心区历史风貌的逐步恢复，著名的城市天际线重现了昔日的辉煌。

沿着茨温格宫护城河的建筑群进行了完美的重建

坚固的城市

在 16 世纪中叶前，德累斯顿拥有完整的中世纪防御系统，包括高耸的石墙和塔楼。在进入热兵器时代后，更加坚固可靠的城墙取代了以前的防御系统。这是因为中世纪石墙在破坏力惊人的火炮轰击下，墙体下部倒塌导致城墙局部塌陷，破坏了整个防御系统。

16 世纪出现了军事建筑的彻底变革。与中世纪的防御系统相比，新防御系统都是围墙式的堡垒和防护墙。围墙侧下方加固倾斜，泥土夯实的墙基外侧覆盖石头或草。防御系统下部倾斜轮廓的缺点，被堡垒之间交叉防御火力所弥补，无论是沿着城墙还是相邻堡垒的正面。

防御系统的规模由火炮的射程和火力决定。第一代城墙系统只有一圈围墙。随后引入双层围墙系统，在内层防御墙体周围设置第二道保护墙。外围墙体低于内侧墙体，防御火炮射程可以到达城墙的最外侧。有一个问题是，在突袭的情况下，敌人可以利用外墙的外侧进行保护。这个问题可以通过改变城墙的倾斜角度来避免，内侧墙体的防御火炮可以覆盖外侧所有区域，但这需要更高的内侧墙体。这适用于非常坚固的城堡，但不适用于普通的城墙。例如荷兰库福尔登城堡（Coevorden）。外侧的城墙是为了保护内侧墙体的下部免受敌方炮火的攻击，从而防止整个城墙由于长时间的轰炸而倒塌。此外，第二道防线增加了双倍抵抗力，从而给支援部队及时抵达争取了更多的时间。

通过提高抗轰炸能力，防御系统得到了进一步的改进。在 16、17 和 18 世纪，城墙防御系统相继进行现代化改造。在德累斯顿出现三种先进防御系统：意大利式、新意大利式和荷兰式。老城和新城的防御系统是不一样的。随着时间推移，进行了补充和部分加固。在老城周围堡垒建造过程中，随着当时火炮射程增加，后期增加了堡垒之间的距离。在老城防御系统完工后，城墙系统延伸至易北河畔两个重要火力点。在东侧，齐格勒门（Ziegeltor）周围建造了更大的堡垒；在西侧建造了宽阔的双重堡垒，也就是后来茨温格宫的位置。

1500 年的德累斯顿城市模型

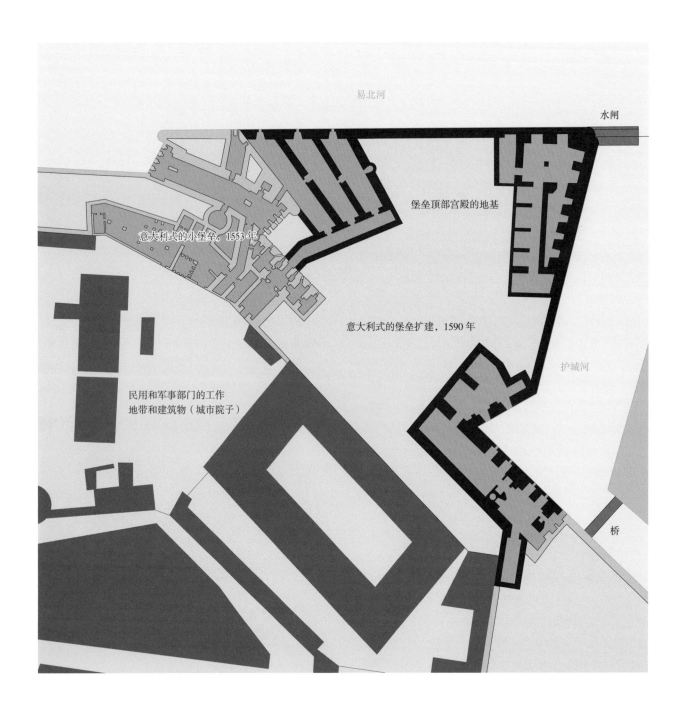

易北河

水闸

堡垒顶部宫殿的地基

意大利式的小堡垒，1553 年

意大利式的堡垒扩建，1590 年

护城河

民用和军事部门的工作
地带和建筑物（城市院子）

桥

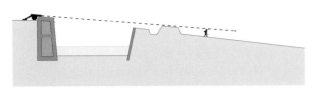

防守方地势较高，进攻方可依托外侧城墙进行隐蔽

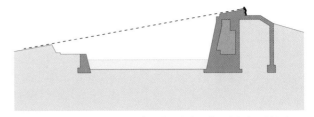

进攻方将完全暴露在防守方的射程范围之内（荷兰库福尔登城堡）

中世纪晚期

注释8▶　1216 年，德累斯顿正式升级为城镇。在这个时期，第一道防御石墙和易北河的桥梁被建造。后来，在主石墙外竖起了一道较低的支撑墙，用以保护内侧墙体。第二道城墙的建造方法是由十字军从东方远征带回的，德语中称这种墙为茨温格（Zwinger）。护城河由流入易北河的凯茨巴赫河和魏瑟里茨河保证水量，在缺水情况下，防御工事周围斜坡处的湖水可以对护城河进行补给。在和平时期，护城河仅注入部分河水，作为市议会的鱼塘。到 14 世纪下半叶，防御工事的主墙必须加固，以承受更新更强大的机械投掷器的攻击。与此同时，护城河也被加深拓宽。当时的国王和侯爵，通过拨款支持这些工程建设，奠定了这座城市重要的政治军事地位。1458 年，市议会下令在 6 米高的石质主墙顶部，建造一座木制建筑，使整个建筑高度达到10 米。因为木制通道的表面涂满焦油，因此被称作"黑色走廊"。

16 世纪上半叶

注释9▶　在 16 世纪，中世纪的石墙被改造成完善的城墙防御系统。最先建立小型且功能不太完备的城墙系统，被后期建造的整套成熟城墙系统所取代。1500年，维丁·乔治（Wettin George）成为萨克森公爵和国王。维丁·乔治知道，随着火炮技术的发展，德累斯顿的防御系统必须更新换代。1519 年，他下令用小土墙扩建现有城墙。土墙在现有的内墙（Stadtmauer）和较低的外墙（Zwingermauer）之间插入，这个过程可以称为"修复"（德语称作 reparieren，英语中没有相应词汇）。第一代城墙系统于 1529 年完工，形成了没有堡垒的城墙系统，防御功能有待进一步加强。随后的 20 年间，开始了意大利式的城市防御体系改造，通过建造更宽的城墙和层层堡垒，取代了第一代城墙系统。虽然此次改造是萨克森公爵下令的，但改造费用由德累斯顿支付。随着时间的推移，大规模加固防御工事的资金越来越多地由萨克森公国提供，最终成为整个公国的国家项目。

16 世纪中叶，意大利式城墙防御工事

在那个时期，哈布斯堡王朝和法兰西帝国之间战事不断，导致欧洲城市一度陷入征服和被征服的循环。连年的战争诞生了一种更先进的意大利式防御系统，该系统比中世纪的城墙系统更能抵御新式火炮。该系统设计理念始于莱奥纳多·达·芬奇绘制的草图，他发明了建造城墙突出型堡垒，临近火力支援覆盖防御区域的方法。通过完善的城墙系统，交叉火力可以全方位无死角地射击，包括邻近的堡垒以及连接的城墙。突出型堡垒是重要的火力点，覆盖区域从多边形主防御要塞向前延伸。堡垒通常配备双层火炮，下层火炮可以覆盖防御工事周边；上层火炮轰炸较远目标。这种先进的防御工事，避免出现让人恐慌的射击盲点。这意味着堡垒之间的距离，是由火炮的射程决定。这套成熟的单墙防御工事被称为意大利式防御系统。该防御系统在当时欧洲印刷业的助推下，迅速传遍了整个欧洲宫廷。

1527 年，阿尔布雷特·丢勒（Albrecht Dürer）的一本关于新型防御工事技术书籍在德国出版。在这本书介绍了半圆形堡垒防御技术。在 16 世纪几个德国城镇采用丢勒式圆形堡垒系统进行了城防加固。莱昂哈德·弗朗斯珀格（Leonard Fronsperger）和丹尼尔·史佩克（Daniel Speckle）在 1589 年共同撰写了军事著作《堡垒建筑学》。书中介绍的理论比丢勒式堡垒系统更具战争价值，从而导致圆形堡垒被放弃，转而采用更严谨的意大利式的箭头型防御结构。这种防御工事风靡一时，有经济实力的公国纷纷雇佣意大利军事工程师和建筑工人。因此，意大利式的防御系统很快传遍欧洲，从马耳他到安特卫普，从西班牙到维也纳。

注释 10 ▶ 1544 年，萨克森公爵莫里斯在哈布斯堡皇帝查尔斯五世的强迫下，参加对法国战争。在战役中，莫里斯（Maurice）带着他的军事建筑师卡斯帕·沃格

特·维兰特（Caspar Vogt Wierandt），研究当时先进的意大利式的城墙防御工事。这种类型是文艺复兴时期的防御工事，建筑平面像一颗星星。每个堡垒的基本形状是两个面和两个侧翼伸出主墙，呈箭头形状，箭头处为堡垒。在安特卫普，莫里斯和卡斯帕·沃格特·维兰特参观了这座城市的先进防御工事。返回德累斯顿之后，他们计划设计一套全方位的意大利式的防御体系。卡斯帕·沃格特·维兰特为新城和老城绘制了防御体系图纸。对老城而言，计划是在贴邻中世纪围墙周边设置一圈新的防御工事。对新城而言，则是在这片几乎没有阻碍区域，建造独立的半圆形防御工事。老城的工程迅速开始，并在十年内完成了建设，而新城的工程只有部分被实施。1545 年，老城城墙防御系统第一阶段的工作开始。德累斯顿可能是第一座拥有完善城墙防御系统，且建造堡垒的德国城镇。建造成本的增加，意味着德国境内的公国，越来越多地成为防御系统的建造主体。因为费用超出了大多数城镇的财政能力。因此，防御系统建设受到各个公国，不同政治组织、发展战略和经济状况的制约。就德累斯顿而言，受到萨克森公国的影响，这种责任主体的改变，导致城市发展的主导权，从城市转移到公国，从而减弱了政治影响力。长期以来，在政治层面，萨克森公国一直臣服于不同帝国，控制权在哈布斯堡、法国和普鲁士之间变换。19 世纪随着德意志民族国家的建立，德累斯顿最终完全并入了普鲁士帝国。

老城周围的防御工事的重建采用了意大利式防御系统。首先在城堡前建了一座小堡垒，位于易北河桥以西。这不是一个完整的堡垒，更像是一座塔楼。从那里开始，防御工事以逆时针方向依次展开。前三个堡垒相继变大。随后在城市南侧和东侧建造三座大型堡垒。1555 年防御系统完工后，在易北河东侧还有一个较小的堡垒。堡垒用作士兵的住所，有水井、烟囱和其他住宅功能。堡垒墙壁被用作城墙防御系统的内

侧墙体。中世纪城墙和邻近城墙的混合结构一直存在，直到拿破仑时代结束被拆毁。在战争时期，每天要执行 24 小时的密集值班任务。在和平时期，只有少量的守卫措施，有时护城河里的蛙鸣声突然减少，作为出现威胁的警告信号。位于中世纪城墙外的老圣母教堂周围的地区，被并入新的防御系统中。

16 世纪下半叶的新意大利式城墙防御工事

注释 11 ▶ 1569 年，出生于意大利的罗克斯·冯·里纳尔（Rochus von Linar）接管了德累斯顿的军事工程建设。他是新意大利式城墙建造方法的追随者。他重新设计了西北面，三座最古老小型堡垒周边的防御工事。他以新意大利式的两个宽大的前置型堡垒替换了之前的堡垒。由于火炮的射程不断增加，可以覆盖更远的范围，从而使延长立面变得可行。两个堡垒由一道短城墙连接，城墙向外侧弯折，起到加固作用。从某种意义上说，这两个堡垒甚至可以被称为双重堡垒，是罗克斯·冯·里纳尔的一项重要发明。为了扩大防御工事，现有的护城河和邻近的河流魏瑟里茨河必须向外移动。邻近村庄的居民认为罗克斯·冯·里纳尔对于当地水文情况不了解。魏瑟里茨河曾经有几次洪水威胁了当地居民的房屋。除此之外，为人苛刻的罗克斯·冯·里纳尔和他的工人，在工资报酬和劳动条件上也发生摩擦，使得双方剑拔弩张。当年大量关于这一事件的报道显示，在 16 世纪后期，当时的社会问题也成为尽快完成新防御工事的一个重要因素。这些冲突最终导致罗克斯·冯·里纳尔 1578 年离开德累斯顿，后续工程由保罗·布赫纳（Paul Buchner）继续完成。他原本是萨克森州的木匠，在建造方面具有丰富的国际经验。他曾在荷兰湿地建造过工程，并得到当地居民好评。从一开始，保罗·布赫纳就提醒人们注意德累斯顿整个防线的薄弱点，包括新城。首先，他指出有必要沿着新城加强北侧的防御工事。最好的办法是，沿着整个北部城市景观建造一个完备的防御工事，以保护老城以及通往新城的桥梁。如果不能修建这条防线，至少在桥北侧建造一座坚固的塔来保护桥梁。而值得注意的是，在东侧，正面和侧翼之间的交接处呈直角，没有火炮支援（突出的尖端，有时称为耳朵）。1592 年，扩建的堡垒完工。护城河外侧添加了一道外护墙和半月形堡垒，作为第二条城墙线的起始，这段城墙没有进一步的建造。

17 世纪的荷兰式防御工事

注释 12 ▶ 除了一些未完成的计划外，易北河右岸的新城并没有完整的封闭防御工事做屏障。在三十年战争初期，保护城镇北部以及易北河上桥梁变得日趋紧迫。大约在 1622 年，在新城附近建造防御工事的准备工作开始了。1625 年，军事工程师、建筑师和测绘师威廉·迪里希（Wilhelm Dilich）开始了这项工作，承担起罗克斯·冯·里纳尔当年在防御工事建设前期扮演的角色。在德累斯顿，威廉·迪里希采用了一种 16 世纪末在荷兰发展起来的防御系统。

在摆脱西班牙统治的战争中，荷兰人根据当地地质和水文条件，调整了意大利防御工事技术。荷兰防御工事建筑的主要特征是在宽阔的防御面积内合理使用水资源。荷兰人利用他们在筑堤方面的经验，在几个世纪以来，保卫他们的土地和城镇。壁垒、前置的反向陡坡、半月型堡垒等像 "角" 和 "冠" 一样，成为新防御工事的有效补充。这些构成要素以复杂的方式组合成一个同心系统。在荷兰防御工事建设的第一阶段，仅用泥土建造，没有石头覆盖层。这意味着，冰冻的情况下，护城河很容易渡过，城墙也容易攀爬。此外，城墙容易被侵蚀破坏。荷兰军官工程师蒙诺·范·科霍恩（Menno van Coehoorn）重新使用了石质覆盖层，但使用范围有限，大多覆盖在城墙外侧，使城墙更陡峭。内侧未覆盖的部分依托城墙的火力进

德累斯顿：最终的防御工事，1730 年

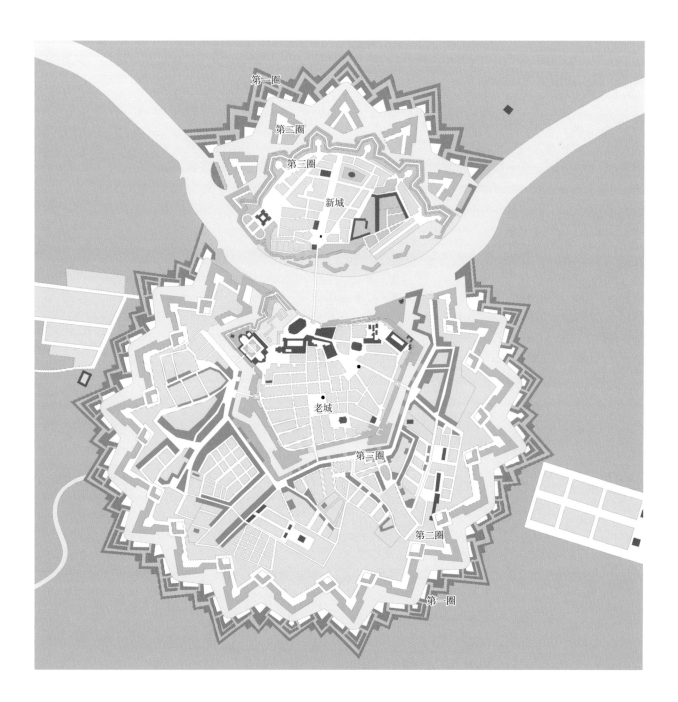

第一圈

第二圈

第三圈

新城

老城

第三圈

第二圈

第一圈

布尔坦格，荷兰

1735年德累斯顿的防御工事：后侧是采用新意大利式防御系统的老城，前方是采用荷兰式防御系统的新城，这是一幅具有很大艺术自由度的画面。

行防御。在德累斯顿，新城防御工事的实际建设速度，随着三十年战争的逐步升级而加速。战争的威胁导致老城以及新城周围的军事防御工事建设量骤然升高，造成劳动力和建筑材料短缺，无法在预定时间完工，耽误了防御工事的建造速度。

在欧洲三十年战争中，萨克森选帝候约翰·乔治二世（John George II）最初加入天主教哈布斯堡王朝阵营，但后来转而效忠瑞典新教一方。哈布斯堡皇帝无法接受背叛行为，其后果是哈布斯堡皇帝麾下的克罗地亚军队，对德累斯顿造成严重威胁并洗劫了周围村庄。1635年，《布拉格和约》结束了哈布斯堡和萨克森之间的战争。通过重新加入哈布斯堡的阵营并对瑞典开战，笼罩在德累斯顿的战争阴云才得以消散。

1655年，沃尔夫·卡斯帕尔·冯·克伦格尔（Wolf Caspar von Klengel）接替了已故的威廉·迪里希。克伦格尔也有丰富的国际经验，例如，他曾经在威尼斯担任上尉，并一直致力于该城的防御工事建设。在德累斯顿，他被提升为贵族，并担任指挥官。这位受过高等教育的人，认为他的前任的工作必须加以改进。

对于老城来说，这意味着要提高城墙的高度，并建造前面的外护墙。对于新城来说，这意味着要进行整体改造。随着克伦格尔的长期参与，老城的防御工事得到加强，新城的工程也得到了完善。1695年，随着最后一段城墙围合，新城基本防御工事终于完成，但是外围的外护墙、半月堡、半圆壁并没有像克伦格尔建议的那样完工。

18世纪和19世纪的防御性工事

注释13 ▶ 萨克森通过与哈布斯堡王朝的政治联盟卷入了瑞典战争，德累斯顿防御系统随之进一步提升。1704至1706年间，在新城建了三座半月堡，位于1695年完工的主城墙前。后来加建了两个半圆堡垒，并在防御工事内置入两座火药库。很显然，新城防御工事的外弧仍然远未完工。在1730年左右，绘制了完整外弧防御工事的精确方案。在该方案中引入了第三个弧。大约在同一时间，为老城绘制了一个类似的三层防御系统方案。内圈是老城周围现有的防御工事。在这个核心之外，打算建两个外环。老城和新城这两个方案的结合相当于一个超级防御工事，似乎要抵御来自火星的攻击。从某种意义上说，出现超级防御工事的疯狂想法是可以理解的，日益强大的普鲁士帝国威胁正在加剧，并不断尝试将德累斯顿纳入更广阔的帝国版图。超级防御工事背后不切实际的建造思路，是巴洛克空间原则（巴洛克风格）在军事领域的延续，通过层层递进从城市中心到城市郊区的防御系统，实现有限空间的无限延展。同一时期完工的卡尔斯鲁厄城市扩建，重复展现了巴洛克风格晚期典型空间特点。卡尔斯鲁厄的城市发展源自 1720 年为巴登·杜拉赫（Baden Durlach）的侯爵卡尔三世·威廉（Karl Wilhelm III）设计的新居所，这座宏伟的巴洛克城市以侯爵宫殿为圆心，以街道为轴线从里向外呈放射状排布，宫殿、花园和整座城市形成轴线对称式的整体布局，逐级递进的几何空间，以及空间连续的园林景观。这是借鉴法国巴洛克风格建造的城市，以宫殿作为绝对中心，和凡尔赛的设计思路如出一辙。对德累斯顿来说，这一切不可能在这里实现，因为萨克森在普鲁士帝国更广阔的版图中变得越来越边缘化，它优先服务于帝国，没有为区域权力规划留下余地。此外，过去两百年来由于缺乏资金，在德累斯顿建立超级防御工事的计划没有资金支持。在 1730 年疯狂计划提出后不久，老城现有的防御工事开始垮塌，这是在中世纪城墙和后来城墙结合部出现的问题。在 16 世纪为了节省资金，这座有着几个世纪历史的中世纪城墙一直被用作后来城墙的内部支撑。随着城墙高度不断增加，新城墙对旧墙的压力越来越大，最终导致了严重的问题。从 1733 年开始，即使没有敌方的炮火攻击，中世纪的城墙在几个地方开始倒塌，昂贵的维修费已经超过了之前提出的疯狂计划。

在西里西亚战争中，军队官员强调了进一步改善防御工事结构的必要性。但这个时候，选帝侯弗里德里克·奥古斯都一世（Frederick Augustus I）已经把他的注意力投向了奢华的宫廷文化，以及丰富多彩的社交活动上。1756 年，这场豪华盛宴结束了。普鲁士军队入侵萨克森占领德累斯顿，奥古斯都一世逃亡。1758 年，奥地利人再次入侵萨克森，1759 年普鲁士投降，将德累斯顿交给奥地利人。第二年，奥地利人开始在新城和老城周围建造野外防御工事。1760 年，普鲁士军队进行反击，随后发生了激烈的城市争夺战，圣母教堂被毁，防御工事内外许多房屋被烧毁。最后由于普鲁士军队缺乏弹药，以及无法兼顾普鲁士其他地区防务，选择撤退。德累斯顿的状况又暂时恢复到 1756 年。

在和平条约签署后，开始讨论是否拆除摇摇欲坠的防御工事。在经费方面，各方意见不一致，导致难以采取实际行动。只进行了小型工程，并建造了抵御突然袭击的野外防御工事。作为 1778 至 1779 年巴伐利亚战争的一部分，制定了在德累斯顿周围建造一大圈堡垒的新计划。以前的战争已经表明，新城周围的城墙不足以起到保护作用。1805 年，所有可以显著改善防御工事的计划再次受阻。最后，在 1809 年，再次决定拆除防御工事，但到 1813 年，情况发生了巨大变化。拿破仑军队与普鲁士和俄国的联军，在德累斯顿附近爆发了一场大规模战役。这是拿破仑军队在德军战场上的最后一次战役，造成 2 万人死亡。法国人很快在德累斯顿外围，建造了大约 20 个野战堡垒组成的环状防御工事。作为防御工事的核心，带有外侧护墙的帝国堡垒被建立起来。

拿破仑占领时代结束后，拆除防御工事的工作开始启动，以便在城市周围建一条绿化带，为不断发展的公民社会服务。1830 年，德累斯顿防御工事被拆毁。1836 年，原防御工事土地使用权移交给城市。与此同时，大多数城墙被夷为平地。

1867 年，萨克森不再是德国政治版图中独立的政治实体。萨克森军队开始按普鲁士军队标准组建，并

被烧毁的街区

保留的街区

城墙遗迹

从 1600 年左右到 19 世纪初的城墙

烧焦的绿地

不断扩充。由于现有军事设施不充足，因此在德累斯顿以北建立了一座新的军事城镇，该城镇命名为艾伯特斯塔特，这是普鲁士军事基地中最大的一个，随着军事的扩张，军事基地脱离了德累斯顿这座城市。

20 世纪：没有防御工事的城市

第一次世界大战是传统战争的转折点，传统战争的城市攻防战，战争的焦点就通过破坏敌方防御工事来攻克城市。当然，为了防止敌人到达城市，还在开阔地展开战斗，当然也会有大量居民丧命。传统战争主要目标是攻陷军事堡垒，而不是首先攻击城市和居民。由于第一次世界大战前火炮威力陡增，防御工事的规模急剧膨胀，最终导致配置过度。城市防御系统的扩展取决于地理条件和战线长度，例如当时荷兰的防御系统（荷兰水线）横跨全境。20 世纪初，这种防御系统在法国的马奇诺防线到达顶峰。从某种意义上说，法国将军们成功地塑造了此前传统战争，但在第一次世界大战期间，数百万可怜的男孩被屠杀在该防御系统的战壕中。从那时起，战争开始演变成为无差别进攻，不仅消灭士兵还杀害平民。可以说，战争的修罗场已经变得没有边界，脱离了固定的防御系统的限制。第二次世界大战中纳粹的大西洋堡垒，是最后一个固定的防御系统，但盟军轻松飞越了这道过时的墙壁。第二次世界大战成为第一场无差别攻击的扩大战争，它不是针对固定防御系统的战争，而是一场摧毁文明本身的战争。无论如何，它从一开始就不是一场军队之间的战斗。这导致了整个城市的毁灭，德累斯顿是这种可怕结果的悲剧象征。

1760 年，第一次遭到战争破坏的圣十字教堂废墟，画家贝洛托（Bellotto），1765 年

形态学

在地图上用黄色标示的区域是 1600 年左右的城市街区，展现了当时城市发展状况。这是茨温格宫，大教堂和森佩尔歌剧院建造之前的德累斯顿。旧的城市布局已投射到当今城市重建中。目前重建工作仍在进行，但最终城市布局已经确定。

与旧的城市布局相比，最显著的变化是出现威尔斯都弗街，这条繁忙的交通主干道，斜向分割了整个历史街区，把老城分成了现在的南北两部分。

北部被重建为第二次世界大战之前的状况。南部，老市场周围的区域，自德意志民主共和国重建以来，已成为一个城市形态相当不明确的地区。这里的城市布局随意，战后引入的超级街区，强调功能划分而不重视空间，导致城市空间中地域文化缺失。公共空间失去往昔的历史氛围，从而失去了城市应有的特色。与过去的布局相比表明，老市场周围重建时采取了折中的手法，略微遵循旧的布局，但舍弃原始街区的规模和类型。超级街区建设采取了类似维也纳的卡尔·马克思大院（Karl Marx Hof）的宏伟布局，但后来转变成了一种新巴洛克风格，与原有的城市规模和建筑风格相抵触。

老城曾经以其辉煌的城市景观而闻名，并不是基于完整的城市空间。城市景观似乎更多是散布各处的精美建筑群，缺乏严格的综合整体布局。开放空间的尺寸有些随意，街道和广场的方向并不明确。城市有机增长导致广场很宽阔、没有明确的边界。这种城市内部无序发展有其历史根源。1763 年，选帝侯弗里德里克·奥古斯都二世宣布他希望改变城市结构，创造更连贯的空间结构，但这一目标从未实现。建筑群依旧保持着随意、杂乱无章的布局，这当然也是它魅力所在。

旧城重建

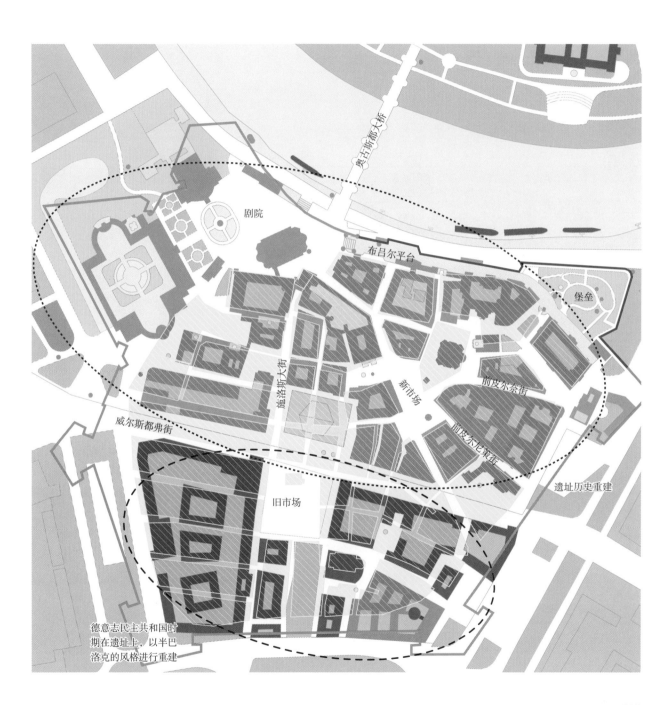

剧院

奥古斯都大桥

布吕尔平台

堡垒

施洛斯大街

新市场

前皮尔奈街

前皮尔尼莱街

威尔斯都弗街

旧市场

遗址历史重建

德意志民主共和国时期在遗址上，以半巴洛克的风格进行重建

从易北河畔眺望德累斯顿，1748 年，画家贝洛托

布吕尔平台周边是最连贯的建筑群，符合巴洛克城市特征。沿河区域拥有绝佳的城市风光，其背后是布吕尔平台、城市森林小宫殿（Italienisches Dörfchen）以及无限延展的天际线。城市品质取决于易北河和面向河流的建筑之间的关系，这些建筑位于防御工事的遗迹上，以及唯一被保留下来的堡垒。绵延的建筑群位于易北河外侧河弯处，两岸风光尽收眼底，正如 18世纪画家贝洛托（Bellotto）在其作品中，描绘的令人印象深刻的城市景象。河边的城市森林小宫殿是奥古斯都大桥的守护者，那里有通往易北河的露台以及宽阔的楼梯。这座桥本身就是一个城市空间，庞大的结构本身具有极强的建筑表现力。桥顶长廊两侧都设有许多休息平台。在老城的方向，这座桥指向通往老城

市中心令人印象深刻的门户：乔治恩门（Georgentor）。在新城一侧的滨河景观已荡然无存。曾经连续的滨河城市景观消失，导致整座城市的空间节奏被破坏。此外，往来两岸的公共交通也削弱了这种空间联系。

新市场周围地区的城市重建，大致上沿前皮尔奈街（Former Pirnaischestrasse）和前皮尔尼策街（Pilnitzerstrasse），这两条古老的道路进行。

老城的东侧保留了中世纪的城市布局，不规则的街区和街道环绕着新市场，以及中间的圣母教堂。这里是原始定居点遗址所在地。通向大教堂以及奥古斯都大桥的前皮尔奈街，这条斜向的古老街道仍然影响着新市场周边空间布局。位于新市场中心位置的圣母教堂和周边街区的建筑融为一体，共同构成城市天际

从易北河畔眺望德累斯顿，2011 年

线，形成整体和谐的城市景观。开放空间在教堂周围流动，并向许多方向延伸。新市场西侧，至今仍然缺少一座和老城氛围相匹配的建筑。德累斯顿市政府对于新市场复杂布局的改造方案进行了激烈讨论，却始终没有拿出合适的解决方案。也许是这座建筑必须以超现代主义风格（地图上的 19 号）来建造的观点，导致讨论解决方案时意见针锋相对。18 世纪到 19 世纪，通往乔治恩门的南北轴线（城堡大街）以西，坐落着城市建筑群：茨温格宫、大教堂、森佩尔歌剧院和塔森贝格宫（Taschenbergpalais）。这些建筑间距很大且排列松散，但与周边规模宏大、布局集中紧凑的建筑群完美结合，形成了高低错落、开合有致的城市形象。

巴洛克晚期风格的茨温格宫及其空间庭院是欧洲古典建筑的杰作之一。

老城周边地带，大约两百年前防御工事被推平的地方，现在遍布城市道路和停车设施，目前缺乏对周边地带的统一规划方案。以前防御工事的痕迹在城市肌理上依然清晰可辨，但是缺乏对老城墙周边文化遗存进行整体保护的空间规划，也缺乏对于其现实价值和历史意义的挖掘。19 世纪末曾计划将其改造成环形林荫大道，这是德意志帝国统一之后，很多城市的典型做法，但只在帝国邮局和应用艺术学院周边得以实施。

城市重建和著名建筑

重建

在第二次世界大战后的最初十年间，联邦德国和民主德国开始了对战争期间被毁建筑进行全面重建。在联邦德国，当年建筑师巴尔塔扎·诺伊曼（Balthasar Neumann）修建的巴洛克式宫殿是重要的重建项目之一。在重建过程中采用了传统的建造工艺和精湛的现代施工技术。这些涅槃重生的建筑，不仅恢复了建筑的历史风貌，同时也在穹顶重新绘制了巨大精美壁画。与此同时，民主德国在德累斯顿也采取了高度专业的做法，对茨温格宫、大教堂、森佩尔歌剧院和其他建筑进行了完美的城市重建。在大多数被摧毁的城市中心，个别建筑的重建效果远远超过整座城市重建质量。

柏林墙倒塌后，德累斯顿老城部分历史建筑的完美再现，成为塑造圣母教堂周边城市形态的重要部分，

建筑师巴尔塔扎·诺伊曼主持重建的布吕希萨尔城堡（卡尔斯鲁厄市附近）内部穹顶壁画。原画绘制者是艺术家帖尔波罗（Tiepolo）

圣母教堂的重建工程则是其中的重中之重。通过城市重建和建筑修复相结合，德累斯顿老城在重建规模和建造水平，达到了德国其他城市无法达到的高度。

老城的城市街区重建比公共建筑重建更具灵活性。但在城市层面，重建工作需要高水平的建筑复原和表现力，建筑内部已采用现代承重结构技术，建筑平面布局已大多被改变。尽管存在技术和功能上的偏差，但重建街区的城市外观，却是整个城市重建过程中最令人印象深刻的部分。

老城重建过程中采用了不同的方法，从完全复制到演绎甚至创造各不相同。对于大型公共建筑，采用完全复原的方法是首选的。另一方面要采用演绎方法，重建那些不重要的联排城市住宅，当然也可以称为改造。但无论如何，重建的建筑物，都不应限制在固定的时间框架内。此外，在大轰炸发生时，一些建筑已经和最初形态相去甚远，另一些建筑进行过多次改建和扩建，如果回到原始状态，将意味着对幸存历史遗迹的进一步摧毁。例如，城堡在几个世纪以前，已经失去了昔日的风采，甚至建筑内外立面的风格，也可以追溯到不同的世纪。此外，城堡在1900年扩大到邻近的街区。茨温格宫在18世纪到19世纪扩建了侧翼。对原有建筑的无差别的全面重建，将阻碍其他建筑物的重大和有价值的扩展，并破坏建筑物本身的历史印记。

圣母教堂由残留的原石和新石组合而成，2006 年

对于战前建筑的重建工作，可以分为四种类型：

• 完全复原到战前状态；

• 建筑立面完全复原到战前状态，但采用现代建筑承重结构和新的平面布局。

• 建筑立面战前状态采用演绎方法，进行合理推演和设计。

• 对历史和传说中的建筑进行想象性演绎。

完全复原、转换复原、推断演绎以及合理想象，通过这几种方法共同拼凑出完整的城市图像，和战前的城市既相同又不同。在大多数情况下，老城重建所选择的方法是可以理解的，而且与城市建筑本身已经达到一致性。

完全复原

在完全复原的建筑中，残存的战前建筑遗迹被尽可能多地保留。1945 年轰炸后不久，德累斯顿市开始系统地对残存的建筑遗迹和建筑构件进行标记。因此很容易区分出原始建筑残片或后期复制品，因为所有的石质原始构件都变成了黑色，而石质复制品大多是砂岩，因此新建部分的颜色都是白色。变黑的部分并非全部是由轰炸和随后的火灾引起的，而是几个世纪的污染造成的。在圣母教堂，原始和复制之间的对比最为显著。本文中的图片显示了在大轰炸中幸存的角翼。黑色的建筑片段与复制构件整合到重建建筑中。一块块原始建筑残片散布在复原的建筑上，就像白色颅骨上的黑斑。

对历史建筑的精确重建，在欧洲是一种相当不寻常的做法，甚至受到某种程度的怀疑。但在印度尼西亚的爪哇岛，这种做法不太受质疑。20 世纪巨大的婆罗浮屠塔重建工程中，使用了超过一百万块石头，甚至使用混凝土基础，使其得以重现昔日辉煌。这座建筑在一千年前被火山灰完全掩埋，19世纪被发现后，进一步衰败直至重建。印尼普兰巴南神庙，与婆罗浮屠塔是同一时期建造且规模相似，也经历了类似的完全重建过程。在日本，通常会对木制寺庙进行完全拆解，然后不断重建它们，重建时使用新的建筑材料和构件。在亚洲文化中，具有历史价值的古建筑保护和重建受到高度重视，但对于建筑材料的态度和西方文化有所不同。

仅完全复原外立面

在老城圣母教堂周围的建筑重建过程中，使用了建筑立面完全复原，但采用现代承重结构和新建筑平面的策略。如上文所述，幸存的战前建筑构件，在重建过程中也被应用其中。甚至战后混乱时期被掠夺的装饰品，也在重建过程中再次出现。在大多数联排城市住宅的建筑立面上，这些装饰品都被精确的复原了。

对战前状态的自由演绎

这些建筑采用了和圣母教堂完全不同的策略，通过自由演绎，截取历史建筑外立面作为模板，进行合理推演与设计创作。在这样的建筑中遵循了原始建筑的规模和尺度，但细节部分是原始建筑的现代版本，建筑材料也选用现代材料。在这些转译中诠释原始建筑的美学特点，同时尊重了沿街建筑物的整体形象。

对历史的想象性演绎

2006年举行了一场建筑竞赛，在曾经的格万德豪斯酒店（Gewandhaus）所在位置设计一座文化中心。竞赛场地就在圣母教堂前，竞赛目的是寻找符合历史背景且具备现代品质的公共建筑解决方案。虽然设计构思是不一样自由演绎，但都体现着对城市和空间，不同角度的想象与思考。虽然竞赛获胜作品是一个极具现代风格的方案，但在这块极具历史感的场地上，方案实施被推迟。这表明，德累斯顿在21世纪重建的讨论和解决方案中无法回避对历史的考量。

穿越时空的建筑

老城的建筑重建可以追溯到不同的时代，从中世纪晚期到20世纪初。最古老的建筑是建于12世纪的德累斯顿王宫（Residenzschloss），在文艺复兴时期进行了彻底改建，并在19世纪末进行了翻新和扩建。1534年，整个建筑群沿着宏伟的乔治恩门入口进一步扩建。最具特色的建筑出现在18世纪和19世纪。虽然建筑类型丰富，但由于茨温格宫、教堂和宫殿的存在，德累斯顿老城仍被视作具有鲜明巴洛克风格的城市。

圣母教堂（新市场）周边的建筑得到重新建造，2009年

新市场的西立面图（圣母教堂周围的广场）

茨温格宫

注释 14 〉 茨温格宫可以看作是一座占地一公顷的室外剧院,庭院是举办庆祝活动的场地,周围环绕着露台和亭子。因此,茨温格宫是巴洛克式剧场的世俗版本。建筑师马特乌斯·丹尼尔·珀佩尔曼(Mathäus Daniel Pöppelmann)以华丽的巴洛克晚期风格,在 1709 年至 1732 年间设计了这座建筑群。茨温格宫西南侧,之前是一片橘园,在通往易北河一侧,被拱形围墙所环绕。在 19 世纪中叶,在这里重建了艺术画廊和出入通道,由建筑师戈特弗里德·森佩尔(Gottfried Semper)设计。

马特乌斯·丹尼尔·珀佩尔曼属于中欧第一代本土巴洛克风格建筑师。在为奥古斯都服务时,他奉献了自己的才华,将德累斯顿打造成为一座真正的首都。茨温格宫最初设计用作比赛或观演的大型封闭庭院。因此,马特乌斯·丹尼尔·珀佩尔曼称其为罗马剧院。

茨温格宫本该成为更大宫殿的一部分。最初设计的宫殿主轴,将茨温格宫与易北河畔大花园串联起来,但花园部分没有完成。主轴尾端是一座华丽的门楼,通向防御工事外的开阔地带,主轴面向茨温格宫大门。茨温格宫的设计可能受到了凡尔赛大特里亚农宫(Grand Trianon)的启发,采用宫殿和花园结合的方式。茨温格宫的空间效果非常丰富,建筑造型和空间序列通过环绕庭院的长廊,完美地融入整个建筑群中。茨温格宫是德国巴洛克风格最典型,最有说服力的作品之一。

教堂

注释 15 〉 巴洛克风格教堂解决了当时许多建筑结构难题,将结构中心、旋转路径和边界扩展等巴洛克开放性空间系统特色,在集中式纵向建筑空间内实现。在 17 世纪,建筑空间的纵向延伸至关重要。在反对宗教改革的教堂中,纵向象征着神的子民通往天国的道路。垂直轴代表了旅程的理想中心,而无限延伸则体现了征服和愉悦的精神感受。天主教宫廷教

塔森贝格宫

堂(1739-1753 年,现为圣三一大教堂)是奥古斯都改信天主教时期的见证。该教堂的建筑师是,信奉天主教来自意大利的加埃塔诺·奇阿维里(Gaetano Chiaveri)。他比大多数信奉新教的当地建筑师更受欢迎。教堂外观气势宏伟,线条分明,内部装饰细腻华丽,但不失庄严,体现了纯粹的天主教特征。

注释 16 〉 始建于 1726 年的圣母教堂是一座新教教堂。采用集中式建筑布局,信徒们进入教堂后自然聚集到中心位置。这座巴洛克式教堂由当地建筑师乔治·巴尔(Georg Bähr)设计,该教堂是一个透明的集中式空间结构,室内被复杂的光线系统包围。充足的光线不仅是为了满足室内需要,而是展现一种普世精神,宣扬启蒙运动,强调在清晰的光线下阅读圣经的重要性,与天主教仪式更戏剧性甚至昏暗模糊的本质截然相反。

塔森贝格宫

注释 17 》 巴洛克风格的塔森贝格宫的重建工作于
1995 年完成，目前用作豪华酒店。这座宫殿是由奥古
斯都建造，并作为他的情妇康斯坦伯爵夫人（Countess
von Cosel）的寓所。原始建筑建于 18 世纪初，由建筑
师马特乌斯·丹尼尔·珀佩尔曼设计。在 1756 年和
1763 年，该建筑扩建了东、西两翼。由于其带有东方
色彩的内部装饰，因此也被称为土耳其宫。在西侧矗
立着新哥特式霍乱喷泉塔，其历史可追溯到 1846 年。
这个喷泉是个纪念碑，纪念 1840 年德累斯顿霍乱疫情
结束。塔森贝格宫附近原本有哥特式的新教索菲亚教
堂（Sophienkirche），但其建筑遗迹于 1963 年被清除。

联排城市住宅

宫殿和教堂被嵌入在由住宅组成的街区之间。住
宅区的占地面积和建筑高度可与宫殿媲美。这些建筑
大约有 15 米到 20 米高。每栋联排住宅都有自己特色
和不同的配色方案。得益于德累斯顿的巴洛克风格，
这些街区在表达上具有连贯性。屋顶是典型的德国巴
洛克风格，可与全国各地的典型巴洛克风格宫殿的屋
顶相媲美。

文化宫

注释 18 》 文化宫是德累斯顿爱乐乐团的所在地。
该建筑建于 1966 年至 1969 年之间，由建筑师赫布
施（Hänsch）和莱绍（Löschau）设计，这座钢结
构建筑是典型的民主德国现代风格。柏林墙倒塌后，
人们开始讨论是否合并，或拆除这座民主德国时期
的文化建筑，因为它象征着民主德国的文化政策。
但这座建筑散发的怀旧气息，让人们回想起那段被
社会乐观情绪支配的年代。文化宫仅仅是一座建筑，
而建筑本身没有好坏。文化宫满足了人们对逝去岁
月的某些追忆，或许至少是文化在社区中扮演的角

文化宫

色。由于老城的重建是不同时期建筑的混合体，文
化宫建筑已融入老城重建城市历史的过程中。文化
宫西侧建筑立面有一副典型的用于政治宣传的现实
主义艺术作品。

格万德豪斯

在新市场的另一侧，圣母教堂对面，原本计划建
造一座文化建筑。令人惊讶的是，城市管理者选择用
直白的现代建筑语言来塑造这片区域。老城重建的理
念不仅是重现某个时间的过往，同时更多的是诠释历
史的不同阶段。这种观念导致了全新的现代主义建筑
融入历史区域的设计思路。格万德豪斯竞赛获奖设计
方案共有五层，上面三层是展示现代私人艺术收藏品
的展览空间，下面两层分别是餐馆和商店，通透的现
代立面正对新市场。这个超现代的设计方案强调了不
同空间层次的整合，但也引发了关于 21 世纪老城重建
的热烈讨论，该项目的建造计划随即被推迟。

2008 年的森佩尔歌剧院，该剧院在民主德国时期得到重建

茨温格宫一尊被战火熏黑的巴洛克男孩雕像，尽显孩童纯真本色

森佩尔歌剧院

注释 19 》 1841 年设计森佩尔歌剧院的建筑师戈特弗里德·森佩尔，对古代色彩装饰非常感兴趣。他撰写的《古代建筑和雕塑彩饰初论》（1834 年）中收录了他在意大利和希腊的研究成果。他的建筑作品渊源可以直接追溯到文艺复兴时期，这在森佩尔歌剧院（前霍夫剧院）设计可以看到。由于 1869 年的火灾和 1945 年的轰炸，这座建筑在大约 150 年内经历了三次建造。1985 年第二次重建最终完成。此次重建将现代剧院技术与歌剧院遗址重建相结合，保证了宏伟的声学效果。森佩尔歌剧院第一次重建，是由戈特弗里德·森佩尔的儿子在 1878 年完成的，建筑形态略有改变。这种动态变化的历史，可以看作是一个独特的建筑发展历程，这种情况在德累斯顿是非常普遍。

1945 年 2 月 13 日的轰炸和受害者

1957 年，小说家哈里·穆里施（Harry Mulisch）在他的小说《石头婚床》中描绘了 1945 年 2 月 13 日德累斯顿大火的可怕场景。他再现了在大轰炸幽闭恐惧氛围中，巨大的热量笼罩下氧气匮乏的场景。小说中有如下描述：

注释 20 ▶ 她把孩子裹在裙子上，开始在大火中的墙壁间奔跑。整个城市的一切都在燃烧，街道都变成了烤箱，但你几乎看不到火焰的烟雾。半分钟后，她的头发和衣服被烧焦了，她几乎要窒息而亡，因为大火消耗了所有的氧气。她说到处都有烤肉的味道。她不得不在炸弹掉落中，奔跑寻找掩护，躲在波希米亚的难民中，像流血的蠕虫一样在彼此身上爬行。人们拖着惨痛的身体进入火中，以便迅速死去。

在灾难的第二阶段，他描述道：然后暴风雨来了。这是由气压差引起的。由于城里的高温，暴风雨从山上袭来。当然，一切都开始燃烧得更厉害了，但至少有一些氧气了。不管怎样，轰炸停止了。空中只剩下几架飞机了。突然间，她变得有点冷漠。她什么也看不见，也几乎什么也听不见，但突然间，她感觉自己在草地上行走，来到了水里。易北河！她说，那一刻即使是天堂，也没有易北河的水那么美妙。人们到处站着，直到水淹到他们的脖子。她把孩子弄湿，扛在肩上，尽可能地埋进水里，然后飞机又来了。在大约 30 英尺的高度，伴随着人们的尖叫声，四处枪林弹雨，但如果你问我的话，她再也听不懂了。

在同一部小说中，哈里·穆里施描述了一架被袭击的轰炸机机组人员的恐慌：

注释 21 ▶ 科林斯看到他们来了：梅塞施密特战斗机从高空飞来，所有机枪都在射击。轰炸机"解放者"紧急拉升旋转，躲避它们。他半倚着湿透的后背，疯狂射击的梅塞施密特战斗机再次进入他的视野。"该死！"施雷克斯·弗兰克（Shrieks Frank）道"真该死！"。前方几百码远，和他们同样的高度，一个旋转的黄色球在空中膨胀，瞬间"解放者"就笼罩在了它的阴影下，然后它爆炸成上千块碎片。科林斯听到身后有子弹袭来，一架梅塞施密特战斗机飞近了，他看到一起执行任务的飞机是如何被吞没，一个疯子或一具尸体坐在驾驶舱里，他们没有向上飞，射击着、咆哮着，随即一闪而过，垂直冲向地面，没有留下痕迹。"上帝啊，我们着火了！"阿奇继续拉起飞机并向上飞，而此时长长的火焰从右舷机翼的发动机中冒出。"你疯了吗！"吉姆喊道。"我们必须得跳！想在这被私刑处死吗？"阿奇喊道，"我会设法去俄国！如果有人想跳，来吧！"没有人说话。"没人吗？""尽你所能地跳！"吉姆说道，"试着联系俄国人！"而当吉姆用尽他所有的语言对着对讲机喊叫时，他不知道科林斯再次看到了德累斯顿。"德累斯顿"，他说着，嘴里有一股异样的味道。他吞咽了下去。一块碎片在空中爆炸，掉落到地上燃烧着。突然，火喷射到他的脸上，风把他吹到外面，飞机在他上方燃烧。

库尔特·冯内古特（Kurt Vonnegut）是一位美国战俘，大轰炸前一个月关押在德累斯顿。他在德累斯顿屠宰场的一个地下室里幸存下来。1969 年，他写了小说《五号屠宰场》，描述了他的沉重经历：

注释 22 ▶ 前往德累斯顿的旅程非常轻松，只花了两个小时。八名德累斯顿士兵弄清了这一百个荒诞的人，其

德累斯顿重要历史人物雕像，2009 年

矗立在圣母教堂前的宗教改革家马丁·路德雕像，直面福音回归的本源

弗里德里克·奥古斯都一世身着戎装面向奥古斯都桥，1736 年

实是刚从前线俘虏的美国士兵。他们笑了，然后大笑。他们的恐惧消失了。没什么可害怕的。这里有更多像他们这样的残废、还有傻瓜。这像是一场轻喜剧。他被这座城市的建筑迷住了。快乐的阿莫雷蒂在窗户上编织花环。淘气的农牧神和赤裸的仙女，从饰有花彩的檐口向下窥视比利。石猴在涡卷、贝壳和竹子中活蹦乱跳。

队伍摇摇晃晃地进入德累斯顿屠宰场的大门。这里曾经是待屠宰猪的场地。现在，将用于安置一百名美国战俘，在没有窗户的水泥砌块建筑中。

注释 23 ＞ 库尔特·冯内古特在他的书中继续写道：*1945 年 2 月 13 日晚上，听起来像巨人的脚步声，这位*巨人走来走去。有高爆炸弹的剧烈爆炸声响。肉柜是最安全的躲避处。偶尔有墙粉坠落。地面上被火灾吞噬，德累斯顿成了一个巨大的火球。大火燃烧了一切能燃烧的东西。第二天结束时，他们从水泥建筑中爬出来。当美国人和德国警卫出来的时候，天空一片漆黑。太阳像个刺目的针尖。德累斯顿现在就像月球一样，除了矿物质什么也没有，附近所有人都死了。

德国卫兵告诉美国人组成四人行列，他们这样做了。美国战斗机在浓烟中飞行，寻找移动的目标。他们看见比利和其他人在下面走。飞机用机关枪向他们射击，但他们没有被击中。然后，这群人离开了这座城市。晚上，他们到达了一家旅馆。旅店老板问他们是否来自城里。

国家社会党执政时期建造的"古典主义"英雄射手雕塑，至今仍在易北河畔展示着永恒的力量，雕塑师是 E.M. 盖耶（E. M. Geyer），1936 年

1945 年，手持卡尔什尼科夫冲锋枪的苏联士兵带着旗帜，作为解放者进入德累斯顿

他们可以睡在他的马棚里，老板送了汤、咖啡和一点啤酒给他们。在马棚里，店主说：晚安，美国人，睡个好觉。

　　1942 年 2 月 23 日，亚瑟·哈里斯（Arthur Harris）成为英国皇家空军轰炸机指挥部的总司令。1947 年，他出版了一本介绍第二次世界大战期间轰炸机指挥部空袭作战的书。在 280 页中，他描述了轰炸德国 70 个城市的战术目标、轰炸策略和技术。

注释 24 ❯　在空袭中，轰炸机指挥部与美国陆军航空部队合作。其目的是摧毁战争工业和交通线路，如铁路和运河。此外，突袭行动将打击德国人的士气（第 76 页）。亚瑟·哈里斯在他的书中指出，美国陆军航空部队和英国皇家空军是完全互补的。这与精准轰炸和区域轰炸的区别有关（第 88 页）。精准轰炸的目标是关键工厂和交通路线；区域轰炸的目标是将整个城市夷为平地。英国轰炸机指挥部只在夜间行动，以便于在夜幕的掩护下，免受敌方的战斗机和高射武器的攻击。由于夜间缺乏足够的导航技术，精准轰炸几乎难以实施。精准轰炸是美国部队在危险的白天飞行中才能进行。亚瑟·哈里斯在他的书中描述了许多轰炸行动和导航问题，但是对德累斯顿的轰炸只用了半页叙述，最后写道："*在这里我只能说，很多比我更重要的人认为对德累斯顿的空袭在当时是一个必要的军事行动（第 242 页）。*"回避了德累斯顿德悲剧，这与库尔特·冯内古特叙述经历相吻合。

从德累斯顿圣母大教堂眺望

约翰尼姆

茨温格宫

德累斯顿王宫

德累斯顿王宫的施塔尔霍夫竞技场

乔治恩门

圣三一大教堂

意大利餐馆

新屋

奥古斯都大桥

7

8 弗里登堡，乌得勒支

历史悠久的城市中心
——喧嚣惬意的休闲天堂

从三角洲到休闲天堂

在过去的一万年，上帝之河用神秘的方式塑造了荷兰三角洲。无数的河流和溪流，在千百年间冲刷着这片三角洲，带走泥土涌入大海。两千年前，随着罗马帝国堡垒和要塞的不断延展，一条河流变成了罗马帝国的北部边界。

罗马人沿着莱茵河故道，在维希特河支流处建造乌得勒支（Utrecht/Trajectum）。罗马统治衰落的几个世纪后，在被毁的罗马城堡上，成为乌得勒支城市扩张的中心。这座日益壮大的城镇，成为北方国家异教徒世界里的天主教前哨阵地。从此，在乌得勒支充满异国情调和戏剧性的天主教城市街道上，聚集着跳舞的人群和游行的队伍。

在 16 世纪的宗教改革期间，新教徒从信仰天主教的哈布斯堡帝国手中夺得了这座城市的控制权，并将其打造成为一座纯粹的加尔文主义的城市。曾经欢快的生活被冷静清醒的加尔文主义者，以及崇尚资本主义的荷兰人生活所取代。随着时间流逝，宗教冲突逐渐减少，乌得勒支得以幸存，在这个新教、天主教，以及世俗社会和平共处的现代化的国家中，成为一座成熟的大学城。

乌得勒支是荷兰的重要城市之一，但却从未发展成为荷兰政治和贸易中心，而是成为一种虚拟中心，在物流方面与荷兰的其他城市紧密相连。半个世纪前，消费社会的兴起使这座城市转型成为荷兰购物之都。这项艰巨的任务是 20 世纪 60 年代城市重建期间艰难

的抉择。商业发展成为城市转型的决定性因素，因此在重塑城市群的过程中，交通成为重中之重。

这一过程的结果是，60 年代典型的大型混凝土街区不合时宜地出现在老城西侧。从理论上讲，是为了保护历史悠久的城市中心，免受商业发展影响。但事实上，这是对城市发展历史与建筑遗存的忽视与破坏。20 世纪 60 年代草率引入城市商业功能，激起了当地居民的强烈反应，对规划政策产生质疑，重塑城市文化特色成为主流意见。伴随着对这座历史名城的重新审视，新的休闲生活方式受到青睐。荷兰的所有城市都发生过对历史建筑的强制现代化改造现象，但在乌得勒支，以如此现代化的方式推进，可以被视为该时期拆除重建类城市更新的典型案例。

积极的商业干预使城市承载着大规模商品销售和购物活动，随之而来的是城市反思与重建尝试。在 20 世纪末，乌得勒支致力于打造城市文化旅游和高端休闲引领的新兴产业，试图将城市中心改造成以历史遗迹为核心的休闲天堂。事实上，从奢华的天主教生活方式转变为朴素的新教生活方式四个世纪之后，城市状态发生反转，重新回到了自由无拘无束的休闲世界。似乎无休止的狂热消费主义，恢复了一度被加尔文主义者所禁止的某种生活乐趣，这一过程被世俗和非宗教心态所强化。同时，由于几个世纪的淤塞，莱茵河故道已经成为一条潺潺的溪流，象征着舒适和受保护的现代城市生活。

历史：从罗马小镇到新兴休闲城市

城市发源地

　　乌得勒支曾是建立在三角洲上的罗马人定居点，靠近古莱茵河支流维希特河（Vecht River）。古莱茵河向乌得勒支以西流淌，最后注入北海，维希特河在乌得勒支以北的阿尔梅勒（Almere），汇入艾瑟尔湖（IJsselmeer）。公元前1世纪，古莱茵河成为罗马帝国的北部边界。早在公元前50年左右，在罗马帝国控制的河流南岸，罗马人的城堡就建在河流环绕的中央地带。这座城堡是从莱茵河上游，向北海延伸的罗马防御体系中的一个据点。沿途许多据点成为后期城镇扩展的核心，如乌得勒支、沃尔登（Woerden）和莱茵斯堡（Rijnsburg）。右图展示了罗马城堡（中间的黑色矩形）在16世纪城市的位置，同时以红色标示出罗马城墙内的天主教大教堂位置。

基督教化

注释1和2 ❯　公元630年左右，皈依天主教的法兰克国王达戈巴特一世（Dagobert I）占领了最初的罗马城堡。很快在城堡内建造了一座小型天主教教堂，这里随即成为天主教传播的核心，持续影响着莱茵河北部地区，那里是独立的弗里斯兰人（Frisians）的领土。乌得勒支成为现今荷兰北部地区的一个典型的教区。

　　公元650年弗里斯兰人重新夺回乌得勒支，并烧毁了教堂。公元689年，法兰克人在多雷斯塔德（Dorestad）击败弗里斯兰人之后，天主教再次回归。当盎格鲁撒克逊的牧师威利布罗德（Willibrord）成为弗里斯兰人宗教领袖之后，公元690年，他在乌得勒支主持修建一座天主教教堂。公元720年左右，他在罗马城墙内建造了圣马丁教堂（St. Martin），后来又在邻近建立了圣萨尔瓦托教堂（St. Salvator），也称作乌德芒斯特教堂（Oudmunster）。在这两座教堂之间，大约在相同时间建造了一座小圣殿。在公元1253年的大火之后，圣马丁教堂的地位被乌得勒支大教堂（Dom）所取代。法兰克人支持威利布罗德在该地区的统治，公元723年赠送给他另外一座罗马城堡，位于古莱茵河和维希特河交汇处的维克登（Vechten），以及乌得勒支周边的土地，从而增强威利布罗德的世俗权力。

　　公元857年，维京人摧毁了乌得勒支。大约925年，巴尔德瑞克主教（Balderik）恢复这座城市的主教地位。从那时起，经过一段稳定发展期，这座城市成为一个重要的基督教中心。在乌得勒支这样的主教城市中，主教和信徒们从事着各式各样的职业和工作，既有宗教信仰因素，也有世俗生活需要，迅速发展的城市远超周围区域。这座城市有许多天主教建筑，可以说神职人员和宗教力量，很大程度上塑造了这座城市的天际线，乌得勒支大教堂位于城市的核心位置。

乌得勒支，1570 年

天主教建筑群，该城由哈布斯堡王朝直接控制

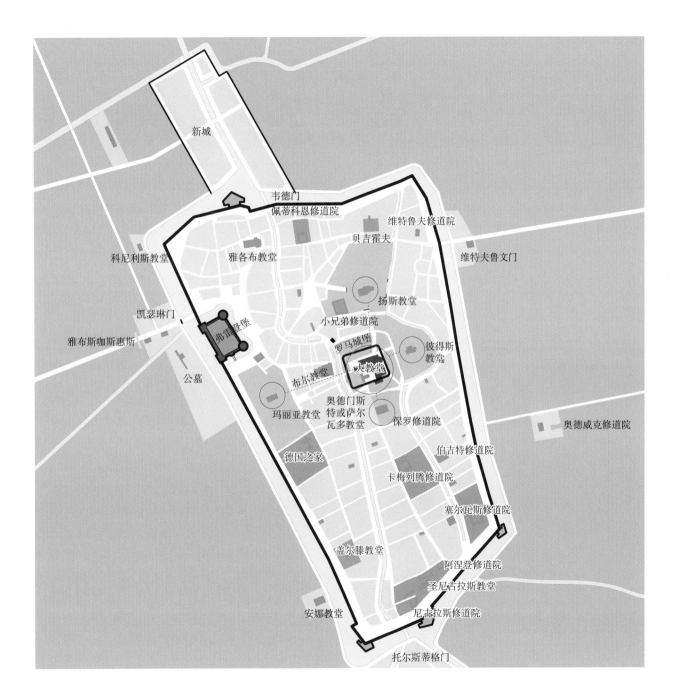

新城

韦德门
佩蒂科恩修道院
维特鲁夫修道院
贝吉霍夫
维特夫鲁文门

科尼利斯教堂
雅各布教堂

扬斯教堂
凯瑟琳门
小兄弟修道院
弗雷登堡
雅布斯咖斯惠斯
罗马城堡
彼得斯教堂

公墓
天教堂
布尔教堂
玛丽亚教堂
奥德门斯特或萨尔瓦多教堂
保罗修道院
奥德威克修道院

德国之家
伯吉特修道院
卡梅列腾修道院
塞尔瓦斯修道院

盖尔滕教堂
阿涅登修道院
圣尼古拉斯教堂
安娜教堂
尼古拉斯修道院
托尔斯蒂格门

11 世纪，乌得勒支大教堂的周边分别建造了四座小教堂，在城市地图上形成了一个长十字架。据推测，贝尔纳德主教在 11 世纪上半叶，提出了在城市范围内建立教堂十字架的倡议，但迄今为止，还没有文献佐证这个推测。无论它的起源是什么，长十字架是现实存在的。整座城市建立了许多教区教堂、修道院和慈善组织，乌得勒支成为当时欧洲北部重要的宗教中心。在中世纪晚期，乌得勒支有十分之一的市民从事神职工作，三分之一的城市被教堂或教会建筑占据。受乌得勒支影响的很多飞地，都有自己的城墙和护城河。

易卜拉欣·本·雅各布·范·托尔托萨（Ibrahim Ben Jacob van Tortosa）曾于公元 965 年，作为摩尔人代表团成员访问了这座城市。在他的一份书面报告中，我们知道当时城市周边的土地相当贫瘠。由于水中含盐量较高，导致无法进行有效的农田灌溉。托尔托萨还注意到，由于森林覆盖率较低，因此泥炭被挖出晾干后，作为燃料使用。

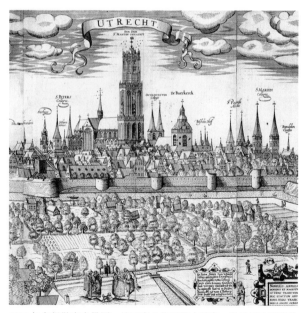

1604 年乌得勒支全景图。处于中心位置的大教堂，以及周边错落分布的天主教建筑群的尖塔，勾画出一幅极具宗教色彩的城市画卷

1122 年，乌得勒支获得了城市资格，并很快扩建了第一座城墙。

这座城市同时存在着市民系统和教会系统，这两个系统共同支配城市发展。每个系统都有所属领地和独立的行政机构。由于复杂的行政架构与等级制度，大约有七个独立的管理体系在运作，分布在不同的社会团体中，包括行会、贵族、神职人员和行政当局等。

乌得勒支主教享有远超城墙的行政权力。13 世纪，主教们甚至将世俗权力的影响，散布到荷兰北部的几个省，在那里他们担任总督或法官。尽管他们臣服于神圣罗马帝国皇帝，但在帝国财政支持和行政特权庇护下，主教们能够获得世俗统治者无法染指的豁免领地。一些当选主教甚至推迟数年举办就职典礼，以增强他们的世俗影响力，而不用承担相关失职罪责，因为北部省份的法官和执政官是他们的代言人。例如，当选的主教扬·范·纳索（Jan van Nassau）甚至从未宣誓就职，在他长达 23 年任期中，将主教职责委托给了代理人。

1304 年，当时行会开始参与新成立的市议会时，乌得勒支出现了转折点，市民社会从此崛起，可以与教会和执政当局的影响力相抗衡。

早期市民社会

注释 3 和 4 ▶ 11 世纪和 12 世纪是乌得勒支最繁荣的时期，此后由于泥沙淤积，导致乌得勒支周围河流的通航能力而下降，进而削弱这座城市的商业地位。泥沙淤积是由于荷兰三角洲河道南移造成的，从而对北部河流产生影响。乌得勒支建立在曾经水量丰沛的莱茵河畔，由于泥沙问题，莱茵河改道南部支流莱克河（Lek river）。海上运输在此时蓬勃发展，推动了北海沿岸城市迅速崛起，如阿姆斯特丹、鹿特丹和多德雷赫特（Dordrecht）等。荷兰和乌得勒支之间，围绕商贸活动征收通行费问题爆发了激烈的斗争，导致乌得勒支的商业地位在 13 世纪末急剧下降。随着乌得勒支

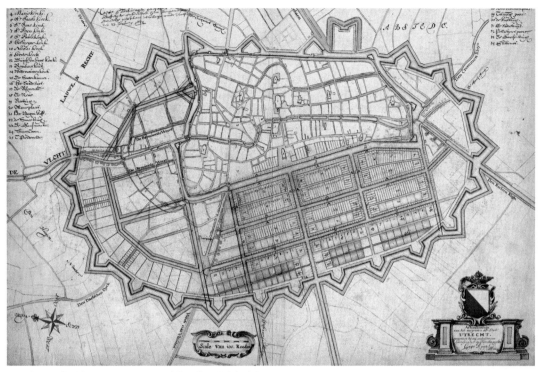

1664 年，H. 莫雷尔斯（H. Moreelse）绘制的乌得勒支扩建规划图

河流淤塞加剧，政治动乱进一步加速了城市衰落，从而使该地区西部的沿海城市从中受益。通往阿尔梅勒（现在艾瑟尔湖）的航道，受到阿姆斯特丹等竞争地区的控制，进一步削弱了乌得勒支周边的商业航运前景。1253 年的一场大火，摧毁了这座城市的大部分地区，乌得勒支受到了进一步打击。只有轻工业，主要是纺织业得以保留，并在许多世纪以来成为乌得勒支市民赖以生存的行业。与此同时，在行会领导下，更多普通市民加入到反对乌得勒支主教世俗权力的斗争中，直到 1304 年成立了市议会。

主教的权力受到限制，1528 年最终被迫放弃世俗权力，转而支持西班牙查理五世。1577 年乌得勒支市民摧毁了西班牙控制的位于城市边缘的弗雷登堡（Vredenburg），宣告西班牙对乌得勒支统治终结。这座城堡是 1528 年查尔斯五世（Charles V）建造的，官方宣称是为了保护这座城市，但实际上是为了镇压反叛的民众和新教徒。1579 年，乌得勒支宣布成立七省联盟，标志着西班牙统治衰落以及荷兰宣告独立。随着国际贸易为基础的商业活动日趋活跃，乌得勒支的市民社会得到充分发展。1580 年，最后一位主教去世后，乌得勒支的主教地位结束，天主教的公开活动被禁止。这对公共生活和社会行为都产生了深远的影响。新教徒对大部分教堂和修道院的改建，以及部分天主教堂的关闭，削弱了城市天主教的势力，产生了深远的社会影响。

注释 5 ❯ 新教的原始教派之一的加尔文派，取消了形式丰富且数量繁多的天主教圣日。在街上跳舞也被禁止，人们被迫接受一种清醒和安静的生活方式。这种

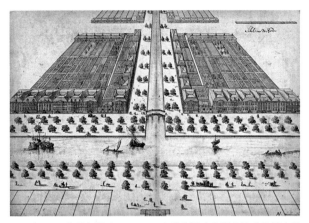

1664 年，H. 莫雷尔斯（H. Moreelse）绘制的乌德勒支扩建规划中的运河景观

影响力渗透到城市文化和日常生活的方方面面，其至着装要求也发生了巨大的变化，仍然允许使用各种颜色，但黑色成为主流色彩。通过这种方式，所有以前天主教的辉煌印迹很快就从这座城市的生活中消失了。

然而，乌德勒支再次发展成为重要的基督教中心，但这次却打上了鲜明的新教特征。乌德勒支大教堂仍然是这座城市的皇冠，尽管没有天主教十字架。城墙仍然是稠密城区的边界，但在这个城市空间之外，乌德勒支通过行使管辖权、征收税款以及拥有田产，控制着广泛的势力范围，即所谓的"自由城市"（stadsvrijheid）。

在 1641 年绘制了一张地图，以确定"自由城市"的管辖范围和区域行政长官更高权力之间的界限。在"自由城市"的边界处，建立了另一套城门，在那里收取通行费。直到 20 世纪中叶，这些边界都是城市的边界。在"自由城市"内部，城市影响力有所增加，使乌德勒支得到了发展。

城市扩展

注释 6 ❭　1664 年以前，城西的防御工事外开凿了三条运河，用于满足农业和园艺用水需要。1664 年，行政长官莫雷尔塞（Moreelse）将开凿新的运河列入城市扩建规划中。在这个具备 17 世纪城市规划所有特点的宏大项目中，通过设计宽阔的运河、笔直的街道以及雄伟壮观的建筑，彰显城市的光辉与荣耀。规整的城市街区在满足居住需求的同时，配备环境优美的花园。这种规整式布局形式强调对称的美感，以显示整齐、开阔的气势，在布局规划中采用几何形体，这与中世纪的有机和随意的城市结构相反。该规划还包括大幅扩建防御工事。很明显，莫雷尔塞计划建造一个气势宏伟的城市，仿效 17 世纪阿姆斯特丹宏伟的运河环线。然而，乌得勒支不确定的政治和财政状况，阻碍了计划实施。将近 200 年来，城市扩建一直被搁置，直到 19 世纪，随着工业革命爆发和城市基础设施的建设，城市发展才初具规模。

注释 7 ❭　1674 年一场龙卷风肆虐了这座城市。建筑物遭到严重破坏，烟囱和塔楼被摧毁，大多数风车被毁。乌得勒支大教堂的中部彻底被毁，这座幸存的巨大塔楼成了独特的城市地标，保留至今。当然，新教徒认为场龙卷风摧毁这座天主教时期的建筑，是天神对于天主教愤怒表现。或许出于这个原因，他们为重建大教堂设置了无尽的阻碍。在很长一段时间，他们甚至连被摧毁建筑材料的碎片，也置之不理任由其散落各处。

1830 年左右，新荷兰水线（整个荷兰的防御系统）的建造，成为乌得勒支东部新的防御系统，现存城市防御工事失去了价值。如何处理这些城防堡垒，再次引发了关于城市向西部和北部扩展的讨论。设计师简·戴维·佐赫（Jan David Zocher）在 17 世纪莫雷尔塞计划的基础上，重新设计并完成了当年的计划，包括城市的大幅扩建，以及西侧笔直的运河。

佐赫在 1830 年的规划方案中，提出在当时街道模式的基础上，建立相互交织紧密联系的道路体系。同时把东部和南部的防御工事改造成线性公园，环绕当时繁华的城市东部区域。在绿地环线的提议中，展现了他独特的景观表现手法。在接下来的十年里，大量城市绿地规划得以实施。城市东部区域的城市更新推动了相关的建造计划。只有一个城市堡垒被保留并整合到新的城市规划中。1853 年，这座堡垒成为天文台所在地，并沿用至今。而城市另一侧的扩张计划又被搁置。

注释 8 ▶ 19 世纪，乌得勒支的住宅区、各种工厂，以及教会建筑如雨后春笋般拔地而起，城市中心的建筑密度不断增加。

在 20 世纪中期，空置的工厂用地被开发建造低成本住宅，新的网络状道路系统和街道层次也随之确立，合理的街区网络布局使得城市大型街区成为现实。最成功的城市改造案例，是在以前制糖厂和啤酒厂旧址建造的住宅项目。通过一系列有效措施，改善了穷人的生活条件，防止了霍乱等流行病的爆发。但不久之后，随着富裕市民搬离城市，前往城市边界以外的新城区定居，导致城市中心陷入长期的衰退。在 19 世纪最后 25 年，曾经计划对这座城市进行人规模的扩建。第一个扩建提议涵盖了大约一百条街道，因此得名：百街规划。实际上，大部分主要街道都按照当初的计划顺利实施，街道之间的土地被私人建筑公司进行了商业开发。在第二次世界大战爆发之前，乌得勒支城市规模已是历史城区的 10 倍。城市东部已发展成为住宅区，西部是混合功能区，工业建筑沿着河道布局。中央火车站也建于此，以满足运输和贸易需要。由于乌得勒支在荷兰的中心地位，荷兰铁路公司的总部就设在中央火车站旁边。

注释 9 ▶ 为抑制住宅市场的投机行为，1901 年颁布的《国家住房法》规定，各城市应制定城镇规划细则和相关建筑法规。根据该法案，对新建社区住宅的居住功能和居住环境，提出了更高标准。1920 年荷兰著名建筑师亨德里克·伯拉奇（Hendrik Berlage）响应法案规定，为城市进一步扩展，提出了高密度和高质量的住宅综合规划，将城市规模扩大三倍。尽管没有完全遵循当

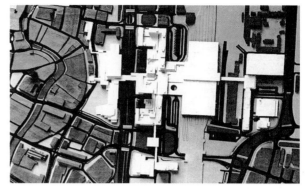

1967 年，胡格·卡塔里涅购物中心模型，展示了该项目对城市结构造成的巨大影响

初的街道规划提议，但在今天的乌得勒支，可以识别出当年规划的主要线路。1954 年在合并邻近城市的部分地区后，城市扩展范围进一步扩大。城市面积的增加，带来了城市基础设施明显改善，城市功能不断增强，消费社会的迅速崛起，进一步推动了这一进程。1962 年，为了满足市中心扩建的需要，政府启动了一项备受争议的建筑计划，在西侧建造了一座大型综合项目，胡格·卡塔里涅购物中心（Hoog-Catharijne）其中包括写字楼、公寓楼、车库和停车场等。该项目对市中心的城市结构产生了巨大的影响。野蛮的建筑干预，破坏了城市西部历史悠久的街道布局，巨型建筑改变了城市的历史景观，交通基础设施破坏了城市结构和形态。

仅仅 20 年后，对这座城市历史建筑的重新认识，引发了一场反思运动，旨在尽可能恢复这座城市曾经鲜明的文化特色。然而，财政限制和政治干预，阻碍了城市复兴的进程。这项复杂战略的核心内容是重新开发被填充的凯瑟琳运河（Catharijnesingel），在重建中保持与这座城市历史空间形态吻合。在这个持续而复杂的过程中，将积极发展文化旅游和高端休闲引领的新兴产业。这项工作始于弗雷登堡剧院的全面重建和装饰工作，该剧院位于胡格·卡塔里涅购物中心和城市中心之间，未来将打造成为一个多元化的音乐综合体。

8

弗里登堡，乌得勒支

城市布局

这座历史悠久的城市和古老城墙融为一体，并扩展到原来罗马城堡核心以外区域。市中心矗立的大教堂塔楼，成为乌得勒支的地标，无论从城市内外，各个方向都能清晰地看到。

今天塞韦特斯塔特街（Servetstraat）周边的罗马城堡遗址，以及古莱茵河旁的罗马街道，已经成为乌得勒支城市长廊的核心区域。这里的街区不仅遍布餐厅和酒店，休闲设施也是丰富多彩，户外露台随处可见。在夏季，整个地区沉浸在欢乐喧嚣的氛围中，露台成为重要的户外社交场所，人群在那里尽情享乐。古运河下游的码头附近有各种快餐店和小吃店，上游的码头附近被各种特色商店占据。这是古运河沿岸随处可见的场景。尤其在夏天，这个地区到处都是休闲放松的人流，或是消磨时间的游客。交通限制意味着行人拥有完全的优先权。古运河旁人头攒动，熙熙攘攘，相比之下，新运河周边要安静很多，周围是宏伟庄严的历史建筑和高密度的学生宿舍。在下游码头更多地保留了原来的物流区。

大型购物区域集中在中央车站旁的胡格·卡塔里涅购物中心，也有部分高层购物中心，延伸至邻近街道。购物功能从弗里登堡扩展到古运河区。弗里登堡音乐厅是城市中心重要部分，随着新演奏厅和辅助设施的扩建，对周边和城市的文化辐射功能日益增强，成为名副其实的文化核心。这座历史城市西北部已经沦为破败不堪的社区，只有质量低劣的办公楼，和死气沉沉的住宅区。城市中心西侧，原防御工事的外围是城市高速公路。这座城市充斥着各种对比鲜明的休闲生活元素，火车站附近令人眼花缭乱的购物中心，与大教堂周边种类繁多的餐饮店相对应。简约前卫、甚至冷峻的现代主义风格的购物中心，与布局优雅、凸显文化影响力的运河区域相对应，在对立统一原则的指导下，实现了历史古城风貌与现代高密度休闲设施的深度融合。

几千年前，荷兰北部河流的下游开始自然地从北向西旋转，导致乌得勒支河道的水流产生变化。这种水力转移迫使南部的莱克河取代了古莱茵河的干流地位。向北流淌的维希特河，以相似且复杂的方式，分流了古莱茵河大部分水量。乌得勒支周围陆地上复杂的水系，形成了网状的河流分布，在今天的城市形态中仍然清晰可辨。沿着蜿蜒的运河，城市中心地带，空间布局受到运河水道曲率的影响。这种受运河流向影响的城市布局是非常独特的，因为许多城市因水而兴，其环境和格局往往和笔直且实用的河道密不可分。古莱茵河在乌得勒支分为两条河流：古运河和新运河。这两条曲线环绕的河流，都源于古莱茵河原本蜿蜒的河道，而古莱茵河则湮没城市发展的足迹中。

古运河和通往大教堂的塞韦特斯塔特街交汇处，成为乌得勒支城市空间结构的核心部位。由于毗邻1579年宣告七省联盟成立的历史遗迹，因此也被称作荷兰的虚拟历史中心。在工业革命期间，中央车站成为荷兰铁路系统的枢纽，胡格·卡塔里涅购物中心坐落在该枢纽的上方和两侧。中央车站另一侧的综合住宅区也因靠近这个黄金地段而受益匪浅。

古罗马街通往后来的大教堂

德康尼克·范·波托格，建于 1619 年

弯曲的新运河

城市中心的街景

新运河

古运河

城市形态

历史模式

这座历史悠久的城市深受中世纪水系影响，该水系源于古莱茵河和维克特河，和古罗马时代的状况一样。在蜿蜒流淌的河流之间，在高弯曲流河道处，开凿笔直的运河相互联通。现在，整个水系由四条运河组成，介于北部维克特河和南部古莱茵河之间。两条运河成为城市护城河，另外两条流淌在城市核心区内。经过河流的综合改造，运河中段形态发生重大改变。最核心的功能集中在运河弯曲和混合形态处。护城河和邻近的城墙共同组成了这座历史名城周边坚实的堡垒。

两条中央运河及运河两侧码头的连接模式成为经典的街道模板。街道与运河直角相交，在城市南部近似直线的河段，街道平行排布，在这种正交规划形式下，形成了阶梯状布局。在城市中心，蜿蜒的河道相互交织，时分时合，形成了错综复杂的扇形网状布局。当运河缓缓流过城市中心后，在城市北部又恢复了直线型河道。

由于城市布局不规则，路网系统无法沿轴向分布。实质上，在乌得勒支形成了一个错综复杂的散点分布网格，沿着时而弯曲时而笔直的运河向外延伸。重要历史建筑似乎随意地隐匿和散布在城市形态中，有时甚至从街道向后扩展，仿佛躲藏在公共空间中，这可以追溯到乌得勒支作为天主教主教驻地的特殊地位。

教堂、修道院和小教堂等宗教建筑，是典型的内向型建筑群。乌得勒支大教堂建筑群，是城市景观最精彩的部分，虽然 100 多米高的塔楼，可以在城市任何一个角落看到，但本质上，这座建筑也是内向型建筑群的一部分。这座地标性建筑在视觉上的冲击力，营造出鲜明的城市节点形象，甚至削弱了周围主要建筑的体量感，宏伟的塔楼使它们相形见绌。

乌得勒支没有著名的广场。甚至连瑙伊德（Neude）也不是一个真正意义的广场，而是四条街道的交汇处。然而，也有一些类似广场的城市空间，大部分是以前的教堂庭院，这类庭院布局不规则，位置有些隐蔽。大教堂广场是在 1674 年龙卷风摧毁教堂中殿后形成的，尽管命名为大教堂广场，但实际是环绕塔楼的公共空间。一些以前的修道院庭院现在仍然是隐藏的广场。这些城市特色使乌得勒支更像一座拥有封闭的城市空间，迷宫般小巷和狭窄街道的小型城市。但比起阿姆斯特丹拥有辽阔水道的运河，以及庄严肃的水坝广场，乌得勒支城市形态的中世纪不规则特征更加明显。这些内向型的城市空间，使乌得勒支市成为步行生活的绝佳场所，充满了意想不到的迷人体验。这座历史悠久的城市东部和南部，现在被替代城防堡垒的线性公园包围着。这座典型的 19 世纪城市公园，是荷兰重建昔日城市防御工事的经典案例。赏心悦目、绿

围绕着城市中心的护城河

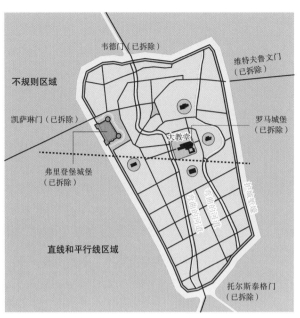

历史城市形态

（图中标注）
韦德门（已拆除）
维特夫鲁文门（已拆除）
不规则区域
凯萨琳门（已拆除）
罗马城堡（已拆除）
大教堂
弗里登堡城堡（已拆除）
直线和平行线区域
托尔斯泰格门（已拆除）

树成荫的大片绿地与这座石头砌筑的历史名城形成了鲜明对比。在城市北部和西部，这些区域保留绿地的设想没有实现，因为在 19 世纪和 20 世纪，这里已经被城市街区所覆盖。

现代大型综合体

20 世纪 60 年代，体量庞大的胡格·卡塔里涅购物中心闯入了这座城市。值得注意的是，购物中心部分覆盖了 16 世纪查理五世皇帝城堡遗址。这座城堡是当年宣扬帝国统治和镇压新教徒反抗的标志。虽然在公元 1577 年被广大的新教徒夷为平地，但城堡遗迹形成的开放空间，直到 20 世纪 60 年代被保留下来，在新旧城市结构之间形成了相当模糊的地带。穿过购物中心，另一座购物中心从车站延伸到这座历史名城。

购物中心的另一侧通往城市商业区。大型停车场和公交车站被整合在购物中心中，办公区位于这座 20 层高的建筑综合体顶部。当年为建造这座巨型建筑需要拆除整个前车站区，护城河也被抽干，修建了高速公路。铁路和护城河之间的区域被重新开发，建造了办公楼和住宅。城市西北角，也就是现在的乌得勒支 C 区，已经规划建造了办公楼和房屋。从弗雷登堡到古运河的兰格·维斯特拉特（Lange Viestraat）被拓宽成为大型商店林立的商业街。在古运河的另一侧，一栋高层办公楼被插入有着丰富历史文化特色的城市肌理中。音乐厅在弗雷登堡区中部拔地而起，将扩建成为配套设施齐全的多功能音乐中心。

新旧城市形态之间没有衔接，城市内部缺乏凝聚力。这里展现了现代主义建筑难以融入中世纪城市的典型案例。这种情况在许多城市发生，在视觉上造成支离破碎和混乱不堪的感觉。特别在乌得勒支，由于 20 世纪 60 年代商业化城市发展策略的推动，进一步加剧了建筑之间的不平衡。

胡格·卡塔里
涅购物中心

大教堂

原罗马城墙

圣詹克斯学院

圣彼得学院

大教堂

圣救主教堂

圣玛丽亚学院

圣保罗修道院

8

弗里登堡，乌得勒支

教会建筑群

注释 10 和 11 〉 教会建筑群是在中世纪产生的，当时法兰克统治者将土地赠予教会，同时授予土地所有者豁免权，以及行政和司法特殊权利。这意味着，世俗统治者无法将权力触角延展到这里，无法管辖这些土地，随后教会建筑群应运而生。因而在乌得勒支地区产生了政教合一的现象，教会同时掌握了世俗权力。通过城墙和护城河，这些教会建筑群与周围城市实现了物

理隔绝，这里所有的一切都归教会所有。这里虽然是主教行政系统的一部分，但享有独立地位。教堂位于教会建筑群的核心位置。教堂周围是为牧师和教士们建造的带有大花园的教会住宅。在乌得勒支，六个教会建筑群分布在城墙环绕的城市核心区域，占地面积约 30 公顷，覆盖了 15% 的城市土地。从建筑等级进行划分，坐落在中央教堂（后来的大教堂），还有主教教区周围的两个教会建筑群的档次要高其他四个。这四个教会建筑群中，两个属于天主教兄弟会，而圣保罗教堂是享有豁免权的教会建筑。

教会建筑群可以看作是城市结构中的宗教村落，它们都有内向型的建筑布局和空间组织。随着时间推移，这里的统治者成为城市最有影响力的群体，获得了巨额的财富，随后他们又在城墙内外购置了大量田产。教堂的牧师们成了这座城市最重要的市民，在宗教集会游行中被允许紧随主教行进。教会组织成为游走于宗教权力和世俗权力之间的跳板。在 11 世纪，教堂的牧师们获得主教授权，例如在主教区的几个教会分支负责管理司法检察工作。

由于这些特殊建筑群的聚落布局和内向特点，在现在城市空间中，教会建筑群的空间形态仍然清晰可辨。随着时间的推移，这座城市逐步被这些教会建筑群所包围。主教中央集权，以及教会组织获得的各种授权共同作用，对城市的发展产生了深远的影响，甚至扩展到周围的乡村，在那里，两个层次的教会组织

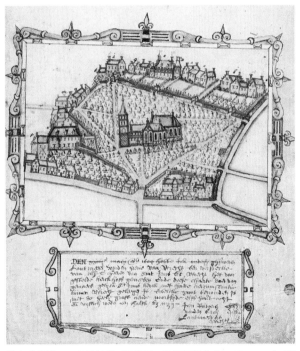

教会建筑群——宗教村落，画家扬·鲁特格斯兹（Jan Rutgersz），范登贝格（van den Berch），1604 年

圣詹斯克周边的教会建筑群，画家艾萨克·欧沃特（Isaac Ouwater），1779 年

都在行使各自权力。

即使在 16 世纪宗教革命之后，教会组织作为地方政府的组成部分被保留下来。最初在这些内向型的空间中还有天主教特征，但后来越来越向新教特征靠拢。修道院的命运则完全不同，由于修道院是完全受天主教会控制的宗教团体，因此新教改革后立即被征用。在教会组织中，教会成员可以住在自己的教会住宅中，更多地参与世俗化社会生活。逐渐他们成为世俗社会的一部分，在拥有自己财富的同时，和妻子儿女生活在一起。这使得他们不易受到宗教起义的伤害，而宗教起义是以宗教为名义摆脱西班牙统治的方式，教会

成员也参与其中。由于这些教会组织在宗教和政治领域高超的政治手段和灵活的处事方法，使其在宗教动荡中幸存下来。在城市发展层面，他们不得不逐渐向城市开放其封闭式建筑群，新建的街道贯穿其中，很好地改善城市内部交通。17 世纪，教会建筑群在城市扩展进程中逐步转变，从内向型宗教村庄发展为排列规则、布局紧凑的城市社区。一幅可追溯至 1779 年的画作，描绘了圣詹斯克（Sint Janskerk）周边的教会建筑空间如何演变成为人头攒动的闹市区。如今，曾经的教会建筑群已经完全融入城市，但建筑群的独特风格，仍然可以清晰地显示其历史渊源。

古运河的下游码头及两座桥梁

空间类型

教堂广场

教堂广场位于城市最中心位置，自从 1674 年教堂中殿倒塌后，形成了这块场地。从某种程度上说，教堂广场失去了赖以庇护的教堂屋顶，寓意上帝对昔日肆意妄为的天主教表示不满，摧毁这座建在异教徒罗马人遗址的教堂中殿以示惩戒。现在，教堂广场已经成为城市重要的休闲和娱乐空间，游客徜徉在周边的古雅小径和城市露台，这里成为体验城市曾经辉煌的最佳场所。邻近的教堂庭院仍保持原样，可以欣赏未受损的唱诗班座席，以及塔楼的壮丽景色。这座塔楼成为乌得勒支的象征，远在市郊都能看见。

运河

新旧运河成为核心城区空间布局的框架。由于双层码头结构，造就了独一无二的运河周边城市空间。码头上层是城市中心主要交通系统的一部分，该系统紧邻建筑主入口。码头下层是城市的基础层，运河沿岸建筑的地下空间建在水面之上，因此与下游码头的水位相对应。沿河的地下通道贯穿街道底部连接下游码头。最初，地下通道只是从码头到地下室的过道，但随着城市贸易活

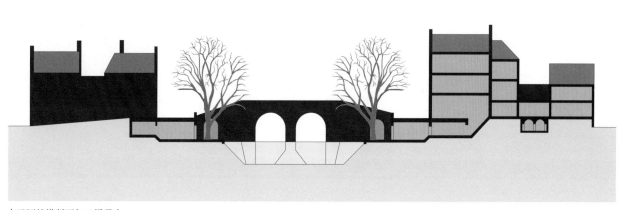

古运河的横断面与双层码头

新运河沿岸的建筑立面图，2010 年

动的增加，地下通道被拓宽增加仓储空间，同时搭建拱形屋顶。在 15 世纪，这些拱形码头仓库被连续成排地建造。跨河桥梁阻碍了码头下层的延展，桥梁两侧无法直接通行。双层码头通过楼梯相连。

在城市中心的古运河区域，码头下层许多地下空间被改造成带有露台的餐厅。还有许多地下空间现用于车间、工作室、船舶维修、仓储等辅助功能。沿着古运河的一些河段，沿河建筑直接面向水面。建筑和水体的关系与威尼斯非常类似，威尼斯水边的宫殿紧邻河道。许多树木都种植在运河两侧的码头下层上，因此从码头上层可以看到郁郁葱葱的树冠，在炎炎夏日为码头上层带来了浓浓的绿意。

古运河沿线都有码头地下空间，而新运河仅在南段有码头地下空间。新运河在彼得教堂（Pieterskerk）周围的弯曲处，被称为曲折的新运河，这是曾是彼得教堂周围建筑群的护城河。这里的运河只有一个狭窄的轮廓和单侧码头上层。运河另一侧建筑物需要通过许多小桥连接。曲折的新运河处在这里造就了独特的城市空间。在新运河的北段，新运河也在交替重复着对称和不对称的空间布局。

运河旁的街巷

街巷交错构成城市次级交通的骨架，与运河直角相交，是运河和城市内部空间关联的媒介。这些宽度 1 米至 8 米不等的街巷，直接延伸至运河。街巷周边是带围墙的花园式小型住宅，街巷内部风景如画，两旁花园里遍布悬垂的植物和树木。从街巷到庭院再到运河，形成了不同尺度的迷宫式的城市空间体验。在这个内向的世界有着出人意料的乡村气息和离城市嘈杂的交通，有着某些远离城市喧嚣和交通噪声的场所，例如，从前修道

代尔夫特的街巷，画家约翰内斯·维米尔（Johannes Vermeer），1657—1658 年

圣玛丽广场：圣玛丽教堂前的中央广场，画家彼得·辛瑞达姆（Pieter Saenredam），1662 年

院内部庭院笼罩着一种空荡宁静的超现实主义氛围。

以前的防御工事

　　这座城市南半部被线性公园围绕，这里曾是以前城防堡垒的所在地。而今线性公园与护城河融为一体，公园沿着前堡垒的轮廓蜿蜒向前。公园内悠长曲折的步道颇具 19 世纪典型公园的浪漫气质。透过茂密树木间的光线，与周边环境形成了强烈的光影效果。在观赏水域交替设置的观赏性灯光设施，增加空间体验的同时，丰富了视觉景观体验。大部分防御工事已被夷为平地，只

有东南部的堡垒仍然屹立不倒，天文台位于顶部。

以前的教会建筑群

　　在城市肌理依然可以清晰地辨认出以前的教会建筑群。这要归功于其独特的内向型布局，环绕其外围防御边界的可识别性也是教会建筑群的典型特征。在彼得教堂（Pieterskerk）周边的教会建筑群最容易感知，由于其位于教堂前墓地的隐蔽位置，因此内向型特征非常明显。环绕建筑群的小护城河成为蜿蜒曲折的新运河的组成部分。

建筑风格

注释 12 ▶ 今天的乌得勒支是一座各种建筑风格相互融合的建筑遗产之城。城中建筑风格丰富多样，成为不同时期城市景观的组成部分，每种建筑风格都有大量的优秀作品。这种千变万化的特点，对于荷兰这样拥有强烈国际化思维的小国来说是非常典型的。地处该国最中心的乌得勒支，这种趋势甚至比周边的荷兰城市更为明显。周边的城市较少面向外部世界，更多地受到邻国影响。夸张地说，乌得勒支可以被视为荷兰建筑文化的展示窗。

从两千年的乌得勒支的建城史，可以划分出大约 11 个不同的建筑风格时代：

· 古罗马风格
· 中世纪罗马风格
· 哥特式
· 文艺复兴与风格主义
· 古典主义与洛可可
· 路易式风格
· 新风格
· 青年风格和美洲风格
· 现代主义、（荷兰）风格派与结构主义
· 商业开发型建筑
· 小型现代主义与现代复古主义

古罗马风格

古罗马时代的建筑，只有部分地下防御工事的遗迹保存下来。罗马要塞的重要建筑位于城墙区域的中心位置。乌得勒支正在进行大规模的地下考古挖掘工作，将建造用作展示古罗马时期遗迹的地下博物馆。

中世纪罗马风格

中世纪的教堂、宫殿和著名的庄园基本用砖建造，而普通房屋的建筑材料是木头。从大约 1400 年起开始颁布法规，规定所有房屋德屋顶和隔墙用石材建造，随后扩展到建筑立面。在规定建造石制房屋的法规之前，当时的城市免费提供石制建筑材料。在向砖石建筑过渡中，没有任何木屋幸存下来。

现存的一些教堂保留了中世纪罗马风格的特征，后期加强了对这些建筑的保护和修缮。克拉斯柯克（Klaaskerk）展示了数量最多的罗马风格的建筑外观，而彼得教堂保留了部分罗马风格室内空间特色。

以前防御工事建筑群融入这座城市中，其中古运河上的欧丹城堡（Oudaen），以及位于阿克特德教堂街（Achter de Dom）的塔楼给人留下最深刻印象。欧丹城堡建于 1275 年左右，城堡总体形状依然保留其最初的建筑布局，左侧楼梯塔甚至保留部分最初建造时的模样。阿克特德教堂街 7 号，原本是教会建筑群的一座府邸，紧邻大教堂。这座方形砖体建筑建于 1400 年左右，保留了中世纪住宅建筑特色。现在的坡屋顶、墙垛和排水系统是在 19 世纪的修缮中完成的。

哥特式：华丽的国际哥特式教堂

乌得勒支大教堂是法国古典哥特式教堂风格的代表。大教堂始建于 1254 年，替代了此前被烧毁的罗马式教堂。尽管平面布局显示其源自南部的法国，但教堂唱诗班所在位置的空间造型与德国科隆大教堂类似。德国的科隆大教堂始建于 1248 年，这表明乌得勒支大教堂的建筑师格哈德（Gerhard）也曾参与科隆大教堂的

弗森伯奇堡（Fresenburch）　　　科拉内斯迪大楼（Cranesteyn）

更新了建筑立面的城市城堡（大多在 19 世纪进行）

设计。此后乌得勒支大教堂建筑计划的变化，与他的继任者约翰内斯（Johannes）在科隆大教堂进行的改造相关。这表明约翰内斯在乌得勒支大教堂的建造过程中，延续了他的作品风格。15 世纪末，由于采石场交付石材的速度加快，现场施工得到优化，从而提升了建造速度。然而，建筑商迫于压力急于完工，加上缺乏资金，导致大教堂中殿建设出现失误。1674 年，中殿在飓风中倒塌，自此从未重建。如今，曾经教堂中殿的空间成为教堂广场的一部分，旁边耸立着高达 100 多米的塔楼。

文艺复兴与风格主义

自文艺复兴以来，乌得勒支的所有房屋都使用石头建造，因此一些文艺复兴时期的优秀建筑得以保留。例如，科特·尼乌斯特拉特街 2 号的（Korte Nieuw-straat）住宅，以及德康尼克·范·波托格（D'Coninck van Poortugael）的风格主义建筑作品。1591 年，乌得勒支的最早的风格主义建筑，出现在彼得教堂周围的教会建筑群中。1619 年，德康尼克·范·波托格的风格主义建筑完成，在这座建筑木制店面上边的砖带中，置入了一幅西班牙国王菲利普三世的肖像，菲利普三世

后来成为葡萄牙国王。立面砖墙有石块和拱形装饰，并饰以典型的荷兰风格的侧面窗户滴水。阶梯式山墙装饰华丽，有半球形砖壁柱等元素，由雕刻的狮子头支撑，顶部有尖球。

17 世纪的慈善住宅

早在 17 世纪就建造了用于慈善事业的社会住宅，主要服务于老年人。这些社会住宅建筑群被称为卡莫恩（kameren），其中一些建筑群得到修复并保留下来。截止到 19 世纪末，共有 30 多个卡莫恩被建造，大多以创建人的名字命名。1901 年以后被负责公共住房的机构接管。

运河旁的街巷

在形态学上，城市中心南部形成了围绕运河的城市空间系统，这些运河与两侧街巷直角相交。在结构上，运河旁的街巷可以视作运河阶梯结构的梯级。狭窄的街巷两侧是相距很近，彼此面对的小型建筑。街巷的内向型特点，展现了"类似乡村"的城市中心特色，这里远离嘈杂的交通噪声和繁忙的商业贸易。街巷两侧的住宅是普通市民的寓所，与运河边的高档住宅形

欧丹城堡   布兰肯堡   登欧德恩帕斯大楼   阿克特德教堂街 7 号

成对比。目前不清楚街巷两侧的小型建筑，是从什么时候开始建造的，但其朴素而迷人的建筑外观，让人不禁开始想象这里最初的场景。

古典主义与洛可可

　　17 世纪中叶，帕拉第奥（1570 年）和斯卡莫齐（1615 年）关于建筑秩序的相关著作传入荷兰，也将古典主义建筑风格带到了这里。伴随帕拉第奥风潮，随之而来的是庄严肃穆的建筑形式，对称和谐的建筑比例，宏伟壮观的壁柱和山墙。1648 年，位于詹斯科霍夫街（Janskerkhof）13 号的住宅，以古典主义风格出现在圣詹斯克（Sint Jan）教会建筑群中。虽然不知道建筑师是谁，但很明显，他参考了斯卡莫齐关于建筑秩序的书。1763 年，这座建筑以洛可可式风格重新设计了一个新的入口，并用窗扇取代了横条窗。

路易式风格

　　路易式风格的影响仅限于建筑内部和外部的改造，同时受到 18 世纪荷兰社会萧条，导致的经济停滞以及商业活动减少的影响。虽然许多建筑被改造为路易式风格，但新建的建筑非常少。在建造改造方面，许多建筑入口和正立面都按照路易式风格进行了改建。

新风格

　　随着 19 世纪公共领域的逐步兴起，许多采用新风格的公共建筑被建造起来，其中许多建在城市中心的边界上。乌得勒支眼科医院（Ooglijdersgasthuis）建于 1894 年。这座建筑有非常醒目的塔楼，建筑立面遍布涡卷纹饰，窗框采用了精致的砖砌结构。石质镶边装饰展现了新文艺复兴时期的建筑形象。

青年风格

　　大约在 20 世纪初，新风格之后涌现出来不同的建筑流派和潮流。人们对于进步和革新理念日益增长认同，促使新建筑风格的诞生。这种以自然图案形式的青年风格引领了当时的建筑潮流。乌得勒支是青年风格在荷兰的主要阵地，或许是这座城市有强大的天主教根源。建于 1900 至 1902 年的乌得勒支保险公司大厦是青年风格的典型范例，不幸的是，它在 1974 年被拆除，为胡格·卡塔里涅购物中心让路。这座建筑是最突出的青年风格建

建筑风格的融合

这条古运河展现不同时期迥异的建筑风格，在历史风格、现代风格以及介于两者之间的风格进行转换

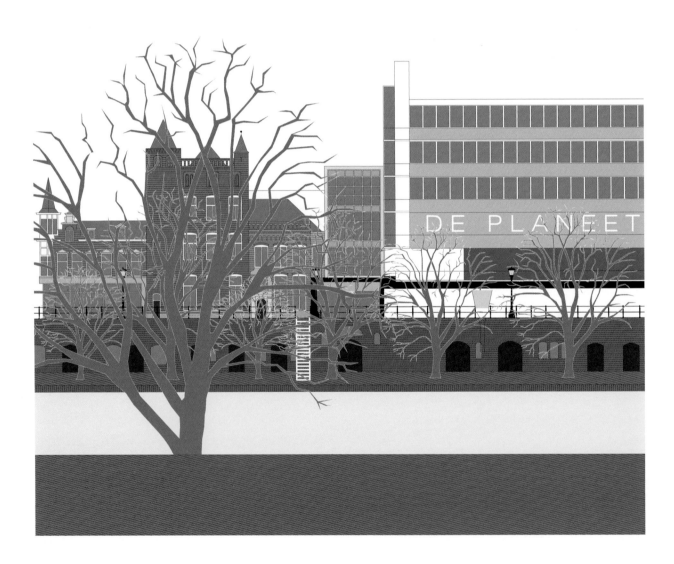

筑代表，目前仍有许多其他案例存在。

美洲风格

城市中心遍布各式各样的青年风格时期的建筑作品，从纯粹的青年风格建筑到更加直白的美洲风格式建筑应有尽有。高耸雄伟的皮耶塔斯人寿保险公司（*Levensverzekeringsmaatschappij Piëtas*）是美洲风格的重要建筑，也是建筑师雅各布斯·奥古斯丁·范·斯特拉滕（J. A. van Straaten）的重要作品。人寿保险公司新罗马式风格的建筑入口，其设计灵感源自美国建筑师 H.H. 理查森的相关作品（斯特拉滕曾在理查森的美国事务所实习）。人寿保险公司的整体设计很可能参考了印第安纳波利斯的联合车站。

荷兰铁路公司

荷兰铁路公司的总部建于 1918 年至 1921 年之间。总部大楼高高耸立于城市上空，是荷兰最具标示性的建筑之一，甚至有点斯大林主义建筑风格的意味，尽管它是在斯大林时代之前完成建造。这座建筑成为荷兰铁路公司的形象代言人，部分原因是所处的城市区位，以及正对大教堂特殊的城市空间关系。另外，巨大的入口阶梯及其气势磅礴的纪念性建筑语言，彰显了荷兰铁路公司的企业形象。为了加快建造速度，荷兰铁路公司成立了下属建筑公司负责施工。老牌建筑公司为打击竞争对手，强迫建筑材料供应商抵制向新建筑公司交付砖块。荷兰铁路公司最终通过收购一家砖厂来解决问题，最终使得这座宏伟的建筑以崭新的姿态呈现在世人面前。

严谨的建筑构图与立体派建筑风格，以及早期的德国表现主义风格相似，甚至可能受到了美洲风格的影响。值得注意的是，和美洲风格相比，并未采用美国人喜欢的大型办公空间，相反建筑内部划分了很多小办公室。这种修道院式的平面布局，降低了建筑空间灵活性，与现代建筑的设计原则相违背。

雅布斯贸易展会中心

1917 年，雅布斯贸易展会中心（Jaarbeurs）在弗里登堡广场的临时场馆举办首次展览会。1921 年，这座永久性展览建筑在同一地点落成。随着展览活动的日益增加以及增设会议设施的需求，在铁路另一侧扩建了附属建筑。1970 年，新建筑群开始建造，同时作为胡格·卡塔里涅购物中心建筑群的组成部分，其设计风格与购物中心相同。在接下来的十年间，在雅布斯贸易展会中心附近开始了大规模的办公建筑开发活动。

（荷兰）风格派与结构主义

荷兰著名建筑师格瑞特·里特维尔德（Gerrit Rietveld）扎根于乌得勒支，1924 年他在当时的城市边缘地带，建造了最著名的施罗德住宅（Schröder house），这是典型的荷兰风格派建筑作品。半个世纪后，建筑师赫尔曼·赫兹伯格（Herman Herzberger）在城市中心建造了弗里登堡音乐厅，这里曾是 1577 年查尔斯五世皇帝的城堡所在地。这座建筑的出现宣告了荷兰结构主义横空出世。音乐厅现在已经扩展为一座城市综合体，三位建筑师在赫尔曼·赫兹伯格的指导下，在原有建筑基础上扩建了三个新的侧翼。

商业开发型建筑：胡格·卡塔里涅购物中心

乌得勒支现代主义建筑发展史上最重要的事件是，中央车站周围（两侧）旧城区的彻底消失，以及胡格·卡塔里涅购物中心的建立。在这里，现代主义的建筑语言超越历史，重新书写了荷兰最具争议性的建筑案例。在某种程度上，该项目的规划可以被视为功能主义的代表作，但建筑群在空间布局和建筑立面，都缺乏原始功能主义所具备的空间特征。建筑的内部被弯曲和扭结所掩盖，削弱了方向感。

不同时期的建筑立面图：
17 世纪的古运河

现代小规模建筑更新

20 世纪 60 年代大规模城市重建之后，出现了持续的小规模城市更新活动。最初，在规模较小的社会公共住宅领域，进行了一些枯燥乏味的实验性建筑项目。从 20 世纪 80 年代开始，经过建筑界的争论达成共识，那就是必须采用更现代的小型建筑，来延续城市中心优雅精致的城市氛围。在这些讨论中，出现两种截然不同的观点：现代复古主义建筑或是小型现代主义建筑。最初，大多数专业人士选择了现代主义，但社会主流舆论倾向现代复古主义。在 21 世纪，专业人士也开始向复古主义转变。起初只是在建筑类型层面，但很快，对历史建筑的重新评估和研究，推动了建筑实践层面的发展和应用。再加上人们对于人居环境和可持续的更高要求，现代复古主义的盛行导致建筑价格不断上涨。在最近爆发的金融危机之后，城市更新未来的方向有待进一步讨论。

古运河中部

古运河的弯道处是双层码头结构的绝佳展示地点。最初，城市木屋建在码头上下两层。16 世纪，码头上层的木屋被石制房屋代替，而码头下层由于贸易、船坞和其他航运功能的发展而被清理。左页是一幅 17 世纪城市石制建筑的素描，这些 6 米宽的房子建在码头上层，共计 6 层。这些房子通过地下层、物流仓储和车间工坊区，与码头下层相连。右侧第二座建筑是经过改造的布赖德施泰因（Blijdestein）城堡的一部分，其历史可以追溯到 13 世纪。这座建筑可能是城市城堡的附属建筑，上层仍然保留原始封闭外观，下层已经向码头上层开放。

下一页是同一区域 19 世纪的建筑正立面。左边三座建筑的立面已经彻底改变；第四座建筑除了立面被更改，建筑高度也发生变化。最右侧建筑已经彻底被改变。一座具有 19 世纪特色的全新宫殿出现在画面右侧，令人印象深刻的门廊延伸至图纸以外。

沿着河岸的栏杆增设了路灯，和 200 年前风格相对统一的建筑相比，19 世纪的建筑呈现多元化的特点。这是由于 17 世纪的房屋建造，更多地由当时技术领先的手工艺行会完成，因而设计手法相对统一。在 19 世纪，由于不同建筑风格和先进建造工艺的出现，改变了传统的建筑表现形式。尽管一些建筑师依然遵循着 18 世纪的范例，但另一些建筑师，则着眼于更复杂、更精细的建筑节点设计和建筑材料搭配，这一点可以从第二座建筑看出。在整个 19 世纪，建筑师们采用了更复杂的建筑构件和细部设计，反观旧建筑的建筑结构，结构元素更加符合逻辑化和功能化原则。

随着建筑材料应用的多样化，配色方案也得到了进一步发展。码头下层仍是沿河建筑稳定的基础，但在 20 世纪，大部分建筑都发生了变化。两幢相邻的白色建筑里开设了电影院。这对于整条街道带来了惊人的改变。建筑顶部典型的装饰节点已不见踪影，取而代之的是无檐口的灰泥饰面。左侧第二座建筑，由于上下层的差异化处理手法，导致曾经保留 19 世纪特色的房屋丧失了应有的建筑连贯性。上面两层为全白色，而底层原封不动，这座建筑的业主选择错误颜色的同时，也错误地将这两种风格进行混合，破坏了建筑协调性和统一感。左边的建筑进行了彻底的改建，建筑高度发生变化，建筑立面也不再吸引人。右侧的 19 世纪的宫殿仍然保持最初的辉煌。

市政厅桥，画家艾萨克·欧沃特，1779 年

不同时期的建筑立面图：
19 世纪后半叶的古运河

不同时期的建筑立面图：
21 世纪的古运河

CAMERA STUDIO

古运河

通往大教堂的街道与河多 昔日

大教堂方向 →

古运河，与一条通往大教堂的罗马时期的古街道相交。这是通往内侧的唯一道路，在这里没有双层码头

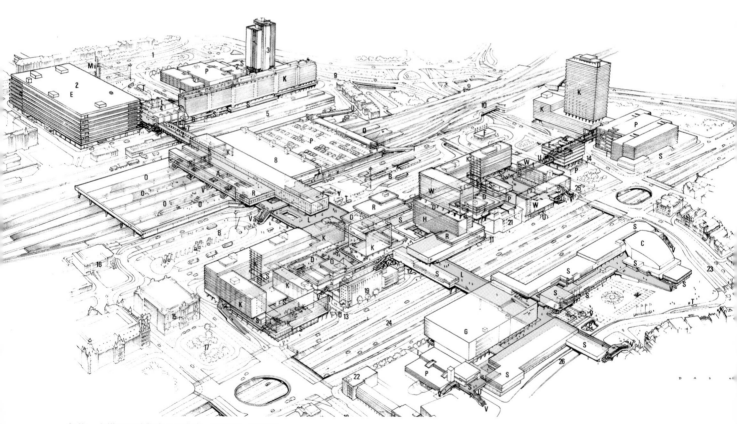

胡格·卡塔里涅购物中心的方案：透视图，1967 年

胡格·卡塔里涅购物中心：20 世纪 60 年代大型购物中心

胡格·卡塔里涅购物中心是 20 世纪 60 年代"开发商"主导城市规划的典型案例。购物中心位于如此重要的战略位置，没有荷兰铁路系统中心枢纽提供的支持，在荷兰心脏地带的核心位置出现这样的建筑简直无法想象。历史悠久的凯瑟琳运河被重新开发利用，修建了一条新的高速公路，为通往街道的大型停车场提供便捷通道。大型公共汽车站和电车站满足了购物人流的公共交通需求。购物中心沿着高架人行横道建造起来，高架人行横道通往车站，也是跨越铁路线的桥梁。由于禁止在凯瑟琳运河旧址沿线开设商店，在保证购物中心生意兴隆的同时，

也导致这条街道人气惨淡。购物中心建筑层高较低，被一种压抑的氛围笼罩。由于其位置相对独立，与外部城市空间没有任何联系，更不能和邻近的历史名城产生共鸣。在购物中心的顶部建有公寓楼和办公楼，这是一座纯粹的购物和交通的城市综合体，没有任何空间品质可言。

坐落在历史中心旁边的这座巨型城市综合体，与历史中心的城市肌理形成鲜明的对比。曾经的弗里登堡遗址已被改造成巨型城市结构与历史形态无法兼容的场所。沿着兰格·维斯特拉特大道，大规模的商业功能正在进一步侵蚀这座历史城市。

胡格·卡塔里涅购物中心的自动售卖机

运河岸边的休闲娱乐

胡格·卡塔里涅购物中心嵌入这座历史名城

蒂沃利·弗里登堡音乐厅，这里曾经是查尔斯五世的弗里登堡城堡所在地（毁于 1577 年）

附 录

资料来源

导论 --------------------------------------

10: The Barbara Hogenson vAgency, Inc.
New York

希腊和罗马的城市化发展 -------------------

All maps in this chapter are made by Ton Hinse.

地图来源

- *Identità della città mediterranea Gerasa, Palmira, Dura Europos, Timgad, Lepsis Magna, Alessandria, Mileto* Prof. M.G. Pinagli, Prof. U. Tramonti, Prof. E.M. Satti, École d'Architecture Paris La Villette du 18 au 30 mai 1994, Publisher: Print & Service di A. Santicioli, Editrice Firenza 1994, ISBN 88-317-5695-8
- *Roman cities, With a Descriptive Catalogue of Roman Cities by G. Michael Woloch,* Pierre Grimal, Publisher: The University of Wisconsin Press, Wisconsin 1983, ISBN 0-299-08934-7
- *The Architecture of the Roman Empirc, volume II, An urban appraisal,* William L. Mac Donald, Publisher: Yale University Press, New Haven and London 1986, ISBN 978-0-300-02819-5
- *Length-units in Roman Town Planning* R. Duncan-Jones, Britannia II, 1980
- *On the orientation of Roman towns in Italy,* Giulio Magli, Dipartimento di Matematica del Politecnico di Milano
- *Roman Architecture in Provence,* James C. Anderson, Jr., Publisher: Cambridge University Press, New York 2013, ISBN 978-0-521-82520
- *Cities of ancient Greece and Italy, Planning in classical antiquity,* J.B. Ward-Perkins, General editor: George R. Collins, Columbia University, Publisher: George Braziller, New York 1974, ISBN 0-8076-0679-0
- *Atlante di Napoli, La forma del centro storico in scala 1:2000 nell'ortofotopiano e nella carta numerica,* Coordinamento editoriale: Rosa Bonetta, Realizzazione editoriale: Italo Novelli, Publisher: Marsilio Editori in Venezia 1992, ISBN 88-317-5710-5
- *Urban development in southern Europe: Italy and Greece, International history of city development volume IV,* E.A. Gutkind, Publisher: The Free Press, New York/Collier-Macmillan Limited, London 1967, Library of Congress Catalogue Card Number 64-13231
- *Roman Architecture,* Frank Sear, Publisher: Routledge, London 1982, ISBN 0-415-20093-8

- *Het Antieke Libië, Verloren steden van het Romeinse Rijk,* Robert Polidori, Antonino Di Vita, Ginette Di Vita-Evrard, Lidiano Bacchielli, Publisher: Könemann Verlagsdeselschaft mbH, Keulen 1999
- *Roman Trier and the Treveri,* Edith Mary Wightman, Publisher: Rupert Hart-Davis, London 1970, ISBN 0-246-63980-6

Photos by Ton Hinse and anonymous

1 圣克鲁斯，塞尔维亚 ---------------------

注释来源
注释 1 > *Urban development in southern Europe: Spain and Portugal,* page 498, *International history of city development volume III,* E.A. Gutkind, Publisher: The Free Press, New York/Collier-Macmillan Limited, London 1967, Library of Congress Catalogue Card Number 64-13231
注释 2 > *Sevilla forma urbis,* pages 11–13, *La forma del centro historic a escala 1:1000 cn cl fotoplano y en el mapa* Ayuntamiento de Sevilla/Gerencia Municipal de Urbanismo, Publisher: Marsilio Editori de Venezia 1992, ISBN 88-317-5695-8
注释 3 > *Urban development in southern Europe: Spain and Portugal,* page 500, *International history of city development volume III,* E.A. Gutkind, Publisher: The Free Press, New York/Collier-Macmillan Limited, London 1967, Library of Congress Catalogue Card Number 64-13231
注释 4 > *Urban form in the Arab world,* pages 76–77, Stefano Bianca, Publisher: Thames and Hudson, London, New York 1991, ISBN 0-500-28099-1
注释 5 > *Urban form in the Arab world,* pages 76–77, Stefano Bianca, Publisher: Thames and Hudson, London, New York 1991, ISBN 0-500-28099-1
注释 6 > U*rban development in southern Europe: Spain and Portugal,* page 498, International history of city development volume III, E.A. Gutkind, Publisher: The Free Press, New York/Collier-Macmillan Limited, London 1967, Library of Congress Catalogue Card Number 64-13231

图片来源
29: *Alhambra,* page 56–57, Henri et Anne Stierlin, Publisher: Imprimerie Nationale Éditions, Paris 2001, ISBN 2-7433-0422-7
34: Excavations of Itálica. Plate by the Village of Santiponce
36, 38–39, 45–57, 59–61: Ton Hinse
37, 40: *Sevilla forma urbis - La forma del centro historic a escala 1:1000 en el fotoplano y en el mapa,* Ayuntamiento de Sevilla/Gerencia

Municipal de Urbanismo, Publisher: Marsilio Editori de Venezia 1992, ISBN 88-317-5695-8
41: *Urban development in southern Europe: Spain and Portugal,* page 234, International history of city development volume, III, E.A. Gutkind, Publisher: The Free Press, New York/Collier-Macmillan Limited, London 1967, Library of Congress Catalogue Card, Number 64-13231
44: *Urban form in the Arab world,* pages 76–77, Stefano Bianca, Publisher: Thames and Hudson, London, New York 1991, ISBN 0-500-28099-1
58: Anouar Otmane
62–63: Canstockphoto (Violin)

参考文献
- *Sevilla forma Urbis. La forma del centro historic a escala 1:1000 en el fotoplano y en el mapa,* Ayuntamiento de Sevilla/Gerencia Municipal de Urbanismo, Publisher: Marsilio Editori de Venezia 1992, ISBN 88-317-5695-8
- *Urban form in the Arab world,* Stefano Bianca, Publisher: Thames and Hudson, London, New York 1991, ISBN 0-500-28099-1
- *Urban development in southern Europe: Spain and Portugal. International history of city development volume III,* E.A. Gutkind Publisher: The Free Press, New York/Collier-Macmillan Limited, London 1967, Library of Congress Catalogue Card Number 64-13231
- *Royal Alcázar of Sevilla,* C. Giordiano and Nicolás Palmisano, Publisher: DOSDEARTE EDICIONES, Barcelona 2011, ISBN 978-84-96783-51-5
- *Planimetría de la Iglesia Colegial del Divino Salvador de Sevilla,* Antonio Almagro/ Escuela de Estudios Árabes, Arzobispado de Sevilla-Consejo superior de investigaciones científicas, Sevilla-Granada 2008, ISBN 978-84-00-08679-4
- *Sevilla 2012. D' une histoire, un futur,* Michel Pétuaud-Létang, Publisher: A editions, Mérrignac France 1992, ISBN 2-909656-00-4
- *Historia de Sevilla. La ciudad antigua* Antonio Blanco Freijeiro, Publisher: Publicaciones de la Universidad de Sevilla, ISBN 84-7405-285-8
- *Patrimonio y Ciudad. El sistema de los conventos de clausura en el Centro Histórico de Sevilla,* María Teresa Pérez Cano, Publisher: Fundación Fondo de Cultura de Sevilla/Publicaciones de la Universidad de Sevilla, 1996, ISBN 84-472-0355-7
- *La casa en Sevilla 1976–1996,* José Ramon, Sierra Delgado, Publisher: Electa/Fundación el Monte 1996, ISBN 84-8156-104-5

附

录

- *The City Shaped. Urban Patterns and Meaning through History,* Spiro Kostof, Publisher: Thames & Hudson, London 1991, ISBN 0-500-28099-1
- *Cities of ancient Greece and Italy. Planning in classical antiquity,* J.B. Ward-Perkins, Editor: George R. Collins, Columbia University, Publisher: George Brazillier, New York 1974, Standard book number 0-8076-0679-0
- *Das unbekannte Spanien,* Kurt Hielscher, Baukunst-Landschaft-Volksleben, Publisher: Verlag Ernst Wasmuth A.-G., Berlin 1922

2 伯坦尼克，里斯本 -

注释来源

注释 1 > *Urban development in southern Europe: Spain and Portugal* p. 62-77, International history of city development volume III - E.A. Gutkind, Publisher: The Free Press, New York/Collier-Macmillan Limited, London 1967, Library of Congress, Catalogue Card Number 64-13231

注释 2 > *Lisbon* pages 73-79, *A cultural and literary companion,* Paul Buck, Publisher: Signal Books Oxford 2002, ISBN 1-902669-35-5

注释 3 > *Lisbon* pages 95-98, *A cultural and literary companion,* Paul Buck, Publisher: Signal Books Oxford 2002, ISBN 1-902669-35-5

注释 4 > *Lisbon* pages 17-18, *A cultural and literary companion,* Paul Buck, Publisher: Signal Books Oxford 2002, ISBN 1-902669-35-5

图片来源

65: *Lisboa Quinhentista,* image 14, *A Imagem e a Vida da Cidade,* Publisher: Museo da Cidade, original image in the Museu Conde Castro de Guimarães in Cascais

67: Castelo de São Jorge and Bairro do Castelo. Plate by the City of Lisbon

70, 71: Sophia Walk

72-75, 81-86, 91b: Ton Hinse

76: *De dooltocht van Alex,* Jacques Martin, Publisher: Casterman 1987, ISBN 90-303-2741-3

90-91t: *António Ramalho, Pintura Portuguesa,* Alexandra Reis Gomes Markl, Publisher: Edições Inapa, ISBN 972-797-026-5 Columbano, Bordalo Pinheiro 1874-1900, Pedra Lapa, Publisher: Instituto Português de Museus/ Museo do Chiado/Ministério da Cultura, ISBN 978-972-776-323-8

92-93: Canstockphoto (interlight)

参考文献

- *Atlas da carta Topográfica de Lisboa,* sob a direcção de Filipe Folque: 1856-1858, publisher: Câmara Municipal de Lisboa, Departamento de Património Cultural, Arquivo Municipal de Lisboa, ISBN 872-8517-16-5

- *Levamento da planta de Lisboa: 1904-1911,* publisher: Câmara Municipal de Lisboa, Direcção Municipal de Cultura, Arquivo Municipal de Lisboa, ISBN 972-8517-41-6
- *Urban development in southern Europe: Spain and Portugal, International history of city development volume III,* E.A. Gutkind, Publisher: The Free Press, New York/Collier-Macmillan Limited, London 1967, Library of Congress Catalogue Card Number 64-13231
- *Lisboa Quinhentista,* A Imagem e a Vida da Cidade, Publisher: Museo da Cidade
- *Lisboa, Na 2.A Metade do séc. XVIII,* Francisco Santana, Lisboa: Urbanismo e Arquitectura, José-Augusto França, Publisher: Livros Horizonte 2005, ISBN 972-24-0998-0
- *Pelas Freguesias de Lisboa,* Publisher: Câmara Municipal de Lisboa 1995, Depósito Legal n. 66 407/93
- *A Baixa Pombalina, Passado e future,* Maria Helena Ribeiro dos Santos, Publisher Livros Horizonte 2005, ISBN 972-24-1408-9
- *Chiado, Cultural resources guide,* Publisher: Centro Nacional de Cultura 2004, ISBN 972-98812-9-4
- *Bairro Alto, Tipologias e Modos Arquitectónicos,* Helder Carita, Publisher: Câmara Municipal de Lisboa 1994, Depósito legal n. 77 34/94
- *Fuentes de Oñoro, Wellingtons's liberation of Portugal,* René Chartrand, illustrated by Patrice Courcelle, Publisher: Osprey Publishing 2002, ISBN 1-84176-311-X
- *António Ramalho, Pintura Portuguesa,* Alexandra Reis Gomes Markl, Publisher: Edições Inapa, ISBN 972-797-026-5
- *Columbano, Bordalo Pinheiro 1874-1900* Pedra Lapa, Publisher: Instituto Português de Museus/Museo do Chiado/Ministério da Cultura, ISBN 978-972-776-323-8
- *Trajos e costumes populares Portugueses do século XIX,* Em litografias de Joubert, MacPhail e Palhares, António Gomes da Rocha Madahil, Publisher: Ed. Panorama 1968
- *Lisbon, A cultural and literary companion,* Paul Buck, Publisher: Signal Books Oxford 2002, ISBN 1-902669-35-5

3 首都，都灵 -

注释来源

注释 1 > *Urban development in southern Europe: Italy and Greece* pages 248-256, *International history of city development volume IV,* E.A. Gutkind - Publisher: The Free Press, New York/Collier-Macmillan Limited, London 1967, Library of Congress Catalogue Card Number 64-13231

注释 2 > *A History of Turin* pages 3-6, Anthony L. Cardoza and Geoffry W. Symcox, Publisher: Giulio Einaudi editore 2006, in cooperation with the Accademia delle Scienze di Torino, ISBN 88-06-18124-6

注释 3 > *A History of Turin,* pages 8-10, Anthony L. Cardoza and Geoffry W. Symcox, Publisher: Giulio Einaudi editore 2006, in cooperation with the Accademia delle Scienze di Torino, ISBN 88-06-18124-6

注释 4 > *A History of Turin,* pages 10-15, Anthony L. Cardoza and Geoffry W. Symcox, Publisher: Giulio Einaudi editore 2006, in cooperation with the Accademia delle Scienze di Torino, ISBN 88-06-18124-6

注释 5 > *A History of Turin* pages 23-47, Anthony L. Cardoza and Geoffry W. Symcox, Publisher: Giulio Einaudi editore 2006, in cooperation with the Accademia delle Scienze di Torino, ISBN 88-06-18124-6

注释 6 > *A History of Turin,* pages 6-8, 138, Anthony L. Cardoza and Geoffry W. Symcox, Publisher: Giulio Einaudi editore 2006, in cooperation with the Accademia delle Scienze di Torino, ISBN 88-06-18124-6

注释 7 > *Baroque architecture,* pages 80-85 Christian Norberg-Schulz, Publisher: Harry N. Abrams, New York 1971, ISBN 8109-1002-0

注释 8 > *A History of Turin,* pages 110-124, Anthony L. Cardoza and Geoffry W. Symcox, Publisher: Giulio Einaudi editore 2006, in cooperation with the Accademia delle Scienze di Torino, ISBN 88-06-18124-6

注释 9 > *Baroque architecture,* pages 84, Christian Norberg-Schulz, Publisher: Harry N. Abrams, New York 1971

注释 10 > *Design of cities,* page 45, A superb illustrated account of the development of urban form, from ancient Athens to modern Brasil, Edmund N. Bacon

注释 11 > *Baroque architecture,* pages 80, Christian Norberg-Schulz, Publisher: Harry N. Abrams, New York 1971, ISBN 8109-1002-0

注释 12 > *A History of Turin,* pages 239-161, Anthony L. Cardoza and Geoffry W. Symcox, Publisher: Giulio Einaudi editori 2006, in cooperation with the Accademia delle Scienze di Torino, ISBN 88-06-18124-6

注释 13 > *Baroque architecture,* pages 215-237, Christian Norberg-Schulz, Publisher: Harry N. Abrams, New York 1971, Standard Book Number 8109-1002-0

注释 14 > *Late Baroque and Rococo architecture* pages 46-50, Christian Norberg-Schulz, Publisher: Electa Editrice, Milano 1980/ Rizzoli, New York 1985, ISBN 0-8478-0475-5

注释 15 > *Late baroque and Rococo architecture* pages 31, Christian Norberg-Schulz, Publisher: Electa Editrice, Milano 1980/ Rizzoli, New York 1985, ISBN 0-8478-0475-5

注释 16 > *A History of Turin,* pages 43-75, Anthony L. Cardoza and Geoffry W. Symcox, Publisher: Giulio Einaudi editore 2006, in cooperation with the Accademia delle Scienze di Torino, ISBN 88-06-18124-6

图片来源

95, 100, 101, 105, 108, 112, 120, 123:
Ton Hinse

97: *I Savoia*, page 63, *Mille anni di dinastia: storia, biografia e costume*, Giunti Gruppo Editoriale, Firenze 2002, ISBN 88-09-02843-0

104: Città di Torino

106: *Architectuur en Landschap*, page 182, *Het ontwerpexperiment van de klassieke Europese tuinen en landschappen*, Clemens Steenbergen/Wouter Reh, Publisher: Uitgeverij Thoth, Bussum 2003, ISBN 90 6868 279 2

110: *Il disegno dei portici a Torino*, page 22, *Architettura e imagine urbana dei percorsi da Vitozzi a Piacentini*, Coordinatore della Ricerca: Dino Coppo, Publisher: Celid, Torino 2001, ISBN 88-7661-490-7

111: Canstockphoto (claudiodivizia)

113–119 (Data for arcade blocks through time):
Il disegno dei portici a Torino, *Architettura e imagine urbana dei percorsi da Vitozzi a Piacentini*, Coordinatore della Ricerca: Dino Coppo, Publisher: Celid, Torino 2001, ISBN 88-7661-490-7

122: *Baroque architecture*, page 226, Christian Norberg-Schulz, Publisher: Harry N. Abrams, New York 1971, ISBN 8109-1002-0

124–125: *La Reggia di Venaria e i Savoia*, pages 26, 45, 49, 56, 64, 118, Arte, magnificenza e storia di una corte europea, A cura di Enrico Castelnuovo, Publisher: Umberto Allemandi & C., Torino, Londra, Venezia, New York 2007 No number

126: *I Savoia*, page 13, *Mille anni di dinastia: storia, biografia e costume*, Giunti Gruppo Editoriale, Firenze 2002, ISBN 88-09-02843-0

128: *I Savoia*, pages 70-71, *Mille anni di dinastia: storia, biografia e costume*, Publisher: Giunti Gruppo Editoriale, Firenze 2002, ISBN 88-09-02843-0

130–131: Canstockphoto (fabietto1366)

参考文献

• *A History of Turin*, Anthony L. Cardoza and Geoffry W. Symcox, Publisher: Giulio Einaudi editore 2006, in cooperation with the Accademia delle Scienze di Torino, ISBN 88-06-18124-6

• *Turin 1564–1680, Urban Design, Military Culture and the Creation of the Absolutist Capital*, Martha D. Pollak, Publisher: The University of Chicago Press, Chicago and London 1991, ISBN 0-226-67342-1

• *Il disegno dei portici a Torino, Architettura e immagine urbana dei percorsi da Vitozzi a Piacentini*, Coordinatore della Ricerca: Dino Coppo, Publisher: Celid, Torino 2001, ISBN 88-7661-490-7

• *Dipingere la Città, Il piano del colore: l'esperienza pilota di Torino*, A cura di Nino Canella ed Egidio Cupolillo, Publisher: Umberto Allemandi & C., Torino 1996, ISBN 88-422-0602-4

• *Eighteenth-Century Architecture in Piedmont The open structures of Juvarra, Alfieri & Vittone*, Richard Pommer, Publisher: New York University Press, New York 1967, Library of Congress Catalog Card Number 67-10331

• *Urban development in southern Europe: Italy and Greece, International history of city development volume IV*, E.A. Gutkind, Publisher: The Free Press, New York/Collier-Macmillan Limited, London 1967, Library of Congress Catalogue Card Number 64-13231

• *Torino, Le città nella storia d'Italia*. Vera Comoli Mandracci, Publisher: Editori Laterza, Roma-Bari 2006, ISBN 88-420-2352-3

• *Torino tra fiumi e canali*, Empio Malara, Publisher: Associazione Irrigazione Est Sesia, Novara/Malara Associati, Milano 2003

• *La Reggia di Venaria e i Savoia, Arte, magnificenza e storia di una corte europea*, A cura di Enrico Castelnuovo, Publisher: Umberto Allemandi & C., Torino, Londra, Venezia, New York 2007

• *I Savoia, Mille anni di dinastia: storia, biografia e costume*, Giunti Gruppo Editoriale, Firenze 2002, ISBN 88-09-02843-0

• *Piazza Palazzo di Città*, Collana diretta da: Vera Comoli Mandracci, Franco Goy, Rosanna Roccia, Publisher: Cedid, Turin 1996, ISBN 88-7661-248-3

• *Guarino Guarini and his Architecture*, H.A. Meek, Publisher: Yale University Press, New Haven and London 1989, ISBN 0-300-03989-1

• *Un'analisi della cappella di S. Lorenzo di Guarino Guarini*, Giovanni Torretta, Publisher: Edizioni Quaderni di Studio, Milano 1930

• *Le invenzioni di Filippo Juvarra per la chiesa di S. Filippo Neri a Torino, Con notizie dei vari designi e della realizazione dell'opera*, Vera Comoli Mandracci, Publisher: Albra Editrice, Torino 1967

• *Il Lingotto, storia e guida, Dalla fabbrica di automobile allo 'Scrigno' di Renzo Piano*, Publisher: Umberto Allemandi & C., Torino, Londra, Venezia, New York 2002, ISBN 88-422-1163-X

• *Italia 61, The nation on show, the personalities and legends heralding the centenary of the Unification of Italy*, Sergio Pace, Christiana Chorino, Michela Rosso, Publisher: Umberto Allimandi & C., No number and date

• *History of urban form*, A.E.J. Morris, Publisher: George Godwin, London 1972, ISBN 7114-3801-3

• *Baroque architecture*, Christian Norberg-Schulz, Publisher: Harry N. Abrams, New York 1971, ISBN 8109-1002-0

• *Late Baroque and Rococo Architecture*, Christian Norberg-Schulz, Publisher: Electa Editrice, Milano 1980/ Rizzoli, New York 1985, ISBN 0-8478-0475-5

4 埃斯奎利诺, 罗马 -----------------------

注释来源

注释 1 > *History of urban form*, pages 120–128, A.E.J. Morris, Publisher: George Godwin, London 1972, ISBN 7114-3801-3

注释 2 > *L'Esquilino e la Piazza Vittorio. Una struttura urbana dell'Ottocento*, page 35, F. Girardi, G. Spagnesi, F. Gorio, Publisher: Editalia, Roma 1974

注释 3 > *That awful mess on the Via Merulana*, pages 88–89, Carlo Emilio Gadda, Publisher: Quartet Books, London 1985, Copyright 1975 by Aldo Garzanti Editore, Milan, ISBN 0-7043-3482-8

图片来源

133: *imago-urbis-romae L'immagine di Roma in età moderna*, page 120, Ed. Cesare de Seta, Publisher: Electa, Milano 2005, ISBN 88-370-3556-X

137: *De dooltocht van Alex*, Jacques Martin, Publisher: Casterman 1987, ISBN 90-303-2741-3

138: Canstockphoto (ivan_varyukhin)

139: Canstockphoto (Paha_L)

140–141, 145, 146, 153, 155: Ton Hinse

142: *The city shaped - Urban Patterns and Meanings Through History*, page 243, Spiro Kostof, Publisher: Thames & Hudson, London 1991, ISBN 0-500-28099-1

147: iStockphoto (SkyF)

152: *Afgezien van Italië*, image 10: *Roma, la mattina*, painter John Torenbeek, Publisher: Tabula, Amsterdam 1986, ISBN 90-70585871

154t (1, 3, 4): *Ottocento/Novecento - Italiaanse kunst 1870-1910*, Fred Leeman, Hanna Pennock, Publisher: Uitgever Waanders, Zwolle 1988, ISBN 90-6630-149-X

154t (2): Musée d'Orsay, Paris

154b: Mussolini *Una biografia per immagini*, Sergio Romano, Publisher: Longanesi & C., Milano 2000, ISBN 88-304-1667-3

156–157: iStockphoto (tupungato)

参考文献

• *Roma, dal 1870 al 1990*, Leonardo Benevolo, Publisher: Editorio Laterza, Roma-Bari 1992, ISBN 88-420-4051-7

• *Economia dell'architettura in Roma liberale*, Valter Vannelli, Publisher: Edizione Kappa, Rome 1979

• *imago-urbis-romae. L'immagine di Roma in età moderna*, Ed. Cesare de Seta, Publisher: Electa, Milan 2005, ISBN 88-370-3556-X

附
录

- *Atlante di Roma. La forma del centro storico in scala 1:1000 nel fotopiano e nelle carta numerica*, Gruppo IRI Finmeccanica, Gruppo Iritecna, Gruppo ENI, Publisher: Marsilio Editori, Venice 1991, ISBN 88-317-5459-9
- *Urban development in southern Europe: Italy and Greece, International history of city development volume IV*, E.A. Gutkind, Publisher: The Free Press, New York/Collier-Macmillan Limited, London 1967, Library of Congress Catalogue Card Number 64-13231
- *Rome in early photographs 1846-1878*, Publisher: Thorvaldsen Museum, Copenhagen 1977, ISBN 877521-0428
- *An atlas of rare city maps. Comparative Urban Design, 1830-1842*, Melville C. Branch, Publisher: Princeton Architectural Press, New York 1997, ISBN 1-56898-073-6
- *History of urban form*, A.E.J. Morris, Publisher: George Godwin, London 1972, ISBN 7114-3801-3
- *Meaning in Western Architecture*, Christian Norberg-Schulz, Publisher: Studio Vista, a division of Cassel and Collier Macmillan Publishers, London 1975, ISBN 0-289-70635 1
- *Baroque architecture*, Christian Norberg-Schulz, Publisher: Harry N. Abrams, New York 1971, ISBN 8109-1002-0
- *Late Baroque and Rococo Architecture*, Christian Norberg-Schulz, Publisher: Electa Editrice, Milan 1980/ Rizzoli, New York 1985, ISBN 0-8478-0475-5
- *L'Esquilino e la Piazza Vittorio: una struttura urbana dell'ottocento*, F. Girardi, G. Spagnesi, F. Gorio, Publisher: Editalia, Roma 1974
- *Ottocento/Novecento: Italiaanse kunst 1870-1910*, Fred Leeman, Hanna Pennock, Publisher: Uitgever Waanders, Zwolle 1988, ISBN 90-6630-149-X
- *Secretum*, Monaldi & Sortiarlo, Publisher: De Bezige Bij, Amsterdam 2004, Copyright 2004 Rita Monaldi en Franscesco P. Sorti, ISBN 90-234-15795
- *That awful mess on Via Merulana*, Carlo Emilio Gadda, Publisher: Quartet Books, London 1985, Copyright 1975 by Aldo Garzanti Editore, Milan, ISBN 0-7043-3482-8

5 波布雷诺，巴塞罗那 -

注释来源

注释 1 > *Transforming Barcelona*, page 191, Edited by Tim Marshall, Publisher: Routledge, Taylor & Francis Group, London and New York 2004, ISBN 0-415-28840-1

注释 2 > *Transforming Barcelona*, page 191, Edited by Tim Marshall, Publisher: Routledge, Taylor & Francis Group, London and New York 2004, ISBN 0-415-28840-1

注释 3 > *Barcelona: the urban evolution of a compact city*, page 142, Joan Busquets, Publisher: Harvard University Graduade

School of Design/Nicolodi, Rovereto 2005, ISBN 88-8447-204-0

注释 4–6 > *The shadow of the wind*, pages 213, 238, 72-73, Carlos Ruiz Zafón, Publisher: Phoenix, London 2004, ISBN 978-0-75285-954-5

注释 7 > *Transforming Barcelona*, pages 193–201, Edited by Tim Marshall, Publisher: Routledge, Taylor & Francis Group, London and New York 2004, ISBN 0-415-28840-1

注释 8 > *Transforming Barcelona*, pages 192-193, Edited by Tim Marshall, Publisher: Routledge, Taylor & Francis Group, London and New York 2004, ISBN 0-415-28840-1

图片来源

159: *Barcelona 1900*, page 28, Teresa M Sala, Publisher: van Gogh Museum, Amsterdam/ Mercatorfonds, Brussel 2007, ISBN 90-6153-7564

161: *Barcelona 1900*, page 17, Teresa M Sala, Publisher: van Gogh Museum, Amsterdam/ Mercatorfonds, Brussel 2007, ISBN 90-6153-7564

164, 165, 172, 177, 179: Ton Hinse

178: *Barcelona 1900*, Teresa M Sala, Publisher: van Gogh Museum, Amsterdam/Mercatorfonds, Brussel 2007, ISBN 90-6153-7564

180: Ton Hinse (Source: *Transforming Barcelona*, page 195, Edited by Tim Marshall, Publisher: Routledge, Taylor & Francis Group, London and New York 2004, ISBN 0-415-28840-1)

182–183: iStockphoto (traumschoen)

参考文献

- *Atlas de Barcelona: segles XVI-XX*, Montserrat Galera, Francesc Roca, Salvador Tarragó, Publisher: Publicacions del Collegi Official d'Arquitectes de Catalunya, Editorial La Gaya Ciencia, Barcelona 1982
- *Barcelona the urban evolution of a compact city*, Joan Busquets, Publisher: Harvard University Graduate School of Design/Nicolodi, Rovereto 2005, ISBN 88-8447-204-0
- *Transforming Barcelona*, Edited by Tim Marshall, Publisher: Routledge, Taylor & Francis Group, London and New York 2004, ISBN 0-415-28840-1
- *Barcelona: La segona renovació*, Coordinació editorial: Anna Gené, Publicacions, Publisher: Ajuntament de Barcelona 1996, ISBN 84-7609-809-X
- *Plans i Projectes per a Barcelona 1981/82*, Oriol Bohigas, Albert Puigdomènech, Josepb Acebillo, Jaume Galofré, Publisher and copyright: Ajuntament de Barcelona, Area d'Urbanisme 1983, ISBN84-500-8343-5
- *Urbanisme a Barcelona*, Plans cap al 92, Publisher: Ajuntament de Barcelona, year unknown (probably 1987), B-9.964-87

- *Urban development in southern Europe: Spain and Portugal, International history of city development volume III*, E.A. Gutkind, Publisher: The Free Press, New York/Collier-Macmillan Limited, London 1967, Library of Congress Catalogue Card Number 64-13231
- *Barcelona 1900*, Teresa M Sala, Publisher: van Gogh Museum, Amsterdam/Mercatorfonds, Brussel 2007, ISBN 90-6153-7564
- *The Shadow of the Wind*, Carlos Ruiz Zafón, Publisher: Phoenix, London 2004, ISBN 978-0-75285-954-5
- *Het epos van Barcelona, Koningin der steden*, Robert Hughes, Publisher: Alfred A. Knopf, New York/Uitgeverij Balans, Amsterdam 1991, ISBN 90-5018-167-8

6 现代社区，佩萨克 -

注释来源

注释 1 > Oppositions 15/16 *Le Corbusier 1905-1933*, Chapter: Le Corbusier and 'l'Esprit Nouveau', pages 18-20, Kenneth Frampton, Publisher: MIT Press 1979, ISSN 0094-5676, ISBN 0-26215065-4

注释 2 > *Le Corbusier: The Quartiers Modernes Frugès*, page 26, Marylène Ferrand, Jean-Pierre Feugas, Bernard le Roy and Jean Luc Veyret, Fondation Le Corbusier, Paris, Publisher: Birkhäuser Publishers Basel, Boston, Berlin 1998, ISBN 3-7643-5808-4 Basel, ISBN 0-8176-5808-4 Boston

注释 3 > *Le Corbusier: The Quartiers Modernes Frugès*, page 9, Marylène Ferrand, Jean-Pierre Feugas, Bernard le Roy and Jean Luc Veyret - Fondation Le Corbusier, Paris, Publisher: Birkhäuser Publishers Basel, Boston, Berlin 1998, ISBN 3-7643-5808-4 Basel, ISBN 0-8176-5808-4 Boston

注释 4 > *Le Corbusier: The Quartiers Modernes Frugès*, page 134, Marylène Ferrand, Jean-Pierre Feugas, Bernard le Roy and Jean Luc Veyret - Fondation Le Corbusier, Paris, Publisher: Birkhäuser Publishers Basel, Boston, Berlin 1998, ISBN 3-7643-5808-4 Basel, ISBN 0-8176-5808-4 Boston

注释 5 > *Van Doesburg and the international avant-garde (tekstboekje)*, page 38, Constructing a new world, Publisher: Stedelijk Museum De Lakenhal, Leiden 2009

注释 6 > Oppositions 15/16 *Le Corbusier 1905-1933*, Chapter: Le Corbusier and 'l'Esprit Nouveau' pages 20–21, Kenneth Frampton, Publisher: MIT Press 1979, ISBN 0094-5676, ISBN 0-26215065-4

注释 6 > *Le Corbusier: The Quartiers Modernes Frugès*, page 120, Marylène Ferrand, Jean-Pierre Feugas, Bernard le Roy and Jean Luc Veyret - Fondation Le Corbusier, Paris, Publisher: Birkhäuser Publishers Basel, Boston, Berlin 1998, ISBN 3-7643-5808-4 Basel, ISBN 0-8176-5808-4 Boston

图片来源

185: *Le Corbusier*, page 27, *Leven en werk*, Dominique Lyon, Anriet Denis and Olivier Boissière, Publisher: Librero 2001, ISBN 90-5764-167-4

187: *Raumplan versus plan libre*, page 100, edited by Max Risselada, Publisher: Delft University Press 1988, ISBN 90-6275-481-3

188, 200: Fondation Le Corbusier, c/o Pictoright Amsterdam 2014

189–191, 198, 199, 207tl: Ton Hinse

194t: *Sociogenese van de stedebouw*, page 117, Prof. Ir. L.H.J. Angenot, Publisher: Technische Hogeschool Delft 1974

参考文献

- *Oppositions* 15/16, *Le Corbusier 1905-1933*, Chapter: Le Corbusier and 'l'Esprit Nouveau', Kenneth Frampton, Publisher: MIT Press 1979, ISSN 0094-5676, ISBN 0-26215065-4
- *The Quartiers Modernes Frugès*, Marylène Ferrand, Jean-Pierre Feugas, Bernard le Roy and Jean Luc Veyret, Fondation Le Corbusier, Paris, Publisher: Birkhäuser Publishers Basel, Boston, Berlin 1998, ISBN 3-7643-5808-4 Basel, ISBN 0-8176-5808-4 Boston
- *Die Siedlung Pessac- 40 Jahre, Socio-architektonische Studie*, Philippe Boudon, Publisher: Bertelsmann Fachverlag 1969 edition 1971, ISBN 3-570-08628-3
- *Pessac de Le Corbusier*, Philippe Boudon, Publisher: Dunod 1969, Van Doesburg & the International Avant-garde Constructing a new world, Edited by Gladys Fabre & Doris Wintgens Hötte, consultant editor Michael White, Publisher: Tate Publishing, London 2009, ISBN 978-1-85437-872-9
- *Pessac de Le Corbusier*, Depaule, ony, Pincemaille, Centre de Recherche d'Architecture, d'Urbanisme et de Construction 1970
- *De architectonische kleur, De polychromie in de puristische architectuur van Le Corbusier*, Jan de Heer, Publisher: Uitgeverij 010, Rotterdam 2008, ISBN 978-90-6450-670-3
- *Le Corbusier, Promenade dans lóeuvre en France*, Publisher: Centre George Pompidou, ISBN 2-85850-432-6
- *Le Corbusier et Pessac 1914-1928*, Brian-Brace-Taylor, Fondation Le Corbusier en collaboration avec Harvard University 1972
- *Le Corbusier 1910-65*, Willy Boesiger/Hans Girsberger, Publisher: Birkhäuser 1967, ISBN 3-7643-6036-4
- *Walking through Le Corbusier, A Tour of His Masterworks*, José Baltanás, Publisher: Thames & Hudson, London 2005, ISBN 978-0-500-51233-3
- *Le Corbusier Paris-Chandigarh*, Klaus-Peter Gast, Publisher: Birkhäuser Publishers for Architecture, Basel. Berlin. Boston 2000, ISBN 3-7643-6291-X
- *Raumplan versus Plan Libre*, Edited by Max Risselada, Publisher: Delft University Press 1988, ISBN 90-6275-481-3

7 德累斯顿老城 ----------------------------

注释来源

注释 1 > *Urban Development in Central Europe*, volume IV, pages 431–434, E.A. Gutkind, Publisher: The Free Press, New York, Collier-Macmillan, London 1969, Library of Congress Catalog Card Number: 64-13231

注释 2 > *Dresden in historischen Stadtplänen*, page 5, *Die Entwicklung der Stadt seit dem 16. Jahrhundert*, Dieter Zumpe, Publisher: Argon Verlag GmbH, Berlin, ISBN 3-87024-324-4

注释 3 > *Festung Dresden*, pages 10 and 21–67, Eva Papke, Publisher: Sandstein Verlag, Dresden 2007, Staatliche Schlösser und Gärten Dresden in Zusammenarbeit mit dem Dresdner Verein Brühlsche Terrasse e.V., ISBN 978-3-930382-12-5

注释 4 > *Architecturführer DDR: Bezirk Dresden*, pages 194–199, Walter May, Werner Pampel and Hans Konrad, Publisher: VEB Verlag für Bauwesen, Berlin 1981, Lizenz VDL 152. 905/48/81. P 238/80

注释 5 > *Urban Development in Central Europe*, volume IV, page 433, E. A. Gutkind, Publisher: The Free Press, New York, Collier-Macmillan, London 1969, Library of Congress Catalog Card Number: 64-13231

注释 6 > *Architecturführer DDR: Bezirk Dresden*, pages 194–199, Walter May, Werner Pampel and Hans Konrad, Publisher: VEB Verlag für Bauwesen, Berlin 1981, Lizenz VDL 152. 905/48/81. P 238/80

注释 7 > *Architecturführer DDR: Bezirk Dresden*, pages 200–205, Walter May, Werner Pampel and Hans Konrad, Publisher: VEB Verlag für Bauwesen, Berlin 1981, Lizenz VDL 152. 905/48/81. P 238/80

注释 8 > *Festung Dresden*, pages 9–20, Eva Papke, Publisher: Sandstein Verlag, Dresden 2007, Staatliche Schlösser und Gärten Dresden in Zusammenarbeit mit dem Dresdner Verein Brühlsche Terrasse e.V., ISBN 978-3-930382-12-5

注释 9 > *Festung Dresden*, pages 21–26, Eva Papke, Publisher: Sandstein Verlag, Dresden 2007, Staatliche Schlösser und Gärten Dresden in Zusammenarbeit mit dem Dresdner Verein Brühlsche Terrasse e.V., ISBN 978-3-930382-12-5

注释 10 > *Festung Dresden*, pages 32–67, Eva Papke, Publisher: Sandstein Verlag, Dresden 2007, Staatliche Schlösser und Gärten Dresden in Zusammenarbeit mit dem Dresdner Verein Brühlsche Terrasse e.V., ISBN 978-3-930382-12-5

注释 11 > *Festung Dresden*, pages 68–85, Eva Papke, Publisher: Sandstein Verlag, Dresden 2007, Staatliche Schlösser und Gärten Dresden in Zusammenarbeit mit dem Dresdner Verein Brühlsche Terrasse e.V., ISBN 978-3-930382-12-5

注释 12 > *Festung Dresden*, pages 86–102, Eva Papke, Publisher: Sandstein Verlag, Dresden 2007, Staatliche Schlösser und Gärten Dresden in Zusammenarbeit mit dem Dresdner Verein Brühlsche Terrasse e.V. ISBN 978-3-930382-12-5

注释 13 > *Festung Dresden*, pages 103–133, Eva Papke, Publisher: Sandstein Verlag, Dresden 2007, Staatliche Schlösser und Gärten Dresden in Zusammenarbeit mit dem Dresdner Verein Brühlsche Terrasse e.V., ISBN 978-3-930382-12-5

注释 14 > *Late Baroque and Rococo Architecture*, page 189, Christian Norberg-Schulz, Publisher: Electa Editrice, Milan - Rizzoli New York 1980, ISBN 0-8478-0475-5

注释 15 > *Late Baroque and Rococo Architecture*, page 116, Christian Norberg-Schulz, Publisher: Electa Editrice, Milan - Rizzoli New York 1980, ISBN 0-8478-0475-5

注释 16 > *Late Baroque and Rococo Architecture*, page 118, Christian Norberg-Schulz, Publisher: Electa Editrice, Milan - Rizzoli New York 1980, ISBN 0-8478-0475-5

注释 17 > *Dresden und die Sächsische Schweiz*, page 34, Bernd Wurkitzer, Publisher: ADAC Verlag GmbH, Munich 2006, ISBN 3-87003-663-X

注释 18 > *Dresden und die Sächsische Schweiz*, page 62, Bernd Wurkitzer, Publisher: ADAC Verlag GmbH, Munich 2006, ISBN 3-87003-663-X

注释 19 > *Architectur der Neuzeit*, pages 375–377, Robin Middleton and David J. Watkin, Publisher: Belser Verlag Stuttgart/Electa Editrice, Mailand 1977, ISBN 3-7630-1710-0

注释 20 > *The stone bridal bed*, pages 64–65, Harry Mulisch, Publisher: Abelard-Schuman Limited, London, New York, Toronto 1962, Library of Congress Catalogue Card Number 63-7049

注释 21 > *The stone bridal bed*, pages 141–142, Harry Mulisch, Publisher: Abelard-Schuman Limited, London, New York, Toronto 1962, Library of Congress Catalogue Card Number 63-7049

注释 22 > *Slaughterhouse five*, page 148, Kurt Vonnegut jr., Publisher: Dell Publishing Co, New York 1971r

注释 23 > *Slaughterhouse five*, page 177, Kurt Vonnegut jr., Publisher: Dell Publishing Co, New York 1971

注释 24 > *Bomber offensive,* pages 76, 88 and 242, Marshal of the R.A.F. Sir Arthur Harris G.C.B., O.B.E., A.F.C., Publisher: Collins, London and Glasgow 1947, No number

图片来源

211: *Europa um 1700,* page 24-53, *Kupferstich-Reproductionen aus der Galérie - agreable von 1729,* Pieter van der Aa, Publisher: Harry v. Hofmann Verlag, Hamburg-Hamm 1963
217: Bundesarchiv (Bild 183-Z0309-310) Photo: Beyer, G.
219–221, 237, 238, 240–245: Ton Hinse
227: Aeroview Dick Sellenraad
228: AKG Images
231: *Bernardo Bellotto en Dresde,* page 55, *En la Galería de Pinturas de Dresde,* Publisher: Museo de belles artes de Bilbao, Bilbao 1998, no number
234: *Bernardo Bellotto en Dresde,* page 59, *En la Galería de Pinturas de Dresde,* Publisher: Museo de belles artes de Bilbao, Bilbao 1998, no number
235: Canstockphoto (Andrelix)
236: Gebr. Metz, Tübingen
246: Canstockphoto (tupungato)

参考文献

• *Dresden in historischen Stadtplänen, Die Entwicklung der Stadt seit dem 16. Jahrhundert,* Dieter Zumpe, Publisher: Argon Verlag GmbH, Berlin, ISBN 3-87024-324-4
• *Urban Development in Central Europe,* volume IV, E. A. Gutkind, Publisher: The Free Press, New York, Collier-Macmillan, London 1969, Library of Congress Catalog Card Number: 64-13231
• *Festung Dresden,* Eva Papke, Publisher: Sandstein Verlag, Dresden 2007, Staatliche Schlösser und Gärten Dresden in Zusammenarbeit mit dem Dresdner Verein Brühlsche Terrasse e.V., ISBN 978-3-930382-12-5
• *Late Baroque and Rococo Architecture,* Christian Norberg-Schulz, Publisher: Electa Editrice, Milan - Rizzoli New York 1980, ISBN 0-8478-0475-5
• *Architektur der Neuzeit,* Robin Middleton and David J. Watkin, Publisher: Belser Verlag, Stuttgard and Electa Editrice, Milan 1977, ISBN 3-7630-1710-0
• *Dresden und die Sächsische Schweiz,* Bernd Wurkitzer, Publisher: ADAC Verlag GmbH, Munich 2006, ISBN 3-87003-663-X
• *Die Städtebauliche Entwicklung von Dresden 1871-1918,* Michael Schmidt, Publisher: Eigenverlag, Dresden 2003, ISBN 3-00-012006-8
• *Barocke Bürgerhäuser in Dresden,* Lutz Rosenpflanzer, Publisher: Verlag der Kunst, Dresden 2002, ISBN 3-364-00382-3
• *Villas in Dresden,* Text: Volker Helas, photos: Martin Classen,

Publisher: Peter Gössel and Gabriele Leuthäuser, Benedikt Taschen Verlag GmbH, 991
• *Architectur in Dresden 1933-1945,* Matthias Donath, Publisher: Redaktions und Verlagsgesellschaft Elbland mbH, Meissen 2007
• *Architektur und Städtebau der DDR, Die frühe Jahre,* Werner Durth, Jörn Düwel, Niels Gutschow, Publisher: Jovis Verlag, Berlin 2007, ISBN 978-3-939633-29-7
• *Architecturführer DDR: Bezirk Dresden,* Walter May, Werner Pampel and Hans Konrad, Publisher: VEB Verlag für Bauwesen, Berlin 1981, Lizenz VDL 152 . 905/48/81 . P 238/80
• *Dresden: a city reborn,* Edited by Anthony Clayton and Alan Russell, Publisher: Berg, Oxford, New York 1999, ISBN 1-85973-229-1
• *Der Dresdner Neumarkt, Ein Platz kehrt zurück,* Matthias Donath, Publisher: Edition Sächsische Zeitung SAXO'Phon GmbH, Dresden 2006, ISBN 3-938325-26-7
• *Neumarkt Kurier,* Gesellschaft Historischen Neumarkt Dresden e.V.: Periodicals from 2002 till 2008, Publisher: Gesellschaft Historischer Neumarkt Dresden e.V., Dresden
• *Stadtplan, Historische Palais und Bürgerhäuser um den Dresdner Neumarkt,* Andreas Hummel, Publisher: Andreas Hummel and Verlag Gesellschaft Historischer Neumarkt Dresden e.V., ISBN 3-9807739-1-4
• *Die innere Neustadt, Aus der Geschichte eines Dresdner Stadtteils,* Jenni Dubbers, Annette Dubbers, Publisher: Annette and Jenni Dubbers, Dresden and Umweltzentrum Dresden, Dresden 2003, ISBN 3-937199-31-4
• *Cities of the World, A History in Maps,* Peter Whitfield, Publisher: The British Library, London 2005, ISBN 0-7123-4868-9
• *Historisch contra modern? Erfindung oder Rekonstruktion der historischen Stadt am Beispiel des Dresdner Neumarkts,* Ingrid Sontag with Anja Görtler and Ines Rudolph, Publisher: Sächsische Akademie der Künste Dresden, Stadtplanungsamt der Landeshauptstadt, Dresden 2008, ISBN 13978-3-934367-16-6
• *Dresden Tuesday 13 February 1945,* Frederick Taylor, Publisher: Bloomsbury Publishing Plc, London 2004, ISBN 7475-7078-7
• *Bomber offensive,* Marshal of the R.A.F. Sir Arthur Harris G.C.B., O.B.E., A.F.C., Publisher: Collins, London and Glasgow 1947
• *Bernardo Bellotto en Dresde, En la Galería de Pinturas de Dresde,* Publisher: Museo de belles artes de Bilbao, Bilbao 1998
• *Slaughterhouse Five,* Kurt Vonnegut jr., Publisher Dell Publishing Co., INC., New York 1971, Dell®TM 681510
• *The stone bridal bed,* Harry Mulisch, Publisher: Abelard-Schuman Limited, London, New York, Toronto 1962, Library of Congress Catalogue Card Number 63-7049

8 弗里登堡，乌得勒支 ---------------------

注释来源

注释 1 > *Steden & hun verleden,* pages 81–86, *De ontwikkeling van de stedelijke samenleving in de Nederlanden tot de negentiende eeuw,* Editor: Maurits van Rooijen, Teleac, Utrecht, Publisher: SDU-uitgeverij, 's Gravenhage 1988, ISBN 90-12-055520
注释 2 > *Geschiedenis van de stad Utrecht,* page 24, *Een paradijs vol weelde,* R.E. de Bruin and others, Publisher: uitgeverij matrijs, Utecht 2000 Het Utrechts Archief), ISBN 90-5345-1757
注释 3 > *Urban development in western Europe,* page 99, *The Netherlands and Great Britain,* E.A. Gutkind, Publisher: The Free Press New York, Collier-Macmillan Limited London, 1971, Library of Congress Catolog Card Number: 64-13231
注释 4 > *Steden & hun verleden,* pages 95-104, *De ontwikkeling van de stedelijke samenleving in de Nederlanden tot de negentiende eeuw,* Editor: Maurits van Rooijen, Teleac, Utrecht, Publisher: SDU-uitgeverij, 's Gravenhage 1988, ISBN 90-12-055520
注释 5 > *Historische atlas van de stad Utrecht,* page 27, *Twintig eeuwen ontwikkeling in kaart gebracht,* Hans Renes, Publisher: Sun, Amsterdam 2005, ISBN 90-85-06189x
注释 6 > *Historische atlas van de stad Utrecht,* pages 34-35, *Twintig eeuwen ontwikkeling in kaart gebracht,* Hans Renes, Publisher: Sun, Amsterdam 2005, ISBN 90-85-06189x
注释 7 > *Steden & hun verleden,* page 104, *De ontwikkeling van de stedelijke samenleving in de Nederlanden tot de negentiende eeuw,* Editor: Maurits van Rooijen, Teleac, Utrecht, Publisher: SDU-uitgeverij, 's Gravenhage 1988, ISBN 90-12-055520
注释 8 > *Historische atlas van de stad Utrecht,* pages 46-55, *Twintig eeuwen ontwikkeling in kaart gebracht,* Hans Renes, Publisher: Sun, Amsterdam 2005, ISBN 908506189x
注释 9 > *Historische atlas van de stad Utrecht,* pages 56-57, *Twintig eeuwen ontwikkeling in kaart gebracht,* Hans Renes, Publisher: Sun, Amsterdam 2005, ISBN 90-85-06189x
注释 10 > *Steden & hun verleden,* page 86-89, *De ontwikkeling van de stedelijke samenleving in de Nederlanden tot de negentiende eeuw,* Editor: Maurits van Rooijen, Teleac, Utrecht - Publisher: SDU-uitgeverij, 's Gravenhage 1988, ISBN 90-12-055520
注释 11 > *Geschiedenis van de stad Utrecht,* pages 65-66, *Een paradijs vol weelde,* R.E. de Bruin and others -Publisher: uitgeverij matrijs, Utecht 2000 Het Utrechts Archief), ISBN 90-5345-1757

注释 12 > *Monumenten in Nederland: Utrecht,*
Chris Kolman, Ben Olde Meierink,
Ronald Stenvert en Margreet Rommes,
Publisher: Waanders uitgevers, Zwolle/
Rijksdienst voor de monumentenzorg, Zeist
1996, ISBN 90-400-97577

图片来源

252, 277: Het Utrechts Archief, Utrecht
253, 254: *Historische atlas van de stad Utrecht,*
page 34, *Twintig eeuwen ontwikkeling in
kaart gebracht,* Hans Rene, Publisher: Sun,
Amsterdam 2005, ISBN 90-85-06189x
255: *2000 jaar Utrecht,* page 355,
*Stedebouwkundige ontwikkeling van castrum
tot centrum,* R. Blijstra, Publisher: A.W. Bruna
& Zoon, Utrecht 1969
257–261, 272, 273, 280–281, 283–285:
Ton Hinse
264: *Historische atlas van de stad Utrecht,*
page 15, *Twintig eeuwen ontwikkeling in
kaart gebracht,* Hans Renes, Publisher: Sun,
Amsterdam 2005, ISBN 90-85-06189x
265: Centraal Museum, Utrecht
269: Rijksmuseum, Amsterdam
270: Boijmans Van Beuningen, Rotterdam
282: *2000 jaar Utrecht,* page 315,
*Stedebouwkundige ontwikkeling van castrum
tot centrum,* R. Blijstra, Publisher: A.W. Bruna
& Zoon, Utrecht 1969

参考文献

• *Urban development in Western Europe,
The Netherlands and Great Britain,*
E.A. Gutkind, Publisher: The Free Press New
York, Collier-Macmillan Limited London, 1971,
Library of Congress Catalog Card Number:
64-13231
• *Historische atlas van de stad Utrecht,
Twintig eeuwen ontwikkeling in kaart
gebracht,* Hans Renes, Publisher: Sun,
Amsterdam 2005, ISBN 90-85-06189X
• *2000 jaar Utrecht, Stedebouwkundige
ontwikkeling van castrum tot centrum,*
R. Blijstra, Publisher: A.W. Bruna & Zoon,
Utrecht 1969
• *Geschiedenis van de stad Utrecht, Een
paradijs vol weelde,* R.E. de Bruin and others,
Publisher: uitgeverij matrijs, Utecht 2000 Het
Utrechts Archief), ISBN 90-5345-1757
• *Architectuur en stedenbouw in de gemeente
Utrecht 1850-1940,* Bettina van Santen,
Utrecht monumenten inventarisatie project,
Publisher: Waanders Uitgevers, Zwolle and
Rijksdienst voor de Monumentenzorg, Zeist,
1990, ISBN 90-6630-246-1
• *Utrecht door de eeuwen heen,* Dr.J.E.A.L.
Struick, Publisher: Uitgeverij Het Spectrum
N.V., Utrecht/Antwerpen, 1968, No number
• *Steden & hun verleden, De ontwikkeling van
de stedelijke samenleving in de Nederlanden
tot de negentiende eeuw,*

Editor: Maurits van Rooijen, Teleac, Utrecht,
Publisher: SDU-uitgeverij, 's Gravenhage
1988, ISBN 90-12-055520
• *Dertig jaar stadsontwikkeling in Utrecht,
1970/2000, Zo'n onbeschrijfelijke stad,*
Kees Visser, Publisher: Uitgeverij Matrijs/
Stichting Geschiedschrijving Utrechtse Stad-
sontwikkeling, ISBN 90-5345-197-8
• *Monumenten in Nederland: Utrecht,*
Chris Kolman, Ben Olde Meierink, Ronald
Stenvert en Margreet Rommes,
Publisher: Waanders uitgevers, Zwolle/
Rijksdienst voor de monumentenzorg,
Zeist 1996, ISBN 90-400-97577
• *Dutch Cityscapes of the Golden Age,*
Ariane van Suchtelen and Arthur K. Wheelock
Jr., Production: Royal Picture Gallery
Mauritshuis, The Hague, Publisher: Waanders
Publishers and Printers, Zwolle,
ISBN 978-90-400-8550-5
• *De Nederlandse monumenten van
geschiedenis en kunst,* Dr. E. J. Haslinghuis,
Publisher: Staatsdrukkerij- en uitgeversbedrijf,
's Gravenhage 1956, No number
• *Kaarten van Utrecht,* Marijke Donkersloot-de
Vrij, Publisher: HES Uitgevers, Utrecht 1989,
ISBN 90-6194-207-1
• *Utrecht in 1832, Grondgebruik en eigendom
Kaarten,* Publisher: Gemeente Utrecht, source
1932, print 1995
• *Binnensteden veranderen, atlas van het
ruimtelijk veranderingsproces van Neder-
landse binnensteden in de laatste
anderhalve eeuw,* rudger a.f. smook,
Publisher: de walburg pers, Zutphen 1984,
ISBN 90-6011-330-6
• *Limes Atlas,* Editor: Bernard Colenbrander/
MUST, Publisher: 010, Rotterdam 2005,
ISBN 90-6450-535-7
• *"Oudmunstertrans", Het verhaal over
verbouwing en gebruik door kapittel, burgerij
en universiteit,* Hilde Vries and Puck Nijenhuis,
Publisher: kunstcommissie Letterenfaculteit
ISBN 90-73446-08-2
• *'Den Regenboog' Grens der
Pietersimmuniteit,* Donna de Jong,
Publisher: unkown
• *Verleden wijk, De immuniteit van Sint-Marie,*
Historische reeks Utrecht 23, Evert van
Ginkel, Publisher: uitgeverij matrijs, Utrecht,
1998, ISBN 90-5345-126-9
• *Utrecht ommuurd, de verdedigingswerken
van de stad Utrecht van de middeleeuwen
tot heden,* gemeentelijke Archiefdienst
Utrecht 1984, Publisher Gemeentelijke
Archiefdienst, 1984
• *de forten rond utrecht,* historische reeks
utrecht 1, g. koppert, Publisher: Sitchting
Matrijs, 1983, ISBN 90-70482-07-0
• *Utrecht,* Capitool Travel Guides,
Publisher: Van Reemst Uitgeverij/ Unieboek
bv, Houten 2008, ISBN 978-90-410-2671-2

• *Utrecht op oude prenten, Langs de singel,*
Dr. A. van Hulzen, Publisher: Kruseman's
uitgeversmaatschappij bv 1982,
ISBN 90-233-0452-7
• *Utrecht getekend, Vier eeuwen tekeningen
en aquarellen uit de topografische atlas
van het Gemeentearchief,* C.C.S. Wilmer,
Publisher:Uitgevereij Martinus Nijhoff BV, 's
Gravenhage, 1980, ISBN 90-247-9023-9
• *Utrecht op schilderijen, Zes eeuwen topo-
grafische voorstellingen van de stad Utrecht,*
Jos de Meyere, Publisher: Kwadraat, Utrecht
1988, ISBN 90-6481-090-3
• *Ontworpen voor de Jaarbeurs,* Cassandra
Bosters, 75 jaar Koninklijke Nederlandse
Jaarbeurs, Publisher: Walburg Pers/Centraal
Museum Utrecht, 1991, ISBN 90-601-1746-8
• *'De Utrecht' een Nederlands voorbeeld van
Art Nouveau-architectuur,* Juliette Roding,
Publisher: uitgeverij Het Spectrum, Utrecht/
Antwerpen, 1978, ISBN 90-274-8735-9
• *Werf in uitvoering, Over de renovatie van de
Utrechtse werfkelders aan de Oudegracht,*
Annemarie de Wit en Cees de Wit, Publisher
Broese Kemink, 1944, ISBN 90-71366-22-7

其他图片、照片和注释源自作者。